김대중 정부의
위험한 거래

남북정상회담 이후
한반도에는 무슨 일이 일어나고 있는가

김대중 정부의
위험한 거래
남북정상회담 이후
한반도에는 무슨 일이 일어나고 있는가

이교관 지음

서문. 남북정상회담 이후 한반도에는 무슨 일이 일어나고 있는가

앙드레 말로는 지식인을 가리켜 삶을 하나의 사상으로 정리한 사람이라고 했다. 그러나 레지 드브레는 자신의 저서 『지식인의 종말』에서 오늘날의 지식인은 환경에 맞춰 자신의 생각을 정리한 사람이라고 야유했다.

이 책을 준비하면서 가장 자주 떠올린 것은 드브레의 야유였다.

오늘날 북한에 수령제 사회주의로 불리는, 역사상 유례없는 전제(專制) 체제를 확립한 주역은 김정일이고 그가 대남혁명전략을 고수하면서 이 체제를 유지하기 위해 개혁·개방을 거부해오고 있다는 것은 스즈키 마사유키(鐸木昌之) 등 국내외 전문가들에 의해 규명된 지 이미 오래다. 그러나 2000년 6월 평양에서 남북정상회담이 개최되자 '환경에 맞춰 자신의 생각을 정리하는 데' 익숙한 많은 전문가들과 언론인들, 드브레의 표현을 빌리자면 '최후의 지식인'은 근거 없이 경쟁적으로 '진실'을 왜곡했다. 당시 김대중 정부의 정치권력을 핵심으로 하는 환경에 맞춰 자신의 생각을 정리한 이 최후의 지식인들은, 김대중 정부의 대북 포용정책인 햇볕정책 덕택에 남북정상회담이 성사됐고 그 점에서 김정일 정권이 대남혁명전략을 폐기하고 개혁·개방으로 나아가는 변화 조짐을 보이기 시작한 것이 아니냐는 '신화'를 확산시켰던 것이다.

그러나 신화는 언젠가 그 허구가 밝혀지는 법. 최후의 지식인들이 제기한 이 같은 주장이 그 허구적 실체를 드러내는 데 걸린 시간은 그리 길지 않았다.

남북정상회담 직후 북한은 개혁·개방 움직임을 보이기는커녕 내부 통제를 강화해왔고 합의한 후속 회담들을 일방적으로 무산시키는 일을 반복했다. 김대중 정부로서는 좀더 확산되길 바랬던 신화가 북한에 의해 그 허구성이 드러나기 시작한 것이다. 또한 김대중 정부가 남북정상회담을 개최하고 김정일 답방을 성사시키는 데 승부를 걸었던 목적이 과연 한국의 오랜 대북전략대로 북한과 평화공존을 이루기 위한 것이었는지, 아니면 체제 문제를 떠나 어떻게든 통일을 이루기 위한 것이었는지 여부를 둘러싼 의혹도 한몫 했다. 그런데도 김대중 정부가 금강산 관광사업 지원 등 무리한 대북 지원을 강행하자 여론의 반응은 부정적이 되어갔고, 여기에 김대중 정부의 정치권력은 수명을 다하기 시작했다. 그러자 이들 새로운 환경에 맞춰 다시 생각을 정리하고는 애초부터 그랬던 것처럼 김대중 정부의 대북정책을 비판하는 '신(新) 최후의 지식인'들이 출현했다.

그러나 김대중 정부와 최후의 지식인들이 합작한 신화의 허구적 본질은 모두 드러나지 않았다. 한 나라의 정치권력이 다른 나라의 정치 권력과 양국의 운명을 건 막후협상을 벌였다면 그 내막을 밝히기란 쉽지 않은 것이다. 대다수 사람들이 남북정상회담 이후 한반도에 무슨 일이 일어나고 있는지 알기 어려운 것은 이 때문인데 이는 정보(intelligence)가 정세 분석을 좌우하는 요소라는 사실을 새삼 일깨워준다. 말로의 지적대로 올바른 사상과 패러다임(paradigm)를 갖추고 있다고 하더라도 정보 없이는 누구도 오늘날 급변하는 한반도의 정세를 읽어내기가 쉽지 않은 것이다.

이 책은 남북정상회담과 그후 한반도에서 무슨 일이 발생해왔는지를 하나의 사상으로 정리하고 거기에 여러 미공개 정보들을 보충하였다. 그 하나의 사상은 북한이 반인권적인 수령제 사회주의를 고수하는 한, 그리고 우리의 자유민주주의와 시장경제체제가 보다 휴머니즘적인 체제로 변화할 수 있는 한, 민족보다는 체제가 우선한다는 것이다.

그렇다면 대체 한반도에선 무슨 일들이 벌어져왔는가? 이는 몇 가지 핵심 퍼즐(puzzle)을 풀어가면서 규명하고자 했다. 이들 퍼즐은 김대중 정부가 중국을 통해 남북정상회담을 성사시킨 배경과 결과는 무엇인가? 남북정상회담에서 합의된 6·15 공동선언에 담긴 남북한 정상의 실제 의도는 무엇인가? 남북정상회담 이후 민족 공조로 이행하고 있는 남북한 관계와, 동맹관계로부터 탈주하고 있는 한미 관계의 진상은 무엇인가? 김대중 정부가 김정일의 서울 답방을 실현시키기 위해 극비리에 북한에 제의해온 카드들은 무엇인가? 그리고 김정일의 장남인 김정남은 어떻게 소리소문 없이 서울을 드나들 수 있었고 김대중 정부는 왜 이를 비밀로 유지해왔는가? 등 모두 다섯 가지이다.

그러나 이 책이 이들 퍼즐을 정확하게 풀어냈는지에 대해서는 자신이 서질 않는다. '무지를 주장하지 말라(Ignorance is no argument)'는 스피노자의 언명대로 무지를 드러내지 않으려고 노력했으나 어딘가에서 무지를 주장하고 있을지도 모른다. 그렇다면 그것은 전적으로 필자가 과문(寡聞)하고 게으른 탓임을 미리 밝혀둔다.

　이 책은 국가의 장래를 고민하는, 이름을 밝힐 수 없는 여러 취재원들의 도움이 있었기에 쓰여질 수 있었다. 필자의 안목을 넓혀주는 데 도움을 준, 인생 선배이자 동료인 이들 취재원에게 고마움을 전한다. 아울러 평소 남북한 관계 등 한반도 문제를 정확하게 읽어낼 수 있는 패러다임을 형성하는 데 큰 도움을 주신 홍지선 KOTRA 북한실장과 이상우, 김영수 서강대 교수께도 감사의 말씀을 드린다.

　끝으로 책을 쓸 때마다 명절에 고향을 찾지 않는 못된 아들을 너그럽게 대해주시는 아버지께 감사한다.

　아내 정유정에게 이 책을 바친다.

2002년 5월 7일
이교관

차례

서문/ 남북정상회담 이후 한반도에는 무슨 일이 일어나고 있는가 5

1장 남북정상회담 극비 추진과 중국의 역할

1. 2000년 초 북한의 대남(對南) 라인 교체는 정상회담의 신호탄 15
2. 일본의 대북(對北) 사업가 요시다 다케시의 등장 22
3. '김대중 – 덩푸팡 – 장쩌민 커넥션'의 정체와 중국의 야심 28
4. '장쩌민 밀사' 황쥐 상하이시 당서기의 극비 방북 스토리 35
5. 김대중의 3·9 베를린선언, 그 내막 40

2장 남북정상회담은 국가정보원의 작품

1. 남북정상회담 개최시기는 언제 어떻게 합의되었나 47
2. 남북정상회담과 국가정보원의 역할 52
3. 박지원 – 송호경의 '4·8 합의문', 그 세 가지 미스터리 60
4. 임동원의 극비 평양 잠행 69
5. 굴욕적 준비 회담 74
6. 남북정상회담이 돌연 하루 연기된 까닭 81

3장 풀리지 않는 세 가지 의문

1. 김정일의 공항 마중은 사전에 합의되었나 89
2. 두 차례에 걸친 의문의 '리무진 대화', 무슨 일이 있었나 93
3. 「6·15 남북공동선언」, 제2항의 진실 98

·········· **4장 '김대중+임동원 동맹'과 '남남(南南) 갈등'**
1. 김대중이 평양에서 돌아와 임동원을 질책한 이유 107
2. '김대중+임동원 동맹' – 반란의 기운이 감돌고 있다! 111

5장 동맹에서 파국으로? – 한미 관계의 진상 ············
1. "너희 정부가 뭐하고 있는지 다 알아." 119
2. 한미 관계는 마침내 '루비콘'을 건너고 말았는가 124
3. 갈 데까지 가버린 국가정보원과 CIA 관계, 그 기막힌 과정 132
4. 올브라이트의 전격 방한(訪韓), 리무진 대화 때문인가 141
5. 부시가 한국의 대북 라인 교체를 요구한 까닭 145
6. 한국과 미국의 대북정책, 무엇이 다른가 149
7. '페리 보고서'와 '아미티지 보고서'에 담긴 대북전략 153
8. 9·11 테러 직후 상하이 한미정상회담에서 벌어진 일 163
9. 부시의 '악의 축' 발언과 '서울 독트린', 그리고 한미 동맹의 파국 169

·············· **6장 김정일은 과연 서울을 답방할 것인가**
1. 김정일 답방을 위한 밀사(密使) 회담의 내막 181
2. 김정일, 환영 인파 300만 명 요구 187
3. 김정일 답방, 2001년 9월 하순으로 잡혔다가 무산되다 192

4. 북한은 왜 극비리에 한국의 대북 라인 교체를 요구해왔는가 197
　5. 김정일 답방과 대북 전력(電力) 지원 간 정치경제학적 함수 관계 202
　6. 김대중, 월드컵 때 김정일 포함한 '2+4 정상회담' 제의 210

7장 김정일의 전략과 북한의 개혁·개방 가능성

　1. 김정일의 대남 및 대미 전략 219
　2. 북한은 중국식 개혁·개방 모델을 수용할 것인가 226
　3. 북한이 '가족도급제' 도입 없이 식량난을 해결하기 어려운 까닭 235
　4. 북한은 왜 IT를 국가발전전략 종목으로 정했는가 242

8장 또 다른 변수 '김정남', 한국에도 왔다

　1. 김정남은 김정일의 후계자인가 251
　2. 북한의 IT정책을 주도하고 있는 김정남의 야망 257
　3. 김정남이 김정일의 상하이 방문을 주선한 내막 263
　4. 김정남의 일본 불법 입국 사건과 남북한간 함수 관계 266
　5. 김정남, 동대문 상가에서 쇼핑을 즐기다 271

부록 277
「4·8 남북정상회담 개최 합의서」
「6·15 남북공동선언」

1장

남북정상회담 극비 추진과
중국의 역할

1. 2000년 초 북한의 대남(對南) 라인 교체는 정상회담의 신호탄
2. 일본의 대북(對北) 사업가 요시다 다케시의 등장
3. '김대중-덩푸팡-장쩌민 커넥션'의 정체와 중국의 야심
4. '장쩌민 밀사', 황쥐 상하이시 당서기의 극비 방북 스토리
5. 김대중의 3·9 베를린선언, 그 내막

1. 2000년 초 북한의 대남(對南) 라인 교체는 정상회담의 신호탄

2000년 6월 13일 평양에서 개최된 첫 남북한 정상회담은 남북한 관계를 비롯한 동북아(東北亞)의 질서에 두 가지 근본적인 변화를 초래했다고 평가할 수 있다.

하나는 자본주의 체제의 남한과 사회주의 체제의 북한이 상이한 체제에도 불구하고 평양회담에서 북측의 낮은 단계의 연방제 통일방안과 남측의 연합제 통일방안 간의 공통점을 살리는 방향으로 통일하기로 합의하면서, 남한 내부에서는 반북세력과 친북세력 간에 치열한, 이른바 남남 갈등이 벌어진 것이다. 다른 하나는 김대중 정부가 미국엔 비밀로 하고 중국의 힘을 빌려 평양회담을 성사시키면서, 한국의 외교 중심축이 미국에서 중국으로 이행(移行)하게 된 것이다.

평양회담은 김대중 대통령이 취임한 1998년부터 한반도의 냉전 체제를 타파한다는 명분 아래, 숙원 사업으로 2년 넘게 추진한 결과 성사된 것이기 때문에 이들 변화들에 대한 향후 역사적 평가는 전적으로 김 대통령이 떠맡을 수밖에 없다.

김대중 정부가 이처럼 동북아의 질서를 뒤흔드는 결과를 낳게 한 남북한 정상회담의 타결 조짐이 보이기 시작했다고 판단한 계기는,

북한이 2000년 2월 초순 대남 라인을 전격적으로 교체한 사건이었다. 북한이 당시 그때까지 남한과의 대화를 주도해온 대화 일꾼들을 교체한 것은 김대중 정부의 남북정상회담 개최 협상 제의를 수용하기 위해 취한 첫번째 조치였다고 볼 수 있기 때문이다.

김 대통령이 2000년 들어 공식적으로 북한에 남북정상회담 개최를 제의한 적은 없다. 그가 1월 3일 신년사를 통해 북한의 사회 간접자본 시설 확충을 중심으로 한 남북한 경제공동체 건설이라는 화두를 던진 것이 사실상의 정상회담 개최 제의였다. 그 직후 국가정보원은 북한 당국과 함께 동아시아 질서까지 현상타파(現狀打破)할 수 있는 남북정상회담 개최를 협의하기 위해, 당시 임동원 국정원장의 직접 지휘를 받는 김보현 대북전략국장과 서영교 대북전략국 단장을 중심으로 한 특별팀을 구성, 가동시키기 시작했다.

그러나 북한으로부터는 아무런 공식 반응이 없었다. 그러던 중 김대중 대통령의 신년사가 나온 지 달포가 지난 2월 초순 무렵, 북한은 한국 정부와 공식 비공식 대화를 담당해오던 이른바 대남 라인을 극비리에 전격 교체했다. 간첩 침투 등이 아닌 대화를 통한 대남 공작을 전담하는 노동당 통일전선부의 대남 라인으로서 대외적으로는 이 부서의 산하 기구로 되어 있는 조선아시아태평양평화위원회(약칭 아태) 전금진(가명 전금철) 부위원장과 강덕순(가명 강순) 참사, 권호웅(가명 권민) 참사가 아태 내 대일(對日) 라인인 송호경 부위원장과 황철 참사로 교체된 것이다.

당시 북한이 이처럼 느닷없이 대남 라인을 교체하고 나선 것은 남북 관계와 관련 매우 중요한 의미를 지니는 사건으로 기록된다. 북한이 그로부터 4개월 뒤인 2000년 6월 평양에서 분단 이래 처음으로 개최될 남북정상회담과 관련해 한국 정부와 협상하기 위해 취한 최초의 가시적인 조치였기 때문이다.

교체되기 직전인 2월 초 베이징에서 권호웅 참사를 접촉한 한 대북 소식통은 권 참사가 송호경-황철 라인이 대남 부문까지 접수하려고 하니 그렇게 하지 못하도록 한국 정부가 우리(전금진 - 강덕순 - 권호웅 등 기존 대남 라인)에게 힘을 실어줄 것을 요청했다고 밝혔다.

그러나 이미 북한은 남북정상회담 개최 협상 문제와 관련해 대남 협상팀으로 아태평화위의 기존 대남 라인 대신 대일 라인을 내보내기로 결정한 상황이었다. 권호웅 참사 등 기존 대남 라인이 이를 거부하기엔 역부족이었다. 그 까닭은 송호경 - 황철 라인은 지난 1998년 11월, 현대그룹을 금강산 관광사업에 참여하게 함으로써 막대한 외화를 벌어들인 일등 공신이었기 때문이다. 현대를 금강산 관광사업에 끌어들인 대가로 2003년까지 9억 4,200만 달러를 받기로 한 개가를 올렸던 것이다.

북한이 대남 라인을 교체한 것이 한국의 남북정상회담 개최 제의를 수용하기 위해 첫번째로 취한 조치라고 볼 수 있는 까닭은 김정일 북한 국방위원장이 금강산 관광사업을 성사시키는 등 공로가 큰 송호경 - 황철 라인을 남북정상회담 개최 협상에 내보내면 안심할 수 있겠다고 판단했기 때문이라는 것이 대북 전문가들의 대체적인 분석이다.

권호웅 등 기존 대남 라인이 황철 등 대일 라인이 대남 부문까지 접수하려는 움직임을 막아내려고 했지만, 당시 황철은 이미 베이징을 중심으로 하여 개최된 각종 낭국간 회담과 한국 기업들의 대북 진출 문제까지 깊숙이 관여하고 있었다. 황철은 1999년 중반 베이징에서 열린 남북한 차관급 비료회담 때도 평양으로부터 북측 회담 전략을 지령받아 좌지우지했던 막후 실세로 활약했다. 북한의 황폐한 산림을 회복하기 위해 1999년 3월 창립된 시민단체 '평화의 숲'이 대북 지원사업을 위해 베이징에서 아태와 접촉했을 때도 북측 관계자는 황철이었다는 것이 이 단체의 창립을 주도한 문국현 유한킴벌리 사장의 전언이다.

2000년 초 북한의 대남 라인 교체는 이처럼 어느 날 갑자기 이루어진 것이 아니다. 북한 당국은 송호경-황철 등 아태 대남 라인이 현대그룹을 금강산 관광사업에 끌어들이는 데 성공한 공로를 인정, 이들이 서서히 대남 부문에 관여하게끔 허용하다가 2000년 2월 들어 한국의 김대중 정부로부터 남북정상회담 개최 협상 제의가 들어오자 전격적으로 이들에게 대남 부문을 장악하도록 한 것이다.

사실 9억 4,200만 달러란 돈은 북한의 입장에선 천문학적인 액수다. 그 까닭은 북한이 2~3억 달러에 달하는 남북 교역을 통해 벌어들일 수 있는 순이득은 고작 1,000만 달러 정도에 불과하기 때문이다. 북한이 9억 4,200만 달러를 무역으로 벌려면 무역 규모를 적어도 200~300억 달러 수준까지 올려야만 가능하다.

북한이 무역 규모를 200~300억 달러 수준으로 높이기 위해선 경제체제를 자본주의적으로 개혁하지 않고는 어렵다. 아니 사실상 불가능하다. 그러나 북한은 자본주의적 경제 개혁은 김정일 유일 지도체제를 위협할 수 있다고 우려해왔다. 북한이 대외 교역 규모를 200~300억 달러 수준으로 높이려면 외국 자본을 대대적으로 유치하고 이들 자본이 직접 근로자들에게 임금을 지급하는 것을 인정하는 등 자본주의의 핵심인 자본과 임노동 관계를 허용해야 한다. 문제는 그럴 경우 북한 주민들의 경제 상태가 나아져 다양한 정치적 욕구를 분출할 가능성이 높다는 데 있다. 북한이 9억 4,200만 달러를 대외 교역으로 벌기 위해선 체제 위기를 우려하지 않을 수 없는 처지인 것이다. 김정일이 체제 위기를 야기시키지 않으면서도 10억 달러에 달하는 경화(硬貨)를 벌어들인 송호경 - 황철 라인의 공로를 높이 살 수밖에 없는 것은 이 때문이다.

김정일이 송호경 - 황철 라인을 남달리 평가하게 된 또 다른 이유는 이들이 현대로부터 약속받은 9억 4,200만 달러는, 미국이 북한에게 핵과 미사일 개발을 저지하기 위해 취해왔던 경제제재 조치라는 지렛대(leverage)를 무력화시키는 계기가 됐기 때문이다. 즉, 미국으로선 어떻게든 북한에 달러를 비롯한 경화가 공급되는 것을 차단해 김정일 정권이 불가피하게 핵과 미사일 개발 계획을 포기하고 자발적으로 국제 사회의 책임 있는 일원으로 편입하게끔 만들려고 했는데, 현대그룹이 금강산 관광사업 대가로 9억 4,200만 달러를 북한에 제공하기로 하면서 모든 것이 수포로 돌아간 것이다.

아태평화위의 대일 라인이었던 송호경 - 황철 라인이 기존의 대남 라인을 밀어내고 남북정상회담 개최 협상의 주역으로 남북대화에 참여하게 된 것은 이처럼 현대의 금강산 관광사업을 타결시킨 공로가 그 밑바탕이 됐다. 전금진 아태 부위원장과 강덕순-권호웅 라인을 오랫동안 상대해오던 김보현 - 서영교 라인이 한번도 접촉한 적이 없는 송호경 - 황철 라인과 남북정상회담 개최 문제를 논의하게 된 것은 이런 배경 때문이다.

그러나 기존의 대남 라인 모두가 교체된 것은 아니었다. 김일성종합대학을 졸업하고 노동당 중앙위 통일전선부에 들어간 권호웅은 송호경 - 황철 라인에 가담해 김보현 - 서영교 라인을 중심으로 한 한국 정부의 대북 라인과 남북정상회담 개최 협상에 참여했다.

전금진 부위원장도 6월 13일 평양에서의 남북정상회담이 끝나고 얼마 지나지 않아 대남 라인의 중심으로 복귀했다. 김대중 대통령과 김정일 위원장이 평양회담에서 합의했던 6·15 남북공동선언을 이행하기 위해 7월부터 12월까지 열린 1~4차 남북장관급회담에 북측 수석 대표로 참여했던 것이다. 그러나 전금진은 2001년 9월 서울에서 개최된 5차 남북장관급회담 때부터 북측 수석 대표직을 김영성 노동당 통일전선부 부부장 겸 조국평화통일위원회 사무국 제1부국장에게 넘겼다. 그리고 나서 그는 2개월 뒤인 11월 금강산에서 열린 6차 남북장관급회담의 결렬로 남북 관계가 다시금 냉각된 시기를 전후로 해서 숙청되는 운명을 맞은 것으로 알려졌다.

대북 소식통들에 의하면 2000년 6월 남북정상회담 이후 네 차례 열린 남북장관급회담에 내각 책임 참사 자격으로 북측 수석 대표로 참석했던 전금진은 철직(撤職·면직)당한 뒤 한때 감옥에 수감되기도 하는 등 숙청된 상태인 것으로 파악됐다. 2001년 9월 15일 김영성이 이끄는 5차 남북장관급회담의 북측 대표단이 서울로 출발할 때 평양 순안공항에서 전금진 등이 배웅했다는 보도가 나온 이후 그의 동정은 한동안 알려지지 않았는데 이때 투옥되었던 것으로 전해졌다. 그후 전금진은 2002년 4월 3일 임동원 대통령 외교안보 통일 특보가 특사로서 방북했을 때 개최된 환영 연회에 모습을 드러냈는데, 이는 북한 당국이 한국 정부를 의식해 숙청된 그를 잠시 공개한 것으로 파악됐다. 통전부 산하 조선아시아태평양평화위 부위원장을 겸하고 있던 전금진은 지난 1972년 남북조절위원회 북측 대변인을 맡은 후 1980년대 남북국회회담, 1990년대 베이징 쌀회담과 비료회담 등 각종 대화에 북측 대표로 참가해왔다. 전금진이 숙청된 이유와 관련, 한 소식통은 북한 당국은 그동안의 대남전략이 실패로 돌아갔다고 판단, 책임 소재를 가리는 과정에서 그를 숙청한 것으로 파악됐다고 전했다.

그러나 한때 한국 기업인들의 북한 방문을 관할하는 등 막강한 영향력을 자랑했던 강덕순 참사는 그후 금강산 관광사업과 관련한 일을 하고 있는 것으로 알려졌다. 2001년 5월 방북하여 금강산을 들렀다가 온 한 소식통은 강덕순 참사가 금강산에서 일하고 있는 것을 확인했다고 전했다. 국가안전보위부 중장(한국군으로 치면 소장) 출신인 강덕순은 김일성의 어머니 강반석과 같은 성씨인 칠골 가계로 알려졌다. 금강산 관광사업의 주체인 현대아산의 한 관계자는 그는 금강산에서 강광순이란 가명으로 활동하고 있다고 말했다.

북한이 한국의 남북정상회담 개최 제의를 수용, 협상에 나서기 위해 기존의 대남 라인을 송호경-황철 등 아태의 대일 라인으로 교체한 것은 전금진과 강덕순 등 기존 대남 라인의 몰락과 함께 북한의 대남 총책인 김용순 노동당 대남 비서에게도 타격을 안겼다. 김일성의 일본어 통역관 출신인 황철이 대남 문제의 실세로 떠오른 것이다.

2. 일본의 대북(對北) 사업가 요시다 다케시의 등장

한국의 김대중 정부가 새천년을 맞아 남북정상회담을 성사시키기 위해 '목숨을 건' 승부를 시작한 2000년 2월 초 북한이 전격적으로 대남 라인을 교체하자 국가정보원의 남북정상회담 특별 준비팀은 간단치 않은 문제에 봉착했다. 그것은 바로 북한의 새로운 대남 라인과는 그동안 접촉 경험이 거의 없었다는 것이다.

실제 당시 국정원의 남북정상회담 특별팀을 이끌던 김보현 대북전략국장이나 서영교 단장 모두 북한이 교체하기 이전의 대남 라인인 조선아시아태평양평화위(아태평화위로 약칭)의 전금진 부위원장과 강덕순, 권호웅 참사와는 1999년 7월 베이징에서 개최된 남북한 차관급 비료회담 등을 위해 공식 비공식적으로 잦은 접촉을 해왔던 관계였다. 그러나 새 대남 라인인 송호경 아태평화위 부위원장, 황철 참사 등과는 그렇지 못했다. 송호경-황철 라인이 원래 대일 담당인 탓에 남북대화 등을 통해 접촉할 기회가 없었기 때문이다. 물론 황철의 경우 1999년 7월 비료회담에서 북측 대표단의 막후 실세로 활약했다. 그러나 김보현 국장이나 서영교 단장은 회담 과정에서 그를 공식적으로 상대해보지 않았던 것이다.

그런데도 국정원 대북 라인이 2월 초순 이후 중국 베이징 등지에서 북한의 새로운 대남 라인과 접촉, 4월 8일 남북정상회담 개최 합의문을 도출해내는 데 기여할 수 있었다는 것은 누군가 양측의 막후 접촉을 주선해줬다는 것을 보여주는 대목이다.

그렇다면 이같이 막중한 역할을 맡았던 인물은 누구일까?

이와 관련, 남북정상회담 개최 협상 과정에 정통한 한 소식통은 "남북정상회담이 개최될 수 있었던 데는 일본의 대표적인 대북 창구로 평가받아온 요시다 다케시 신일본산업 회장의 역할이 적지 않았다"고 밝혔다. 이는 요시다 회장이 국정원의 대북 라인과 북한의 대남 라인 사이의 남북정상회담 개최를 위한 막후 접촉을 주선했다는 것을 의미한다.

문제는 요시다 회장이 대체 누군데 일본인으로서 남북정상회담이 개최되는 데 기여한 바가 크다는 평가를 받느냐는 것이다.

요시다 회장이 한국의 대북 전문가들에게 처음 알려진 것은 1995년경이었다. 당시 일본의 집권 여당인 자민당 간사장이었던 가토 고이치 씨가 대북 쌀 지원과 함께 대북 수교를 주도하면서 그로부터 자문을 구하고 있다는 것이 전해졌다.

그런 요시다 회장이 본격적으로 알려지게 된 것은, 그가 1990년대 후반 현대그룹이 북한 당국으로부터 금강산 관광사업 허가를 얻을 수 있도록 막후에서 도와줬다는 것이 확인되면서부터다. 그가 현대를 돕게 된 것은 당시 정몽헌 현대그룹 부회장이 아버지 정주영 명예회장의 숙원이었던 대북사업, 금강산 관광사업을 성사시키기 위해 이익치 현대증권 회장을 통해 북한 당국과 협의할 수 있게 해달라고 요청해왔기 때문이었다.

현대그룹이 요시다 회장에게 요청하게 된 것은 전적으로 그가 북한 당국으로부터 깊은 신뢰를 받고 있는 인물이라고 판단했기 때문이다.

요시다 회장이 금강산 관광사업에 깊숙이 개입했다는 사실은 정주영 명예회장이 지난 1998년 11월 금강산 관광사업을 시작하기 전 아들 정몽구 현대자동차 회장과 정몽헌 현대그룹 회장 등과 금강산을 방문했을 때 동행했다는 데서도 뒷받침된다. 당시 정주영 회장 일가가 금강산에서 촬영한 기념 사진이 북한에서 발행되는 『등대』란 화보집에 실렸는데 여기에 요시다 회장의 모습도 보인다.

그렇다면 요시다 회장은 도대체 북한 당국과 어떤 관계인 것일까?

요시다 씨가 북한으로부터 신뢰를 쌓게 된 것은 그의 아버지 때부터였다. 신일본산업도 아버지로부터 물려받은 기업으로서 아버지 요시다 다쓰오 씨는 재일 한국인으로서 생전의 김일성 전 주석과 인연을 갖고 대북사업을 시작했던 것으로 알려져 있다.

요시다 다쓰오 씨는 일제시대 신일본제철의 전신인 제철 회사가 함경도 모산 광산을 개발할 때 여기서 일한 인연으로 '신일본산업'이란 회사를 만들어 1970년대 초에 평양 지하철의 철로용 철강 제품을 납품하면서 대북사업을 시작했다. 그는 이 같은 대북사업을 하는 과정에서 김일성과도 친분을 맺게 된 것으로 전해졌다.

요시다 다쓰오 씨는 1990년에 사망하면서 사업을 일본인 처에게서 낳은 둘째 아들인 다케시에게 물려줬다. 그후 요시다 다케시 회장은 평양 시내에 위치한 보통강호텔에 사무실을 두고 여기서 매년 몇 개월씩 머물면서 대북사업을 해오며 북한과 신뢰를 쌓아온 것으로 알려져 있다.

재미있는 사실은 요시다 다케시 회장이 현대그룹과 인연을 맺어 금강산 관광사업을 돕게 된 계기가 그의 아버지 요시다 다쓰오 씨의 사망이었다는 것이다. 당시 일본 ≪아사히신문(朝日新聞)≫에서 다쓰오 씨의 부음 기사를 쓴 기자는 고바야시 전 서울 특파원으로서, 그는 요시다 다케시 회장과도 친분을 유지해왔다. 현대그룹이 금강산 관광사업을 성사시키기 위해 북한 당국과 신뢰관계가 있는 요시다 다케시 씨의 도움을 이끌어내는 데 동원한 인물은 고바야시 기자와 친분이 있는 박정두 씨였다. 그는 김영삼 전 대통령의 경남고등학교 동기 동창이자 김 전 대통령이 현직에 있었을 때의 민심 전달 창구로, 고바야시 기자를 통해 요시다 다케시 회장에게 현대그룹의 금강산 관광사업을 도와달라고 요청했던 것이다.

고바야시 기자는 1980년대 초 한국 언론이 전두환 정권의 압력에 의해 보도하지 않고 있던 김영삼 당시 야당 지도자의 단식 투쟁을 처음 보도한 언론인이다. 박정두 씨와 고바야시 기자는 이런 인연을 통해 친분을 나누게 됐다고 한다. 고바야시 기자는 김영삼 정부 시절, 방한하면 김영삼 대통령을 독대할 수 있는 기회를 얻었던 것으로 알려졌다.

현대그룹에서 박정두 씨를 통해 요시다 회장을 동원해 금강산 관광사업을 성사시킨 인물은 정몽헌 회장이었다. 정몽헌 회장이 그의 형인 정몽구 현대자동차 회장을 제치고 정주영 명예회장의 후계자가 될 수 있었던 것도 이 때문이었다. 강원도 통천 출신으로 2001년에 작고한 정주영 명예회장은 금강산 관광사업을 추진하기 전인 지난 1990년대 중반에 자신의 재산 중 10억 달러를 대북사업에 투자하겠다는 뜻을 아들들에게 밝혔고, 금강산 관광사업은 정주영 명예회장이 구상했던 대북사업 중 하나였다. 이에 따라 정몽구, 정몽헌 형제는 금강산 관광사업을 성사시키기 위해 각자 에이전트를 동원해 경쟁하기 시작했는데, 그 까닭은 누가 이 사업을 성사시키느냐에 따라 정주영 명예회장의 후계자 위치를 선점하기 때문이었다. 결국 정몽헌 회장이 요시다 회장을 통해 북한 당국으로부터 사업 허가를 따냈고 그 결과 그는 형인 정몽구 회장을 제치고 현대그룹의 회장에 오를 수 있었다.

문제는 요시다 회장에 대한 북한의 신뢰가 어느 정도냐는 것인데 한 대북 소식통에 의하면 그에 대한 김정일 국방위원장의 신뢰가 대단한 것으로 전해졌다. 실제 김정일은 1997~1998년 노동당 통일전선부 산하 아태평화위의 대일 라인이 현대그룹과 금강산 관광사업과 관련한 협상을 할 때 필요하다면 요시다 회장에게 직접 메시지를 줘서 일을 처리하게 하는 등 그에 대해 깊은 신뢰를 보여주기도 했다는 것이 이 소식통의 전언이다.

요시다 회장이 남북한간에 극비리에 이루어진 남북정상회담 개최 협상 과정에 관여한 것은 그가 외국인으로선 드물게 김정일 위원장으로부터 신뢰를 받는 인물이기 때문이었다.

그러나 그보다 더 중요한 사실은 요시다 회장이 2000년 2월 초순 전격적으로 북한의 대남 라인으로 떠오른 송호경 부위원장과 황철 참사 등과 신뢰가 깊은 관계였다는 것이다. 이는 북한의 새로운 대남 라인과 면식이 없는 국정원의 대북 라인으로선 어떻게든 남북정상회담 개최 협상과 관련해 송호경 – 황철 라인과 접촉하기 위해 요시다 회장의 도움이 절대적으로 필요했을 수밖에 없었다는 것을 뒷받침한다.

실제 한국의 대북 정보 당국 관계자들은 남북정상회담 성사 과정에서 가장 큰 기여를 한 사람을 꼽으라면 한결같이 단연 요시다 다케시 회장일 것이라고 말한다.

황철 아태평화위 참사가 금강산 관광사업을 성사시켜 9억 4,200만 달러라는 막대한 외화를 벌어들이는 성과를 올려 2000년 3월 남북정상회담 개최 협상뿐만 아니라 그후 북한의 대남 문제를 총괄하는 위치에 오르게 된 데도 요시다 다케시 회장이 절대적인 영향을 미쳤다.

이 같은 사실은 요시다 다케시 회장이 남북정상회담 전후 남북 관계를 비롯한 한반도 문제에서 가장 중요한 행위자 중의 하나였다는 것을 증명한다.

3. '김대중-덩푸팡-장쩌민 커넥션'의 정체와 중국의 야심

북한이 대남 라인을 교체하는 사이 김대중 정부는 남북정상회담을 실현시키기 위한 마지막 승부수를 집어들었다. '중국 카드'였다. 김대중 정부로서는 1998년 3월 출범 이후 국내외 3개의 비선(秘線)을 통해 남북정상회담을 제의해왔으나 실패한 데다 이번에도 안 되면 다시는 기회가 없으리란 판단하에 북한에 가장 영향력을 발휘하고 있는 중국을 움직이기로 한 것이다.

대북정책 당국 관계자들과 중국 소식통들에 따르면 2000년 6월 13일 평양에서 열린 남북정상회담은 장쩌민(江澤民) 중국 국가주석의 막후 주선이 큰 역할을 했다.

대북정책 당국의 한 관계자는 "김정일이 남북정상회담을 수용하게 된 데는 장 주석의 설득이 결정적인 작용을 했다"고 밝히면서 "장 주석이 김정일을 설득하게 된 것은 우리 정부가 2000년 초에 남북정상회담을 성사시키기 위해서는 중국의 도움이 절대적이라는 점을 인식하고 1997년 사망한 덩 샤오핑(鄧小平)의 장남으로, 덩 샤오핑의 후계자인 장 주석과 가까운 덩푸팡 중국장애인연합회 주석을 통해 장 주석에게 부탁했기 때문"이라고 증언했다. 2000년 3월 5일 중국 공산당 정치국원인 황쥐(黃菊) 상하이시 당서기가 극비리에 평양을 방문, 중국 대사관에서 김정일과 면담을 갖고 남북정상회담을 수용하길 바란다는 장 주석의 메시지를 전달하게 된 과정은 '김대중→덩푸팡→장쩌민→황쥐→김정일'의 순서를 거쳤다는 것이 이 관계자의 설명이다.

이 관계자는 "우리 정부가 덩푸팡을 통해 장 주석에게 남북정상회담이 성사되도록 부탁하게 된 것은 덩푸팡과 김 대통령의 친분이 두텁기 때문"이라고 밝혔다. 그는 "덩푸팡과 김 대통령은 두 사람 모두 독재 시절에 몸의 일부가 불구가 되었다는 공통점으로 인해 두터운 친분을 쌓게 되었다"고 덧붙였다. 베이징대학교 물리학과 출신으로 핵물리학자인 덩푸팡은 지난 1968년 문화혁명 당시 방사능으로 오염된 실험실에 갇힐 위기를 탈출하고자 8층 높이에서 창문을 통해 뛰어내리다 척추를 다쳤다.

문제는 장 주석이 왜 남북정상회담을 주선해달라는 김 대통령의 부탁을 받아들였고 김정일 국방위원장이 장 주석의 제안을 수용한 배경은 무엇이었느냐는 것이다.

장 주석이 남북정상회담을 주선한 배경과 관련해 대북정책 당국의 또 다른 소식통은 "장 주석은 몹시 남북정상회담을 하고 싶어 하는 김 대통령을 도와주면 한국 외교의 중심축을 미국에서 중국으로 이동시킬 수 있을 것으로 판단한 것으로 안다"고 밝혔다. 이 소식통은 "장 주석은 남북정상회담에서 한반도 통일 문제를 자주적으로 해결한다는 합의가 도출될 경우, 이는 중국이 늘 불안하게 여겨온 주한미군 철수 여론으로 이어지면서 자연스럽게 양안 관계, 즉 대만 독립 문제에 미국의 개입을 차단하는 이득을 얻게 될 것으로 계산한 것 같다"고 덧붙였다.

이들 소식통에 따르면 장 주석은 이 같은 계산에 의거해 3월 5일 황쥐 서기를 통해 김정일 위원장에게 식량난과 에너지난 등 모든 경제난 타개에 필요한 지원을 아끼지 않을 테니까 남북정상회담을 수용하길 바란다는 메시지를 전달했다고 한다.

김정일 위원장이 장 주석의 설득을 받아들인 배경은 이처럼 장 주석이 김 위원장에게 북한의 경제난 타개에 필요한 막대한 지원을 아끼지 않겠다고 약속했기 때문이다. 대북정책 당국의 한 관계자는 "김 위원장으로서는 북일 수교를 통해 50~80억 달러에 이르는 대일 청구권 자금과 조총련 소유의 막대한 부동산 및 동산 자금을 끌어들이기까진 시간이 많이 걸리는 만큼 당장 경제난 타개에 필요한 재원이 시급하다고 판단, 장 주석의 제안을 받아들이기로 결정한 것으로 파악하고 있다"고 증언했다.

대북정책 당국의 또 다른 소식통은 "장 주석이 김정일 국방위원장에게 2000년 5월 29일 극비리에 베이징을 방문하도록 요구한 것은 다시 한 번 경제난 타개에 필요한 모든 지원을 아끼지 않을 테니 남북정상회담에 적극적으로 임할 것을 요청하기 위해서였다"고 밝혔다. 이 소식통과 한 중국 소식통에 따르면 5월 30일 장 주석은 김 위원장을 만나 "지난 50년 한국전쟁 당시의 항미 원조 정신으로 돌아가자"며 지난 1990년대 중단된 대경 유전으로부터의 원유 공급을 재개하고 일단 올해 10억 달러를 지원해 중국 동북 3성으로부터 식량을 구입하도록 하는 지원 방안을 제시했다. 같은 해 6월 3일 5박 6일 일정으로 황쥐 서기가 방한한 것도 김 위원장에게 남북정상회담에 적극 임할 것을 설득했으니 염려 말라는 메시지를 전하기 위해서라고 앞서 소식통은 전했다.

남북정상회담 개최 합의가 발표된 2000년 4월 10일 이후 국내외에 북한이 남북정상회담을 수용한 것은 경제난 타개에 필요한 자본과 기술을 남한으로부터 끌어들이기 위해서라는 분석이 폭넓게 퍼져 있는데, 이 같은 분석의 설득력이 낮은 것은 이 때문이다. 그러니까 북한이 남북정상회담을 받아들이게 된 것은 중국으로부터 경제난을 해소하는 데 드는 모든 지원을 약속받아 자신감을 가졌기 때문이라고 앞서의 대북정책 당국자들과 중국 소식통들은 설명한다.

따라서 남북정상회담과 이의 결과인 6·15 남북공동선언은 '김대중 이니셔티브'도 '김정일 이니셔티브'도 아닌 '장쩌민+김정일 이니셔티브'로 봐야 한다는 것이 이들 소식통의 지적이다. 한반도로부터 미국의 영향력을 무력화시켜 동북아 질서를 재편하자는 데 이해가 일치한 장쩌민 주석과 김정일 위원장이 공동으로 주도권을 행사한 결과 남북정상회담도 개최되고 남북공동선언도 나왔다는 것이다.

남북정상회담이 개최되자마자 미·일·중·러 등 주변 4강 중에서 가장 먼저 중국으로부터 환영 성명이 나왔다는 것을 우연이라고 보기 힘든 이유는 바로 여기에 있다. 주방자오 중국 외교부 대변인은 2000년 6월 13일 김 대통령과 김 위원장이 처음 만난 날, "남북정상회담을 환영한다"고 밝힌 뒤 "외국 군대(미군 지칭)가 한반도에 주둔하는 것은 바람직하지 않다"는 의미심장한 말을 덧붙였다. 당시 베이징에 체류중이던 이상우 교수도 천기침 부총리로부터 "대단히 환영한다"는 말을 들었다고 밝혔다.

그러나 북한이 남북정상회담을 수용한 배경은 단순히 중국으로부터 경제 지원을 보장받은 데서만 찾아서는 안된다고 분석하는 북한 전문가들이 적지 않다. 한 북한 전문가는 "북한으로선 지난 10여 년 동안 핵과 미사일 카드를 활용한 덕분에 미국으로부터 체제 유지를 보장받고 핵과 미사일 개발 포기 대가로 북미 평화협정 체결을 맞교환하는 것이 가능할 정도로 대미 문제가 해결된 상태라는 점에서도 남북정상회담을 수용할 만한 자신감을 얻었을 것"이라고 분석한다.

북한의 대남 및 대미 전략을 정확하게 파악하고 있다고 평가받는 한 재일 군사평론가는 "북한은 통일 문제를 대미 문제로 보고 있다"고 지적하면서 "그 이유는 남한이 미국의 식민지인 만큼 주한미군의 철수를 비롯해 미국의 개입만 제거되면 저절로 통일된다고 보기 때문"이라고 말한다. 국내 다른 전문가는 "북한이 북미 평화협정 체결을 요구하는 것은 이처럼 미국의 군사적 위협이 두려워서가 아니라 남한을 적화통일시키기 위해 한반도로부터 미국의 중립화를 견인해내기 위한 것"이라고 지적한다. 현재 미국은 북한이 미국의 세계 전략인 핵확산금지조약(NPT)과 미사일기술수출금지조약(MTCR)에 복귀하는 조건으로 북미 평화협정을 끝까지 요구할 경우 들어줄 가능성이 반반인 것으로 전해지고 있다.

대북정책 당국자들과 중국 소식통들의 증언을 종합해보면 2000년 6월 13~15일까지 평양에서 개최된 남북정상회담과 이에 따른 남북공동선언이 나오게 된 배경은 이처럼 한반도로부터 미국을 무력화시키는 데 이해가 일치한 장쩌민 국가 주석과 김정일 국방위원장의 구상이 관철된 측면이 많다.

문제는 미국이다. 남북공동선언을 포함해 한반도와 주변 질서를 재편하고 있는 주동력이 '장쩌민+김정일 이니셔티브'라고 볼 수 있는 측면이 많다는 것을 모를 리가 없는 미국이 이 같은 상황에 어떻게 대처하겠느냐는 것이다.

미국은 특히 남북정상회담이 성사되는 데 '장쩌민 이니셔티브'가 결정적으로 작용했다는 것을 감지하고 있었던 것으로 알려졌다. 한 소식통에 따르면 2000년 4월 10일 남북정상회담 개최가 발표되던 시점에 토머스 슈와츠 주한미군 사령관은 한국군 장성들에게 "당신네 정부가 뭘 하고 있는지 다 알고 있다"며 항의했다고 한다. 주한 미국대사관도 내부적으로 매향리 사건과 한미행정협정(SOFA) 개정과 관련해 반미 여론이 높아지는 배후에 우리 정부가 있다는 의혹을 갖고 있는 것으로 전해졌다.

이에 따라 미국은 남북정상회담 직후 6·15 공동선언 1항인 '나라의 통일 문제는 자주적으로 해결한다'는 내용이 사실상 주한미군 철수에 합의한 것이 아닌가 싶어 단호히 대처하는 모습을 보였다. 당시 미 국방부 대변인 케네스 베이컨은 2000년 6월 15일 "주한미군은 한반도 통일 뒤에도 주둔할 것"이라고 쐐기를 박고 나섰던 것이다. 그러나 미국이 과연 '장쩌민+김정일 이니셔티브'에 따라 '한·미·일 공조' 체제가 '남·북·중 공조' 체제로 이행하는 것을 막는 데 성공할 수 있을지에 대한 회의적인 시각도 제기되고 있었다. 그럼에도 미국은 한국의 외교 중심축이 중국으로 이동하는 것을 저지하기 위해 각종 통상 압력이나 금융상의 압박을 전개할지 모른다는 얘기가 돌았다.

미국의 곤혹스러운 처지와 달리 중국과 북한은 '장쩌민+김정일 이니셔티브'를 강화하기 위한 구체적인 작업에 들어갔다.

'장쩌민+김정일 이니셔티브'가 다시 한 번 세계의 이목을 주목시킨 것은 2001년 1월 15일 김정일의 중국 상하이(上海) 방문이었다. 당시 김정일로서는 장쩌민의 답방을 기다려야 하는 것이 외교의 순리였으나 그 같은 관행을 무시하고 전격적으로 상하이 푸동지구를 방문한 것이었다. 푸동지구는 중국이 지난 1990년대 초반부터 집중적으로 개발, 첨단 외국 기업들이 대거 진출한 곳이다. 이 때문에 당시 김정일이 마침내 개방을 준비하기 위해 중국의 개방정책이 성공한 푸동지구를 방문했을 가능성이 높다는 분석이 제기되기도 했었다. 실제 김정일의 상하이 방문은 장남인 김정남(金正男)이 장쩌민 주석의 장남인 장멘헝(江綿恒)과 사전에 협의한 사안이라는 점에서 그 같은 분석은 아주 타당성이 없는 것은 아니었다.

그럼에도 김정일이 상하이를 전격적으로 방문하게 된 것은 나흘 뒤 미국에서 출범할 조지 W. 부시 신임 행정부와 관련이 있었다는 분석이 지배적이다. 한 대북정책 당국자는 중국 공산당 핵심 관계자들로부터 김정일의 방문은 중국과 북한에 대해 강경한 정책을 취할 것으로 예상되던 조지 W. 부시 행정부에 대한 대응 방안을 장쩌민과 논의하는 데 가장 큰 목적이 있다는 말을 들었다고 전했다.

4. '장쩌민 밀사' 황쥐 상하이시 당서기의 극비 방북 스토리

21세기의 첫 해인 2000년을 맞자마자 북한이 전격적으로 대남 라인을 교체한 것이나 한국 정부가 중국 정부에 북한이 남북정상회담을 수용하도록 설득해줄 것을 요청한 것 모두 당시 국내외 언론 어디에도 포착되지 않았다.

이런 상황에서 3월 초 김정일 북한 노동당 총비서 겸 국방위원장이 움직이기 시작했다. 김정일 위원장은 3월 5일 평양 주재 중국 대사관을 전격 방문해 이임 예정인 완융상 평양 주재 대사와 대사관 직원들과 만찬을 가졌던 것이다. 매우 이례적이었던 이 행사와 관련해 다음날인 6일 북한의 관영 통신인 조선중앙방송은 "김정일 총비서가 중국 대사관을 전격 방문한 것은 완 대사의 초청에 따른 것"이라고만 짤막하게 보도했다.

그러나 김정일의 방문 배경을 단순히 완 대사의 이임 기념 만찬에 참석하기 위한 것이라고 보기에는 무리가 많았다. 특히 조명록 인민군 총정치국장, 김영춘 인민군 총참모장, 김일철 인민무력부장, 김용순 노동당 대남비서 겸 통일전선부장, 장성택 노동당 조직지도부 제1부 부장 등 측근들을 대거 수행했다는 것 자체가 김정일의 방문 배경에는 보이지 않는 무엇인가가 숨겨져 있음을 짐작하게 만들었다. 그럼에도 당시 국내외 언론은 끝내 그 '무엇인가'를 확인하지 못했다.

그렇다면 그 '무엇인가'는 무엇이었을까?

한 대북 소식통에 따르면 당시 중국대사관에서 김정일 국방위원장과 면담한 주역은 완 대사가 아니라 장쩌민 국가주석의 메시지를 전달하기 위해 극비리에 방북한 황쥐 중국 공산당 정치국원 겸 상하이시 당서기였다. 황 서기가 한국 정부의 초청으로 6월 2일 1박 2일 예정으로 방한했던 것도 이런 역할을 맡았기 때문인 것으로 보인다. 그는 장 주석과 함께 상하이 출신의 집권세력인 이른바 '상하이방(上海幇)'의 일원으로 중국의 주요 대북 채널 가운데 하나로 평가받아왔다. 2002년 5월 현재 장 주석이 후진타오 국가 부주석에게 권력을 물려줄 것으로 예상되는 가운데 황쥐 서기는 후진타오 부주석 등 4세대 지도자군 중 한 명으로 꼽히지만 상하이방 일원이라는 평가 때문에 견제를 받고 있는 것으로 알려졌다.

북중 관계에 정통한 이 소식통은 "당시 중국 정부가 평양 주재 중국대사관에 황쥐 서기가 머무는 것을 비밀에 부치게 한 뒤 김정일 총비서가 우연히 중국대사관을 방문하게 해 황 서기를 만나게 한 것은 북중 관계가 개선되고 있다는 것을 외부에 보여주기 위해서였다"고 밝혔다. 한 마디로 중국과 북한이 사전에 치밀하게 짠 각본에 따라 김정일이 중국대사관을 방문한 것이라는 증언이다.

이 소식통은 또한 "당시 황쥐 서기가 극비리에 방북해 김정일 총비서와 만찬 형식을 빌려 면담한 배경에는 북한과의 관계개선뿐만 아니라 우리 정부의 요청에 따라 남북정상회담을 주선하기 위한 목적도 있었던 것으로 안다"고 밝혔다. 한국 정부가 2000년 4월

10일 남북정상회담 개최 합의 사실을 발표한 뒤 비공식적으로 "중국 정부가 막후에서 남북정상회담이 성사되도록 도왔다"고 밝혀왔는데 그 막후 주역이 바로 황쥐 서기라는 것이다.

당시 황쥐 서기가 김정일에게 구체적으로 전달한 장쩌민의 메시지는 앞장에서 살펴본 바와 같이 김정일 위원장에게 식량난과 에너지난 등 모든 경제난 타개에 필요한 지원을 아끼지 않을 테니까 남북정상회담을 수용하길 바란다는 것이었다고 대북 소식통들은 전했다. 장쩌민 주석이 남북정상회담을 주선하게 된 배경과 관련, 대북정책 당국의 한 소식통은 "장 주석은 몹시 남북정상회담을 하고 싶어하는 김 대통령을 도와주면 한국 외교의 중심축을 미국에서 중국으로 이동시킬 수 있을 것으로 판단한 것으로 안다"고 밝혔다. 이 소식통은 "장 주석은 남북정상회담에서 한반도 통일 문제를 자주적으로 해결한다는 합의가 도출될 경우 이는 중국으로서 늘 불안하게 여겨온 주한미군의 철수 여론으로 이어지면서 자연스럽게 양안 관계, 즉 대만 독립 문제에 미국의 개입을 차단하는 이득을 얻게 될 것으로 계산한 것 같다"고 덧붙였다.

김대중 정부가 그 해 6월 초 황쥐 서기를 초청해 당시 서영훈 민주당 대표, 이정빈 외교통상부 장관 등 당·정 고위 인사들과 면담하게 했던 것도 이러한 맥락에서 볼 수 있다. 외교통상부는 공식적으로 황쥐 서기의 초청이 중국 차세대 지도자들의 친한화(親韓化) 프로그램의 일환이라고 말하고 있지만 실제로는 남북정상회담의 성사를 막후에서 도와준 데 대한 사의를 표명하기 위한 것이라는 얘기다.

2000년 3월 17일 당시 박지원 문광부 장관이 북한의 송호경 아태평화위 부위원장과 남북정상회담 개최를 위한 첫 특사 회담을 상하이에서 가진 것도 우연이 아니라는 얘기가 나오고 있다. 물론 상하이는 한국 특파원들이 주재하고 있는 베이징보다 보안을 더 잘 유지할 수 있는 이점을 가지고 있다. 하지만, 3월 5일 극비 방북해 남북정상회담이 개최되는 데 공헌한 황쥐 서기가 상하이시 당서기라는 점을 고려해 남북정상회담을 위한 첫 특사 회담 장소로 상하이를 택했을 가능성이 적지 않은 것은 분명하다.

우리 정부가 2000년 4월 30일 남북정상회담 개최 합의 사실에 대해 브리핑하기 위해 당시 이정빈 외교통상부 장관을 중국에 파견하고 최대 동맹국인 미국에는 반기문 외교통상부 차관을 보낸 것도 이 같은 맥락에서 이해할 필요가 있다는 것이 이들 소식통의 지적이다. 즉, 이 장관이 한 달 전인 3월 미국에 다녀왔기 때문에 반 차관을 미국에 보냈다는 우리 정부의 해명과 달리 이 장관이 중국에 간 것은 남북정상회담을 막후에서 도운 중국을 배려하기 위한 차원이라는 것이다.

한 소식통은 "당시 황쥐 서기의 방한은 우리 정부가 미·일·중·러 등 주변 4강 외교의 중심을 미국에서 중국으로 이동시키는 신호탄 격이었다"고 지적했다. 5월 25일 우리 정부가 총리, 장관 출신의 실세들이 임명되던 주미 대사에 초선 의원 출신인 양성철 씨를 내정하고, 주중 대사에 처음으로 장관 출신의 거물급 인사인 홍순영 전 외교통상부 장관을 내정한 것도 따지고 보면 이 같은 맥락에서 볼 수 있다는 것이다.

한편 김정일이 지난 2001년 1월 15일 전격적으로 상하이를 방문한 데는 한 해 전 장쩌민 국가주석의 밀사로서 평양을 극비 방문했던 황쥐 서기의 역할도 크게 작용했을 것이란 분석이 유력하다. 황쥐 서기는 김정일이 상하이를 방문하는 기간 동안 내내 제일 측근에서 그를 보좌, 간단치 않은 관계임을 과시했다. 실제 황쥐 서기는 김정일 일행을 위해 주룽지 총리가 베푼 만찬에도 참석한 데 이어, 김정일이 1월 19일 오전 상하이의 실리콘밸리로 불리는 장장 고기술단지 내에 위치한 상하이 푸둥소프트웨어지구와 인간게놈연구센터를 방문할 때도 줄곧 수행했다.

뒤에서 자세히 살펴보겠지만 대북 소식통들에 의하면 김정일의 상하이 방문은 김정일의 장남으로서 사실상 후계자 수업을 밟고 있는 김정남이 상하이를 중심으로 중국의 IT(정보기술) 산업 부문에서 큰 역할을 맡고 있는 장쩌민 주석의 장남 장멘헝과 함께 사전에 협의한 것이라고 한다. 이 때문에 북한에서 '조선컴퓨터위원회 위원장'으로 불리며 IT정책을 주도하고 있는 김정남으로선 아버지에게 상하이의 발전상을 목도하게끔 하고 싶었고 이에 장멘헝이나 황쥐 서기가 동의하면서 김정일의 상하이 방문이 전격적으로 이루어졌을 가능성이 제기되기도 했다.

5. 김대중의 3·9 베를린선언, 그 내막

　김정일 북한 국방위원장이 2000년 3월 5일 황쥐 중국 공산당 정치국원 겸 상하이 당서기와 극비 회동한 뒤 남북정상회담 개최 문제를 협의하기 위한 남북한간 막후 접촉이 재개됐다. 김정일 위원장이 장쩌민 중국 국가주석이 황쥐 서기를 통해 전달해온 남북정상회담 수용 권유를 받아들이기로 하고 그 즉시 대남 라인에게 한국 정부의 대북 라인과의 접촉을 재개할 것을 지시한 것이다.
　당시 북한은 전금진 아태평화위 부위원장 강덕순 참사, 권호웅 참사로 이어지는 기존 대남 라인을 현대그룹의 금강산 관광사업을 성사시켜 막대한 달러를 벌어들이는 공적을 세운 송호경 조선아태평화위 부위원장과 황철 참사로 대표되는 대일 라인으로 교체한 상황이었다.
　이때 김대중 정부는 1998년 3월 출범 이후 각종 남북대화를 막후에서 성사시켜온 국가정보원 대북전략국 김보현 국장(2000년 6월 남북정상회담 성사시킨 공로를 인정받아 대북 담당 3차장으로 승진)과 서영교 단장(같은 시기에 같은 성과로 대북전략국장으로 승진)으로 이어지는 대북 라인을 그대로 가동하고 있었다. 김보현 국장은 1999년 중반 총리 특보 자격으로 전금진 아태평화위 부위원장과 접촉, 중국 베이징에서의 남북한 차관급 비료회담을 성사시키기도 하는 등 당시로서는 유일하게 막후 대북 협상 라인으로 평가를 받고 있었다.

그러나 3월 5일 직후 재개된 남북한간 막후 접촉은 진척을 보지 못했다. 김정일 위원장으로선 중국의 권유를 긍정적으로 받아들였다고 하더라도 아무런 전제조건 없이 남북정상회담에 합의해줄 수는 없다는 입장이었기 때문이다. 북한 당국은 남북정상회담에 합의해주는 대가로 김대중 정부로부터 뭔가 경제적인 대가를 얻어내야겠다는 입장을 고수했던 것이다.

김대중 대통령이 독일을 방문중이던 3월 9일 베를린자유대학에서 정부 차원의 대북 지원을 할 용의가 있다는 '베를린선언'을 발표한 데는 이런 배경이 있었다. 김대중 대통령은 베를린선언을 통해 정부 당국간 협력, 화해와 협력 제안 적극 호응, 이산 가족 문제 해결, 특사 교환 제의 수락 등 4개항의 수용을 촉구했다. 그는 또, 정부 차원의 협력 사업으로 본격적인 경협을 위한 도로, 항만, 철도, 전력, 통신 등 사회간접자본의 확충, 투자 보장 협정과 이중 과세 방지 협정 등 민간기업이 안심하고 투자할 수 있는 환경 조성, 식량난 해결을 위한 비료 지원, 농기구 개량, 관개시설 개선 등 근본적인 농업개혁 등을 적시한 뒤 "이는 민간경협방식으로는 한계가 있다"고 강조했다.

실제로 3·9 베를린선언은 느닷없이 이루어졌던 것으로 알려졌다. 이는 당시 국내에서 베를린선언 작성 과정에 참여했던 한 대북 전문가의 증언에서 확인된다. 이 전문가는 "어느 날 김 대통령을 수행해 독일을 방문중이던 정부 관계자들로부터 '급히 남북경협 관련 대북 지원 방안 등을 발표해야 하는데 자료가 준비되지 않았으니 도와달라'는 부탁을 받고 베를린선언 작성에 관여했다"고 밝혔다.

이 같은 사실은 베를린선언이 김대중 정부가 북한 당국으로부터 남북정상회담 개최에 합의해주는 조건으로 사회간접자본 시설 확충 등을 비롯한 경제 지원을 원한다는 메시지를 받고 이를 수용하겠다는 응답이라는 것을 보여준다.

이 점에서 베를린선언은 북한이 남북정상회담 개최에 합의하게 만드는 데 결정적인 역할을 했다. 특히 북한은 경제난을 극복하는 데 가장 걸림돌이 되고 있는 전력난을 해소할 수 있도록 전력을 지원하겠다는 분명한 의지를 김대중 대통령이 밝힌 데 대해 흡족해했던 것이다.

그러나 김대중 정부가 이때 북한에 단순히 전력 지원 의사만 밝힌 것은 아닌 것으로 알려졌다. 한 국내 대북 전문가는 "당시 김대중 정부는 북한에 남북정상회담과 전력을 맞바꾸겠다는 약속을 했다"고 증언한다.

어쨌든 베를린선언을 계기로 남북한은 3월 중순부터 본격적인 남북정상회담 개최 협상에 돌입했다. 김대중 대통령이 3월 15일 박지원 문화관광부 장관을 수석 대표로 임명해 중국 상하이와 베이징 등지에서 북한측과 접촉, 남북정상회담 개최 협상을 할 것을 지시한 것이다. 당시 한국측 협상단은 박지원 수석 대표 외에 김보현 국정원 대북전략국장과 서영교 대북전략국 단장 등으로 구성되었고, 북한측 협상단은 수석 대표인 송호경 아태평화위 부위원장과 황철 참사, 권호웅 참사 등으로 이루어졌다.

김대중 대통령의 입장에서 보면 북한이 남북정상회담 개최 협상에 나왔다는 것은 김대중 대통령의 '3·9 베를린선언'에 대해 만족했다는 것을 의미했다. 그가 4월 10일 남북정상회담 개최 합의 사실이 발표되기 전부터 '조만간 대북 특수(特需)'가 발생할 것이라는 낙관적인 예상을 확산시켜 왔던 것은 이 때문이었다. 다시 말해서 김대중 정부는 당시 북한이 베를린선언에서 정부 차원의 협력 사업으로 제시되었던 본격적인 경협을 위한 도로, 항만, 철도, 전력, 통신 등 사회간접자본의 확충, 투자보장협정과 이중과세방지협정 등 민간기업이 안심하고 투자할 수 있는 환경조성, 식량난 해결을 위한 비료 지원, 농기구 개량, 관개시설 개선 등 근본적인 농업 개혁과 관련한 경제협력을 한국과 추진하는 데 동의한 것이라고 추정했던 것이다.

그러나 김대중 정부의 '대북특수론'이 환상이었다는 것이 확인되는 데는 3개월도 채 안 걸렸다. 남북한 당국은 4월 10일 남북정상회담 개최 합의를 발표하고 나서 4월 말부터 5월 중순까지 정상회담 개최 준비를 위한 실무회담을 다섯 차례 가졌는데, 이 과정에서 한국 정부는 청와대 경제수석실을 중심으로 김대중 대통령의 대북특수론을 현실화시키기 위한 다양한 경협 방안을 마련해 북한측에 제시했다. 그러나 당시 북한측은 "그냥 왔다가만 가라"고 하면서 모든 경협 제의를 거부했었다고 한 대북 소식통은 증언했다.

이 같은 사실은 당시 밝혀지지 않았다. 그러나 김대중 대통령의 대북특수론이 허황된 것이었다는 사실은 시간에 의해 입증됐다. 2000년 6월 13일 마침내 남북정상회담이 개최되었는 데도 남북경협은 확대되지 않았던 것이다. 남북정상회담 개최와 관련 없이 남북경협은 직접투자는 여전히 지지부진하고 그나마 이루어지고 있는 것은 위탁 가공무역이나 북한산 농수산물 반입 정도로 규모는 3~4

억 달러에 불과한 실정이다.

북한이 남북경협을 외면하는 이유는 무엇일까? 그 까닭은 북한의 입장에서 보면 그리 어렵지 않게 알 수 있다. 북한이 남북경협을 하기 위해선 경제 시스템을 자본주의 시장경제체제로 바꿔야 하고, 그렇게 하면 주민들의 경제적 부가 증가해 정치적으로 다원화한 욕구를 충족하려 들어 체제 위기가 발발할 것이라고 인식하고 있기 때문에, 본격적인 남북경협을 받아들일 수 없는 것이다. 이와 관련, 한 소식통은 "김일성종합대학교 경제학과 김수용 교수가 '만약 우리가 외국과 경협을 한다면 한국과는 하지 않고 좀더 많이 배울 수 있는 선진국들과 할 것'이라고 언급했다"고 전했다. 김수용 교수는 1991년 12월 개설된 라진 선봉경제무역지대로의 외국인 투자를 위해 일본에서 강연회를 가지는 등 북한의 대표적인 개방 전문가로 평가받았으나 2001년 부패 혐의로 숙청된 것으로 알려졌다.

문제는 이 같은 사실은 북한이 베를린선언의 남북경협 제의들에 만족해 남북정상회담 개최 협상에 나선 것이 아니라는 것을 보여준다는 것이다. 그렇다면 한국 정부가 북한을 남북정상회담 개최 협상에 나서게 만든 '카드'는 무엇일까?

뒤에서 자세히 살펴보겠지만 이 의문과 관련해 남북정상회담 직후부터 제기되고 있는 것은 '전력 지원설'인데 이는 김대중 정부의 대북정책 당국 내부 사정에 정통한 일부 대북 전문가들에 의해 사실로 인정되고 있으나 확인되지는 않고 있다.

2장

남북정상회담은 국가정보원의 작품

1. 남북정상회담 개최시기는 언제 어떻게 합의되었나
2. 남북정상회담과 국가정보원의 역할
3. 박지원-송호경의 「4·8 합의문」, 그 세 가지 미스터리
4. 임동원의 극비 평양 잠행
5. 굴욕적 준비 회담
6. 남북정상회담이 돌연 하루 연기된 까닭

1. 남북정상회담 개최시기는 언제 어떻게 합의되었나

베를린선언을 계기로 남북정상회담 개최 문제를 논의하기 위한 남북한 양측 막후 접촉은 급진전을 보이기 시작했다.

북한 당국은 남북정상회담을 수용하는 대가를 내놓으라는 자신들의 요구에 김대중 대통령이 베를린선언을 통해 국제 사회를 상대로 전력을 비롯한 각종 사회간접자본(SOC) 건설을 지원하겠다고 약속하고 나서자, "정상회담 개최 문제를 논의할 수 있다"는 의사를 보내온 것이다. 이 같은 메시지 전달은 중국 베이징에서 북측의 대남 라인과 한국 정부의 대북 라인 간 접촉을 통해 이루어졌다.

베를린선언이 발표된 다음날인 2000년 3월 10일 당시 박재규 통일부 장관은 "구체적으로 밝힐 수 없으나 여러 경로를 통해 북한의 의사를 전달받았으며 우리의 의사도 북측에 전달하고 있다"고 밝혔다.

북한 당국이 남북정상회담 개최 제의를 논의하겠다는 메시지를 통보해온 시점은 베를린선언이 발표된 지 닷새 만인 3월 14일인 것으로 알려졌다. 이는 김 대통령이 3월 15일 박지원 문화관광부 장관을 대북 특사로 임명했다는 점에서 간접적으로 확인된다. 누구보다도 남북정상회담을 염원해왔던 김 대통령이므로, 북한으로부터 특사간 접촉을 통해 북남최고위급회담(남북정상회담의 북측 표현)을 논의해보자는 메시지가 왔는데 이를 두고 며칠씩 고민했을 리가 만무하다고 본다면, 이 메시지가 전달된 시점은 대북 특사 임명 하루 전일 가능성이 높은 것이다. 김 대통령이 대북 특사로 신뢰와 보안 두 가지 측면에서 박 장관을 선택하는 데 그리 오랜 시간이 걸리지 않았다고 본다면, 북한의 협상 수용 메시지는 3월 14일 오후에 전달됐을 것이라는 것이 소식통들의 전언이다.

　북한 노동당 기관지인 ≪노동신문≫이 2000년 3월 15일자에 게재한 베를린선언 관련 논평도 이 같은 가능성을 뒷받침한다. ≪노동신문≫은 이 논평에서 "우리는 남(南)이 반민족적이며 반통일적인 낡은 대결정책에서 벗어나 실제 행동으로 긍정적인 변화를 보인다면 민족의 운명과 문제를 놓고 그들과 허심탄회하게 협상할 것이며 통일을 위해 함께 노력할 것을 천명(闡明)한다"고 밝혔다.

　이 같은 논평은 북한 당국이 협상을 앞두고 김대중 정부의 제안대로 남북정상회담 개최를 위한 협상은 하겠지만 대신 '반민족적이고 반통일적인 대결정책에서 벗어나는 협상 태도를 보여야 한다'는 메시지 성격을 띤다. 실제 ≪노동신문≫은 이 논평에서 "북남대화와 관련해 우리는 지난해 있은 공화국 정부 정당 단체연합회의에서 선행 실천 사항을 비롯한 원칙적인 문제들을 제기한 바 있다"면서 김대중 정부에 협상 원칙을 제시했는데 그것은 바로 북한이 오랫동안 주장해온 조국통일 3대 원칙(자주, 평화, 민족 대단결)이었다.

　남북한간 첫 특사 접촉은 3월 17일 중국 상하이에서 열렸다. 박지원 장관의 카운터파트인 북한측 특사는 이미 현대그룹의 금강산 관광사업을 성사시킨 공로를 바탕으로 대남 라인을 대체하게 된 대일 라인의 리더 송호경 조선아시아태평양평화위원회(이하 아태로 약칭) 부위원장이었다. 양측 대표단의 면면을 보면 남측은 박 장관, 김보현 국정원 대북전략국장, 서영교 단장 등이었고 북측은 송 부위원장, 황철 아태 참사, 권호웅 아태 참사 등이었다. 전금진 아태 부위원장과 강덕순 아태 참사, 권호웅 아태 참사 등 북한의 기존 대남 라인 중 권호웅 참사만이 이 특사 회담에 참여했다. 그 까닭은 북한 당국이 대일 라인에게 협상을 주도하게 하되, 대일 라인이 대남 협상을 맡기 이전의 접촉 과정을 잘 모르는 만큼 권 참사라도 회담에 참여케 함으로써 일관성을 유지하고자 했기 때문인 것으로 알려졌다.

   남북 특사회담이 열리던 3월 17일 김대중 대통령은 다시금 북한 당국에 베를린선언의 수용을 촉구했다. 김 대통령은 공군사관학교 졸업식 축사를 통해 "북한이 스스로의 필요에 의해 나의 베를린선언을 긍정적으로 검토할 것을 확신한다"고 언급한 것이다. 이 같은 발언은 두 가지 목적을 동시에 겨냥한 것으로 보인다. 하나는 사회간접자본 건설 등 적극적인 대북 지원을 할 테니 남북정상회담을 수용하라는 뜻을 재차 북한 당국에 전하는 것이고, 다른 하나는 남북 특사회담이 열려 이미 남북한간에 남북정상회담 개최 논의가 시작됐다는 사실을 야당과 언론이 눈치채지 못하게 하기 위한 것이다. 특히 야당의 입장에선 북한이 베를린선언을 긍정적으로 검토할 것이라는 김 대통령의 언급은 정부가 아직 북한 당국으로부터 남북정상회담 개최를 논의하기 위한 협상을 수용하겠다는 메시지를 받지 못한 것으로밖에는 달리 해석하기 어려운 것이었다.

특사 접촉 사흘 만에 남북한은 정상회담 개최에 의견 접근을 보기 시작했다. 김 대통령이 3월 21일 YTN 개국 5주년 기념 회견에서 "(4·13)총선에서 국민 다수 의사가 찬성하면 서둘러 정상회담을 추진하겠다"고 언급한 것이 이를 뒷받침한다. 김 대통령이 이날 정상회담을 추진할 수 있다는 의사를 피력했다는 것은 그 전날까지 남측 특사인 박지원 장관이 송호경 북측 특사와의 접촉에서 남북정상회담 개최에 대한 원칙적인 합의를 보았다는 것을 의미하기 때문이다.

북한 당국은 중국에서 이루어지고 있는 특사 접촉에서 남북정상회담을 수용하면 김대중 정부가 어떤 경제적 지원을 해줄 수 있는지를 타진했다. 이는 김 대통령이 특사 접촉 개시 7일 만인 3월 23일 청와대로 퇴역 장성들의 모임인 성우회(星友會) 회원들을 초청한 자리에서 "북한은 (남한이) 무엇을 구체적으로 도울 것인지에 대해서도 물어오고 있다고 한다"고 말한 데서 확인된다.

남북한이 최종적으로 남북정상회담 개최에 합의한 시점은 공식 발표에 따르면 4월 8일이다. 박지원 장관은 4월 10일 합의 사실을 공포한 뒤 가진 기자회견에서 "4월 7일 북한에서 통보가 와 합의하게 됐다"고 밝혔다.

그러나 합의 시점은 3월 말이다.

이는 김 대통령이 3월 31일 ≪동아일보≫ 창간 80주년 기념 회견에서 "현재 여러 경로를 통해 비공식 접촉이 진행중이고 총선 후 남북 간에 상당 수준의 대화가 이뤄지고 남북 관계에 큰 변화가 있을 것"이라고 밝힌 데서도 간접적으로 확인된다. 정부 발표대로 남북한이 정상회담 개최에 합의한 시점이 2000년 4월 8일이 맞다면 김 대통령이 아무리 마음이 급해도 이 같은 합의가 가능할지 예측하기 어려운 3월 31일 "총선 후 남북간에 상당 수준의 대화가 이뤄지고 남북 관계에 큰 변화가 있을 것"이라는 식의 단정적인 표현을, 그것도 언론과의 회견에서 쓸 수 없기 때문이다. 다시 말해서 김 대통령이 이날 그같이 표현했다는 것은 남북한이 특사 접촉을 개시한 지 2주일도 안된 3월 31일 이전에 정상회담 개최에 합의했다는 것을 의미한다.

게다가 집권당인 민주당의 당시 서영훈 대표가 4월 2일 아침에 긴급 기자간담회를 갖고 "베이징서 정부간 접촉이 있으며 선거가 끝난 뒤 정부서 발표할 것으로 안다"며 "올해내에 남북정상회담이 가능할 것으로 믿는다"고 밝힌 것도 남북간 남북정상회담 개최 합의 시기가 늦어도 4월 1일이라는 것을 시사한다. 민주당이 이날 당초 지방에서 지원 유세 일정을 가질 예정이었던 서 대표에게 긴급 기자간담회를 갖게 한 것은 김대중 정부가 남북정상회담 개최 합의 사실을 집권당에게 먼저 애드벌룬으로 띄우게 만든 것이라고 볼 수 있다.

2. 남북정상회담과 국가정보원의 역할

　김대중 대통령과 김정일 북한 국방위원장 간 첫 남북정상회담을 위한 대북 협상은 국가정보원 대북팀이 주도했다. 2000년 4월 8일 중국 베이징에서 북한 조선아시아태평양평화위원회(이하 아태) 송호경 부위원장과 함께 남북정상회담 개최 합의서에 서명한 사람은 당시 문화관광부 장관 박지원이었지만, 정작 그전까지의 공식·비공식 대북 협상은 국정원 특별팀에 의해 추진되었던 것이다.
　대북 소식통들에 의하면 당시 국가정보원 김보현 대북전략국장(2000년 6월 말 대북 담당 3차장으로 승진)이 임동원 원장의 지시로 북한 당국과 비공식 접촉에 나선 것은 2000년 2월 중순이다. 김보현 국장이 서영교 단장(2000년 6월 말 대북전략국장으로 승진)과 함께 베이징에서 접촉한 북한의 대남 라인은 2월 초 교체된 아태 송호경 부위원장과 황철 권호웅 참사였다.
　임 원장은 1999년 12월 취임한 뒤 각 부서의 핵심 관계자들로 남북정상회담 추진팀을 구성하고 김보현 국장을 팀장으로 임명했다. 김 국장은 1999년 6월 당시 통일부 장관으로 재직해 있던 임 원장의 지시로 베이징에서 북한 조평통 전금진 부위원장과 접촉해 남북 차관급 회담을 성사시킨 인물이다.

한 소식통은 "임동원 김보현 팀이 남북정상회담을 성사시키기 위한 대북 지원 등 협상안을 입안하기로 착수한 시점은 김대중 대통령이 2000년 1월 3일 발표한 신년사를 통해 '북한의 사회간접자본시설 확충을 중심으로 한 남북한 경제공동체 건설'이라는 화두를 던진 직후였다"고 밝혔다.

대북정책 당국의 한 관계자에 따르면 김대중 대통령이 이 같은 대북 제의를 결심한 데는 북한측의 상황 변화가 크게 작용했다. 1999년 하반기부터 북한 당국이 국내 대기업들에게 철도 건설을 비롯한 각종 사회간접자본 시설 건설 사업을 요청해온 점을 중시, 북한이 남북한간 정부 협력의 필요성을 인식하기 시작했다고 판단했기 때문이라고 이 관계자는 지적했다. 당시 북한 당국이 요청한 가장 대표적인 사회간접자본 시설 사업은 서울~신의주를 잇는 경의선 철도 건설이었던 것으로 알려졌다.

실제 북한 당국이 1999년 하반기부터 LG그룹과 현대그룹에 제의한 경의선 철도 건설 요청은 남북정상회담 합의를 가능하게 만든 단초가 되었다. 김대중 대통령이 2000년 1월 3일과 3월 10일 각각 신년사와 베를린선언을 통해 북한의 사회간접자본 시설 확충을 중심으로 한 남북 경제공동체 구상을 밝히게 된 계기 중 하나가 바로 북한측의 경의선 건설 요청이었던 것이다.

그러나 LG그룹의 경우 경의선 건설에는 막대한 재원이 필요해 민간기업으로서 그 같은 사업을 추진하기는 어렵다는 입장이었다. 더구나 북한 당국이 LG측에 철도 건설의 뒷돈으로 1억 달러를 요구한 것으로 알려져 난색을 표시했다는 것.

한 소식통에 의하면 이 같은 상황에서 한국 정부는 2000년 초 LG

그룹측에 무조건 경의선 건설 사업을 맡는 것이 좋겠다고 적극적으로 권유했다고 한다. 그는 "이때까지만 해도 정부가 북한의 이 같은 요청을 계기로 사회간접자본 시설의 확충을 비롯한 이른바 '북한 특수'를 구상하고 있었는지는 까맣게 몰랐다"고 밝혔다.

한 대북정책 당국자는 한국 정부가 북한 투자를 원하는 외국 기업들에게 투자 위험 보장을 해주기로 한 것은, 독일 기업의 요청이 계기가 되었다고 말했다. 그는 베이징에 최고급 호텔을 보유한 한 독일 기업이 한국 정부에게 올해 초 평양의 유경호텔 인수를 추진하면서 이에 따른 투자 위험을 한국 정부에서 보장해줄 것을 요청했다는 것이다.

이 같은 배경에서 나온 김대중 대통령의 신년사 구상을 뒷받침하기 위해 국정원은 2000년 1월 중순 정부의 대북 포용정책인 햇볕정책과 관련해 자문해온 국내 대북 전문가들에게 구체적인 대북 지원 프로그램을 마련토록 요청한 것으로 전해졌다. 앞서의 소식통은 국정원이 청와대와 민간 연구소, 서울 소재 대학 등의 전문가 4~5명을 극비리에 동원해 대북 지원 프로그램을 입안했다고 밝혔다.

이들 정부 및 민간 전문가들이 대북 지원 프로그램을 극비리에 입안하는 데 사용한 장소는 국정원 산하 모 연구소였던 것으로 알려졌다.

이 소식통에 의하면 이 같은 과정을 거쳐 입안된 대북 지원 프로그램은 모두 4가지 내용으로 구성됐다. 즉, 우리 정부가 북한이 아시아개발은행(ADB) 및 세계은행(IBRD) 등 국제금융기관들로부터 차관을 빌릴 수 있도록 직접 보증을 선다, 북한에 투자하기를 원하는 모든 국내 기업들에게 투자 자금을 전액 정부가 지원한다, 북한에 투자하는 외국 기업들에게 투자 보장을 하고 이들이 국제 금융기관들로부터 대북 투자 자금을 빌릴 수 있도록 신용보증을 한다, 국내외 기업들이 이 같은 대북 투자를 하는 데 필요한 재원을 마련하기 위해 통일 기금 성격을 지닌 국채를 발행한다 등 4가지이다.

2000년 3월 31일 김 대통령이 《동아일보》와의 회견을 통해 총선 후 남북정상회담 추진 계획을 밝힌 직후, 황원탁 외교안보수석과 이기호 경제수석이 "북한이 차관을 빌릴 수 있도록 우리 정부가 직접 신용보증을 서는 방안을 한번쯤 생각해볼 수 있을 것"이라고 밝혔던 배경도 국정원이 입안한 대북 지원 프로그램에서 비롯된 것 아니냐는 해석이 가능하다.

국정원이 이 같은 내용의 대북 지원 프로그램을 김 대통령에게 보고해 승인받은 것은 2월 중순이다. 국정원은 대통령의 승인을 받은 뒤 2월 하순 남북정상회담 추진팀 관계자들을 베이징으로 파견, 북한 당국에 대북 지원 프로그램의 내용을 설명하게 하고 남북정상회담의 개최 의사를 타진하기 시작했다.

그러나 베이징에서의 대북 접촉은 3월 초까지 지지부진했었던 것으로 알려졌다. 북한 당국이 과연 우리 정부가 북한에 사회간접자본 시설을 확충해주고 차관을 빌릴 수 있도록 신용보증을 서줄 것인지 우리의 의지를 믿지 못했기 때문이다.

청와대 외교안보수석실 관계자에 따르면 김 대통령이 3월 10일 독일 베를린자유대학에서 발표한 이른바 베를린선언을 통해 남북한 정부간 협력사업으로 사회간접자본 시설 확충, 식량난 해결을 위한 비료 지원 등을 제시하면서 남북한 간 특사 교환을 전격적으로 제의한 것은 북한 당국에 우리 정부의 대북 지원 의지를 보다

확실히 하기 위한 조치였다. 실무 라인의 설명에도 불구하고 북한 당국이 주저하는 기미를 보이자 김대중 대통령이 외곽 지원에 나섰다는 것이다.

김 대통령의 제의가 나오자 북한 당국은 우리 정부의 의지를 신뢰하기 시작했고, 마침내 남북정상회담 개최 합의를 위한 고위급 접촉을 가질 수 있다는 의사를 3월 중순에 전달해왔다는 것이 청와대 관계자의 증언이다. 김 대통령이 3월 15일 당시 박지원 문광부 장관에게 북한 당국과의 접촉에 나서라고 지시하기까지 이 같은 과정을 거친 것이다.

우리 정부 내에서는 한때 남북간 실무 접촉이 좌초되는 것이 아니냐는 우려가 나오기도 했다. 북한이 3월 6일과 16일 각각 ≪노동신문≫ 논평과 조평통 서기국 보도를 통해 "남조선 정보원이 주제 넘게 북남대화에 머리를 들이밀려고 하는 심상치 않은 움직임이 문제로 되고 있다"며 "정보원이 뻔뻔스럽게도 대화에 낯짝을 들이민다면 이것을 고의적이고 계획적인 대화 파탄 책동으로 간주할 것"이라고 비난하고 나섰기 때문이다.

북한 당국이 이 같은 비난 논평을 낸 데 대해 한 전문가는 "북한 당국은 당시 우리 정부의 대북 지원 프로그램을 수용, 남북정상회담에 합의하기로 거의 결심을 굳힌 상태"라며 "그러나 국정원을 비난하지 않을 경우 김대중 정부가 받을 수 있는 부담을 덜어주려는 배려 때문에 이중 플레이를 한 것으로 봐야 한다"고 지적했다.

북한 당국이 남북정상회담을 수용한 데는 우리 정부가 제시한 대북 지원 프로그램뿐만 아니라 미북 관계의 현실도 작용했다는 분석이 제기되고 있다.

한 소식통은 미국은 1993년 핵확산방지협정(NPT)에서 북한이 탈퇴할 당시까지만 해도 북한과의 관계를 최우선시하는 외교정책을 폈지만, 1994년 10월 제네바 핵 합의 이후에는 북한이 국제 사회에 나서게 하는 문제를 상당 부분 한국에 일임하겠다는 입장을 견지한 것이 남북정상회담 개최를 가능하게 한 배경이라고 지적했다.

북한측으로선 어떻게든 남한과의 대화를 회피하면서 미국과의 관계 개선을 시도하려는 이른바 '통미봉남(通美封南)' 정책을 고수해왔으나, 미국이 1998년 김대중 정부 출범 이후 북한과의 외교관계 개선을 미루면서 전략 수정을 한 것으로 전문가들은 분석한다. 북한 당국으로선 계속 남한과의 당국 대화를 미룰 경우 경제개발 등 현재의 난관을 타개하기 어렵다는 인식을 갖게 됐고, 이즈음 우리 정부가 파격적인 대북 지원 프로그램까지 제시하자 남북정상회담을 수용하기에 이른 것이 아니냐는 분석이다.

그러나 한 대북정책 당국자는 북한이 남북정상회담 개최에 합의하기로 결정한 가장 중요한 요인은 우리 정부가 북한 당국이 오랫동안 고수해온 이른바 조국통일 3대 원칙을 수용했기 때문일 수 있다고 지적했다. 박지원 장관과 송호경 부위원장이 2000년 4월 8일 베이징에서 합의한 남북 합의서의 첫머리에 "남과 북은 역사적인 7·4 남북공동성명에서 천명된 조국통일 3대 원칙을 재확인하면서……"라고 명기해 한국이 북한이 남북정상회담의 전제조건으로 내세운 조국통일 3대 원칙을 수용했음을 보여준다.

이 합의서에 명기된 조국통일 3대 원칙은 지난 1972년 7월 4일 당시 남한의 이후락 정보부장과 북한의 김영주 노동당 조직부장이 합의한 공동 성명에 명시된 것으로, 통일은 외세에 의존하거나 외세의 간섭을 받음이 없이 자주적으로 해결하고, 통일은 서로 상대방을 무력 행사에 의거하지 않고 평화적 방법으로 실현하며, 사상과 이념, 제도의 차이를 초월해 우선 하나의 민족으로서 민족적 대단결을 도모한다는 등 3가지이다.

문제는 북한 당국이 이 같은 내용을 조국통일 3대 원칙이라고 명명하면서 우리 정부와는 다르게 해석하고 있다는 것이다. 한 정부 당국자는 북한 당국은 이들 원칙을 각각 주한미군의 철수, 국가보안법 철폐와 국가정보원 해체, 친북세력의 활동 보장으로 해석하고 있다고 지적했다. 이 때문에 박 장관이 이번 남북 합의서에 서명할 때 과연 조국통일 3대 원칙에 대한 북한 당국의 이 같은 해석을 알고 있었는지에 대한 의문이 제기되고 있다.

만약 김대중 정부가 이 같은 사실을 알면서도 남북합의서에 서명했다면 이는 남한의 적화통일을 원칙으로 한 북한의 통일전선전술을 인정하는 셈이라는 것이 대북 전문가들의 우려이다.

이와 관련해 한 소식통은 북한 당국은 민간기업과의 사업 합의문을 작성할 때조차도 자신들이 해석하는 바대로 조국통일 3대 원칙을 포함시켜왔다는 점을 고려하면 이번에도 마찬가지 아니겠느냐고 분석했다.

이 같은 문제점 외에 우리 정부가 북한 당국에 약속한 대북 지원 프로그램의 현실성에 대한 우려도 제기됐다. 당시 전문가들이 가장 우려했던 것은 대(對)북한 차관에 대한 우리 정부의 직접 신용보증이었다. 우리 정부가 보증을 선다고 해도 IBRD 등 국제금융기관에서 차관을 얻어내려면 미국이 북한을 테러리스트 지원국에서 해제시켜야 하는데 이는 당장에 실현되기 어렵다는 지적이다.

북한 당국이 해외 차관을 군사력 증강에 전용하지 않도록 강제할 수 있는지도 의문으로 지적되었다. 물론 IBRD는 원래 목적 이외에 차관이 쓰여지지 않도록 각종 보장장치를 갖추고 있다. 그러나 북한이 경제 주권을 내세워 IBRD나 한국, 미국의 간섭을 배척할 공산이 크고 그럴 경우 사태는 심각해질 가능성이 있다는 지적이다.

한 전문가는 지난 1994년 10월 24일 북한이 미국과 '제네바 핵합의'를 체결해 국제원자력기구(IAEA)의 사찰을 정기적으로 받기로 했음에도 석연치 않은 이유를 들어 IAEA 사찰단의 방북을 거절하는 등 '핵 합의'를 제대로 지키지 않았다는 사실을 지적했다. IAEA의 사찰 의무까지 지키지 않은 북한이 IBRD의 간섭 정도는 가볍게 배제할 수 있지 않겠느냐는 것이다.

대북정책 당국의 한 관계자에 의하면 당시 임동원 국정원장(현 대통령 통일외교안보 담당 특보)이 1999년 통일부 장관 시절 이미 대북 전문가들로부터 KEDO처럼 '북한의 경제개발을 통한 한반도의 안정을 바라는 국가들의 모임'이라는 국가간 컨소시엄을 구성, 북한에 집단적으로 차관을 제공하거나 신용보증을 서는 아이디어를 받았다고 한다.

그런데도 김대중 정부가 2000년 초 북한으로부터 남북정상회담의 수용 의사를 끌어내기 위해 이 같은 방안을 채택하지 않은 것은 북한 당국이 우리 정부의 직접 보증안을 선호할 것이라고 판단했기 때문이라는 것이 이 관계자의 지적이다.

3. 박지원-송호경의 '4·8 합의문', 그 세 가지 미스터리

　김대중 정부가 분단 후 첫 남북정상회담을 개최하기로 북한과 합의했다고 발표한 것은 봄기운이 완연한 2000년 4월 10일이었다.
　김 대통령의 지시로 극비리에 같은 해 3월 17일부터 중국에서 북한 당국과 남북정상회담 개최 문제를 협상해온 박지원 문화관광부 장관이 이날 베이징에서 4월 8일 북한측 수석 대표인 송호경 조선아시아태평양평화위원회 부위원장과 "남북정상회담을 6월 12~14일 평양에서 개최하기로 합의했다"는 내용의 '4·8 남북합의서'를 기자회견을 통해 발표한 것이다.
　4·13 총선을 사흘 앞두고 발표된 남북정상회담 개최 합의 사실은 국내외에 큰 충격을 불러일으켰다.
　야당이자 원내 제1당인 한나라당은 남북정상회담 개최 합의는 '총선용(總選用)'이라는 의혹을 제기하며 총선 결과에 어떤 영향을 미칠지 가늠하기에 정신이 없었고, 언론은 남북정상회담이라는 초유의 사건이 가져올 남북 관계를 비롯한 동북아 질서의 변화를 예측하기에 바빴다.
　남북정상회담 발표에 가장 먼저 환영 성명을 발표한 국가는 의외로 중국이었다. 중국이 외교부 대변인 명의로 남북정상회담이 한반도의 평화와 안전에 기여할 것이라고 가장 먼저 환영 성명을 발표했다는 것은 상징적인 사건이다. 남북정상회담을 통해 남북이 자주적으로 통일 등의 문제를 해결해나갈 경우 미국이 대만 문제에 개입할 명분을 근본적으로 제거할 수 있을 뿐만 아니라 주한미군 철수로까지 이어지면 동아시아에서 미국의 헤게모니가 약화될 것이라고 보고 은밀하게 남북정상회담의 성사를 도와온 중국으로선, 남북정상회담 개최 합의를 미국 중심의 동아시아 질서의 현상 타파를 알리는 '수탉의 커다란 울음소리'에 다름아닌 것으로 여겼던 것이다.

물론 미국도 환영의 뜻을 표했다. 그러나 이는 어디까지나 형식적인 것에 불과했다. 미국은 내부적으로 큰 충격에 휩싸였던 것이다. 당시 클린턴 행정부로선 김대중 정부가 뭔가 중국을 통해 북한과 협상하고 있고 그것이 남북정상회담이라는 것을 파악하고 있었으나, 이는 어디까지나 수집된 정보를 통해 안 것이지 김대중 정부로부터 직접 통보받아 안 것은 아니었다. 그러다가 김대중 정부가 북한과 남북정상회담 개최에 합의한 뒤 이를 공식 발표하기 직전에 통보해 오자 미국으로선 충격이 아닐 수 없었던 것이다.

남북 관계 주무 부처인 통일부의 처지도 미국과 다를 바가 없었다. 통일부도 남북정상회담 개최 합의 사실을 발표 하루 전날인 일요일에야 알았던 것이다. 한 통일부 당국자에 따르면 청와대와 국가정보원이 통일부에 하루 앞서 통보한 것도 예우 차원이라기보다 언론, 외교 사절, 각계 원로 등 월요일 공식 발표에 앞서서 알려주어야 하는 곳에 대한 통보 임무를 통일부에 맡기기 위한 차원에 불과했다. 이는 남북정상회담 개최 문제에서 북한측과의 협상의 수석 대표는 박지원 장관이 맡긴 했어도, 사실상 처음부터 마지막까지 실무를 주도한 것은 임동원 국정원장, 김보현 국정원 대북전략국장, 서영교 단장 등 국정원 대북 라인이었다. 또한 이를 청와대 외교안보수석실이 뒷받침하였는데 이것은 통일부가 완벽하게 배제되었다는 것을 반증한다.

실제로 박 장관이 협상 수석 대표로서 2000년 3월 17일 중국 상하이에서 송호경 북측 수석 대표와 첫 회담을 가지기 전에 이미 국정원 대북 라인인 김보현 국장과 서영교 단장이 임동원 원장의 지휘 아래 북한측과 중요한 문제에 대한 이견을 거의 좁혀놓았다. 남북 관계에 관한 한 '아마추어'인 박 장관은 김 대통령의 신임을 받는 특사로서 단지 국정원 대북 라인이 준비해놓은 남북정상회담과 관련된 각종 실무적 입장에 대해 송호경 북측 수석 대표와 합의만 하면 되는 것이었다.

이는 2000년 3월 17일 상하이 회담, 3월 23일 베이징 회담, 4월 8일 베이징 회담 등 세 회담에 참석한 양측 대표단의 면면에서도 엿볼 수 있다. 남측 대표단은 박지원 장관, 김보현 국장, 서영교 단장으로 구성되었고 북측 대표단은 송호경 부위원장, 황철 참사, 권호웅 참사, 정병호로 이루어졌다. 이 같은 사실은 김대중 정부가 공식 발표한 것이 아니라 박 장관이 4월 10일 기자 회견에서 합의서를 발표한 뒤 기자들과 일문일답을 갖는 과정에서 참고하던 수첩의 일부가 사진 기자의 카메라에 포착되면서 알려진 것이다.

여기서 북측 대표단 명단이 주는 의미는 앞 장에서 이미 언급한 바와 같이 기존의 대남 라인이 대일 라인에 의해 교체되었다는 점이다. 송호경과 황철 두 사람 모두 대일 담당으로서 일본의 대북 사업가인 요시다 다케시를 통해 현대의 금강산 관광사업을 성사시키는 성과를 세운 공로로 전금진 부위원장, 강덕순 참사 등 기존의 대남 라인을 밀어내고 이번 남북정상회담 개최 문제와 관련한 대남 협상을 주도하게 된 것이다. 기존 대남 라인으로서 이번 협상에 참여한 인물은 권호웅 참사 한 명이었다. 인민군 소장 출신으로 김일성의 어머니인 강반석의 일가로 알려진 강덕순 참사는 이때 밀려나 2001년 5월 금강산에 와서 관광사업과 관련한 일을 하고 있는 것으로 확인되었다. 아태에서 송호경-황철로 대표되던 대일 라인이 맡아서 하던 금강산 관광사업을 대남 라인이었던 인물이 담당하고 있는 것이다. 현대의 금강산 관광사업이 이처럼 북한의 대남 라인을 교체한 변수로 작용한 것은, 외화가 절대적으로 부족한 북한에게 '황금 알을 낳는 거위'처럼 중요한 외화 수입원이 되어주었기 때문이다. 현대가 2000년 연말까지 북한에 금강산 관광사업 대가로 지불한 돈은 3억 4,200만 달러에 달한다.

이러한 과정을 거쳐서 탄생한 '4·8 남북합의서'에는 여전히 풀리지 않고 있는 세 가지 미스터리가 있다.

최대의 미스터리는 합의서 전문(前文)에 북한의 대남 적화통일 전략의 핵심인 조국통일 3대 원칙이 포함된 것이다. 즉, '남과 북은 역사적인 7·4 남북공동성명에서 천명된 조국통일 3대 원칙을 재확인하면서 민족의 화해와 단합, 교류와 협력, 평화와 통일을 앞당기기 위하여 다음과 같이 합의하였다'라고 합의서 전문에 조국통일 3대 원칙이 제시되었는데, 북측이 제안한 이 같은 문구를 남측이 수용한 배경이 무엇이냐는 것이 이 미스터리의 핵심이다.

전문에 자주·평화·민족 대단결이라는 조국통일 3대 원칙이 구체적으로 적시되지는 않았으나 북한은 이들 세 가지 원칙마다에 자신들만의 의미가 담겨 있음을 주장하고 있기 때문에 글자 그대로 해석해선 안된다. 북한이 주장하는 바에 따르면 자주는 주한미군 철수와 한·미·일 공조 파기이고, 평화는 국가보안법 철폐, 민족대단결은 친북인사의 제(諸) 활동 보장을 의미한다.

조국통일 3대 원칙이 공식적으로 처음 등장한 것은 지난 1972년 '7·4 남북공동성명'에서였다. 물론 '7·4 남북공동성명' 체결 직후 이후락 정보부장 등 협상 대표단은 박정희 대통령으로부터 "북측의 전술에 말려들었다"는 질책을 들은 것으로 알려져 당시 정부도 북한의 조국통일 3대 원칙에 대해 어느 정도 우려했던 것으로 보인다. 그러나 남측 대북 정보 당국이 이들 원칙의 의미를 정확하게 파악하게 된 것은 지난 1992년 남북기본합의서 체결 직후이다. 당시 남측이 "빨리 합의서를 이행하자"고 하니 북측은 "그러자면 먼저 기본합의서 전문에 제시된 조국통일 3대 원칙부터 이행하라"면서 앞서 적시한 바 있는 자주·평화·민족 대단결 각각의 의미를 밝히고 나섰다. 즉, 남측이 주한미군 철수와 미일과의 공조 파기, 국보법 철폐 그리고 친북인사들의 제 활동 보장 등을 실천하면 남북기본합의서를 이행하겠다는 것이 북측의 주장이었던 것이다.

문제의 핵심은 남측 협상단이 북한의 이 같은 주장을 모르고 조국통일 3대 원칙을 '4·8 남북합의서' 전문에 포함시켰는지 아니면 알면서도 그랬는지 여부이다.

박지원 장관이야 남북 관계의 역사를 잘 모르기 때문에 조국통일 3대 원칙을 글자 그대로 이해했을 가능성이 있다. 박 장관이 모르고 조국통일 3대 원칙을 합의서 전문에 넣자는 북한의 주장을 수용하려고 하더라도 그렇게 하지 못하도록 박 장관을 보좌하는 것이, 오랫동안 남북대화에 참여해왔기 때문에 조국통일 3대 원칙에 얽힌 남북 관계의 역사를 너무 잘 알고 있는 김보현-서영교 라인의 임무였을 것이다.

그런데도 합의서 전문에 북한이 '7·4 남북공동성명'을 계기로 줄곧 주장해온 조국통일 3대 원칙이 포함되었다는 것은 대체 무엇을 의미하는 것인가?

국정원의 대북 라인이 북한이 주장해온 조국통일 3대 원칙 각각의 의미를 모를 리가 없다고 전제한다면 가능성은 두 가지이다. 먼저 어떻게든 남북정상회담을 개최하려 했던 김대중 정부로서는 이를 위해 북한의 주장을 '울며 겨자먹기'로 수용했을 가능성이다. 오랫동안 대북 협상에 참여했던 한 전문가에 따르면 김대중 정부는 일단 북한의 주장을 수용, 남북정상회담 개최에 합의하고 나중에 문제가 되면 조국통일 3대 원칙에 그 같은 의미가 숨어 있는지 '몰랐다'거나 '알았으나 우리는 글자 그대로 해석하기 때문에 아무런 문제가 없다'고 대응하기로 했었을 개연성이 높다.

다음은 정말 문제가 되는 것으로 김대중 정부가 조국통일 3대 원칙에 원칙적으로 동의했을 가능성이다. 이 가능성은 남북정상회담을 전후하여 한국 내에 나타난 세 가지 현상 때문에 더욱 주목을 끌었다. 즉, 노근리 사건과 매향리 사건 등으로 주한미군 철수 여론이 높아지고, 정상회담 직후 집권세력에 의한 국가보안법 개정 철폐 논의가 이뤄졌는가 하면, 이 같은 변화에 힘입어 친북세력의 입지가 더욱 강화되면서 대북 전문가들뿐만 아니라 식자들에서까지 김대중 정부의 햇볕정책의 정체성에 대한 의혹이 일기 시작한 것이다.

두번째 미스터리는 북한이 4·8 합의서에서 김대중 대통령과 김정일 국방위원장 간에 역사적인 상봉이 있게 된다는 것은 확실히 한 반면, 이들 사이에 남북정상회담이 개최된다는 것은 모호하게 제시한 것이다.

이 미스터리의 핵심은, 북한이 그렇게 한 것은 그동안 주장해온 대로 남한은 미제의 식민지이기 때문에 조선반도의 최고 지도자는 김정일 위원장이고 따라서 김 위원장은 김 대통령과 역사적인 상봉만 해줄 뿐 남북정상회담은 헌법상 북한의 대외 국가수반인 김영남 최고인민회의 상임위원장과 하라는 것이었느냐 아니면 향후 남북정상회담을 위한 실무협상에서 남측으로부터 보다 많은 지원을 끌어내기 위한 전술이었느냐는 것이다.

합의서에서 문제가 되는 부분은 "평양 방문에서는 김대중 대통령과 김정일 국방위원장 사이에 역사적인 상봉이 있게 되며 남북정상회담(북한이 발표한 합의서엔 북남최고위급회담으로 표현)이 개최된다"이다. 이 같은 모호한 표현이 4월 22일부터 5월 18일까지 판문점에서 개최된 남북정상회담 개최를 위한 준비 접촉의 쟁점이 되었다. 당시 남측 대표단(수석 대표에 양영식 통일부 차관, 대표에 손인교 남북회담사무국장과 서영교 국정원 대북전략국 단장)은 북측 대표단(수석 대표에 김령성 최고인민위 상임위 참사, 대표에 최성익 조평통 서기국 부장, 권호웅 아태 참사)에게 남북정상회담이 김대중 대통령과 김정일 위원장 간에 개최되는 것이 맞는 것인지 확인해달라고 집요하게 요구했으나 북측 김령성 수석 대표는 끝까지 확답하지 않았다.

문제는 6월 13일부터 15일까지 평양에서 개최된 남북정상회담의 회담 당사자들이 김대중 대통령과 김정일 위원장이 맞았느냐는 것이다. 그 답은 '그렇다'이기도 하고 '아니다'이기도 하다. 남측은 김대중 대통령과 김정일 위원장이 역사적인 상봉과 함께 남북정상회담을 가졌다고 주장하지만, 북측은 김 대통령과 김 위원장은 역사적인 상봉을 한 데 이어 단독 면담을 가졌고 북남최고위급회담은 김대중 대통령과 김영남 상임위원장 간에 개최되었다고 주장하기 때문이다. 남측은 김 대통령과 김 위원장 간의 회담을 '공식 면담'으로 칭했다.

그렇다면 무엇이 진실인가? 남측의 주장대로 김정일 위원장이 노동당 총비서로서 최고 권력기관인 국방위원회의 위원장을 맡고 있으므로 북한의 실질적인 최고 지도자인 만큼, 김 대통령이 김정일 위원장과 만나 회담했다는 것은 그것이 단독 면담이든 아니든 남북정상회담이라고 할 수 있다. 그러나 모름지기 정상회담이란 대체로 양측 각료들이 배석한 가운데 열리는 확대 회담을 말한다. 그렇다면 김 대통령과 김정일 위원장 간에 열린 회담은 북측 주장대로 북남최고위급회담이 아니라 단독 면담이며, 만수대 의사당에서 개최된 김 대통령과 김영남 상임위원장 간에 열린 회담을 북남최고위급회담으로 보는 것이 맞다는 지적이 많다. 그것이 맞다면 북한이 4·8 남북합의서에 남북정상회담을 김 대통령과 김정일 위원장 간에 개최한다고 확실히 하지 않은 것은 역시 대남통일전략상 취해온 논리, 즉 남한은 미제의 식민지인 만큼 조선반도의 최고 지도자는 김정일 위원장으로서 김정일 위원장은 혁명 성지인 평양을 방문한 김대중 대통령과는 단지 역사적인 상봉만 하고 북남최고위급회담은 김영남 상임위원장과 하는 것이 맞다는 논리에 따른 것이 된다.

　세번째 미스터리는 4·8 남북합의서가 정말 4월 8일에 체결되었느냐는 것이다. 이는 앞 장에서도 지적한 바와 같이 "쌍방은 가까운 4월 중에 절차 문제 협의를 위한 준비 접촉을 갖기로 하였다"는 마지막 조항에 들어 있는 '가까운 4월 중에'란 표현 때문에 제기되고 있는 의혹이다. 대체로 '가까운 4월 중에'라는 표현은 적어도 합의 시점이 3월인 경우에나 쓸 수 있는 것이다. 따라서 남북한이 남북정상회담 개최 합의를 이미 3월에 해놓고 마치 4월 8일에 합의한 것처럼 만든 것이 아니냐는 것이 이 미스터리의 핵심이다.

　만약 남북정상회담 개최 합의 시점이 3월이었다면 왜 남북한은 합의 시점을 굳이 4월 8일로 맞춰서 발표했을까? 이와 관련해 가장 설득력 있는 해석은 역시 집권세력이 4·13 총선에서 남북정상회담 카드를 활용하려 했기 때문이 아니겠느냐는 것이 한 대북 전문가의 지적이다.

4. 임동원의 극비 평양 잠행

남북한은 2000년 5월 18일 판문점에서 5차 준비 접촉을 갖고 '4·8 남북합의서' 이행을 위한 실무 절차 합의서를 채택, 6월 13일(원래는12일이었으나 개최일을 며칠 앞두고 북한의 일방적인 요구로 하루 연기됨) 평양에서의 남북정상회담 개최를 위한 모든 실무 절차에 관한 합의를 마쳤다.

그러나 모든 준비가 끝난 것은 아니었다. 북한으로부터 남북정상회담 개최 합의를 이끌어낸 사실상의 주역인 임동원 국가정보원장(2001년 3월 통일부 장관으로 자리를 옮겼으나 그 해 9월 국회서 해임 건의안 통과로 사임한 뒤 대통령 통일외교안보 특보로 임명됨)이 다섯 차례에 걸친 준비 접촉과는 별도로 움직이고 있었던 것이다. 임 원장의 '잠행(潛行)' 목적지는 평양이었다. 여기에는 김보현 국정원 대북전략국장이 동행했다. 김 국장과 함께 박지원 장관을 도와 '4·8 남북합의서' 도출에 기여한 서영교 대북전략국 단장은 남북정상회담 개최를 위한 준비 접촉에 남측 대표단의 일원으로 참여하고 있었다.

국정원의 한 관계자에 의하면 임 원장은 5월과 6월 각각 한 차례씩 평양을 극비리에 방문했다. 남북정상회담이 끝나고 얼마 지나지 않아 일부 언론의 임 원장이 정상회담 직전에 극비 방북했었다는 보도와 관련, 이 국정원 관계자는 "임 원장은 실제로 5월 말과 6월 초 두 차례 평양을 다녀왔다"고 말했다.

그러나 당시 국정원은 이와 관련된 언론 보도에 일체 대응하지 않았다. 이 때문에 임 원장의 극비 방북 사실은 공식적으로 확인되지 않은 채 넘어가고 말았다.

그러다가 임동원 국정원장의 극비 방북 사실은 의외의 인물에 의해 '공식'적으로 확인되는 일이 발생했다. 임동원 국정원장이 국정원장에서 통일부 장관으로 자리를 옮긴 지 몇 달이 채 되지 않은 2001년 5월이었다. 당시 임동원 장관은 방한중이던 다이빙궈 중국 공산당 대외 연락부장과 서울 시내 모 호텔에서 조찬 회동을 가졌다. 사단은 이 자리에서 기자들이 2000년 가을께 방북했던 다이빙궈 부장에게 방북 소감을 묻자 그가 "임 장관도 방북해봐서 알지만……"이라고 말하면서 벌어졌다. 이에 임 장관은 "기자들이 있는데……"라고 말하면서 화제를 서둘러 바꿨으나 이미 그토록 공개하길 꺼렸던 극비 방북 사실이 다이빙궈 부장으로 인해 불가피하게 확인된 뒤였다.

그렇다면 임 원장은 남북한 당국이 다섯 차례나 준비 접촉을 통해 실무 절차를 합의한 상황에서 무엇을 해결하기 위해 평양으로의 잠행을 감행했던 것일까?

정부 관계자들의 증언을 종합하면 임 원장의 극비 방북 목적은 김대중 대통령과 김정일 국방위원장 간에 열릴 회담에서 논의할 의제를 확정하기 위한 것이었다. 이들 관계자에 따르면 임 원장은 2000년 5월과 6월 각각 한 차례씩 극비 방북해 김 대통령과 김 위원장이 2000년 6월 14일 밤 늦게 평양 백화원 초대소에서 서명해 발표한 '6·15 남북공동선언'의 주요 합의 내용과 관련해 김정일 국방위원장과 김용순 노동당 대남 담당 비서 겸 조선아시아태평양평화위원회 위원장 등과 만나 사전에 협의를 했다.

특히 6·15 공동선언의 1항과 2항이 그렇다는 것이 정부 관계자들의 지적이다. 즉, 1항의 '남과 북은 나라의 통일 문제를 그 주인인 우리 민족끼리 서로 힘을 합쳐 자주적으로 해결해나가기로 하였다'와 2항의 '남과 북은 나라의 통일을 위한 남측의 연합제 안과 북측의 낮은 단계의 연방제 안이 서로 공통성이 있다고 인정하고 앞으로 이 방향에서 통일을 지향시켜 나가기로 하였다'는 내용 모두 김대중 대통령과 김정일 국방위원장이 공식 합의하기 전에 이미 임 원장이 평양을 방문해 김정일 위원장과 협의를 마친 것들인 것이다.

실제 임 원장은 당시 방북 기간 동안 김정일 위원장과 단독 면담을 갖고 남북정상회담에서 다룰 의제들과 관련해 상당히 깊숙한 대화를 주고받았다. 이와 관련, 정보 당국의 한 고위 관계자는 "당시 김정일 위원장은 임 원장에게 미북 관계를 개선하기 위한 방안에 관해 많은 질문을 했고 이에 임 원장은 북한이 남북 관계를 진전시키는 것이 미북 관계의 개선에 도움이 된다는 점을 강조한 것으로 안다."고 전했다.

문제는 2000년 6월 13일 남북정상회담 직전 임동원 국정원장이 정상회담 의제와 관련해 극비리에 방북하고 돌아온 것이 미국에게 만큼은 '극비'가 아니었다는 사실이다.

정보당국의 한 관계자에 따르면 미중앙정보국(CIA)은 당시 김대중 정부가 미국에게까지 비밀로 해가면서 북한 당국과 베이징 등지에서 남북정상회담 개최 협상을 벌여온 것에 대해 조사하던 중 임 원장이 정상회담 직전 극비리에 두 차례 방북, 김정일과 단독 면담을 가진 것을 포착, 임 원장에 대해 극도의 경계감을 갖게 되었다고 한다. 이 같은 경계감은 남북정상회담 직후 더욱 증폭된 것으로 알려졌다. 미국은 남북한 정상회담에서 합의된 6·15 공동선언의 1항에 그동안 북한이 주한미군 철수라는 의미로 사용해온 '자주(自主)'가 채택된 데는 임 원장의 역할이 적지 않다는 의혹을 갖게 됐기 때문이다. 이때부터 미국은, 한국 내에서 이미 야당으로부터 의혹을 받고 있던 임 원장의 육사 입학 이전의 경력에 대해서 관심을 갖기 시작한 것으로 전해졌다.

부시 미국 공화당 행정부는 2001년 1월 출범하자마자 대북정책과 관련해 한국에 대해 불신감을 표명하면서 대외적으로는 비밀로 외교 경로를 통해 김대중 정부의 대북 라인 교체를 요구하고 나섰는데, 여기에는 이 같은 배경이 있었던 것으로 전해졌다. 당시 김대중 정부의 대북 라인은 임동원 국정원장과 박재규 통일부 장관이었던 만큼 부시 행정부가 교체 대상으로 지목한 인물은 박 장관보다는 임 원장이었던 것으로 보인다.

뒤에서 살펴보겠지만 이때 북한도 한국 정부에 밀사 접촉을 통해 대북 라인의 교체를 요구해왔던 것으로 알려졌다.

그러나 김대중 대통령은 2001년 3월 단행한 개각에서 임동원 씨를 통일부 장관으로 기용했다. 미국과 북한이 교체해줄 것을 요청한 대북 라인 중 핵심인사인 임씨는 교체되기는커녕 오히려 공식적으로 대북정책을 담당하는 통일부 장관직에 다시 기용된 것이다. 이는 김 대통령이 미국의 압력에도 불구하고 자신의 대북전략을 이론적으로나 실무적으로 가장 잘 보좌하는 임씨를 끝까지 선택했다는 것을 보여준다.

5. 굴욕적 준비 회담

2000년 4월 10일 남북한이 두 달 뒤인 6월에 평양에서 정상회담을 개최한다는 데 합의했다고 발표한 지 약 2주일 뒤인 4월 22일부터 준비 회담을 가졌으나 정상회담의 주체가 김대중 대통령과 김정일 국방위원장인지 여부는 확정짓지 못했다.

4월 22일부터 5월 18일까지 판문점에서 열린 다섯 차례 준비 회담을 모니터한 국정원과 통일부 관계자들에 따르면 한국 대표단이 서영교 국정원 대북전략국 단장, 손인교 통일부 남북회담사무국장, 양영식 통일부 차관 순으로 세 차례에 걸쳐 남북정상회담의 주체를 명확히 하자고 요구했으나 북한측 수석 대표인 김령성 최고인민회의 책임 참사는 매번 "그건 4·8 합의문에 다 나와 있다"는 답변으로만 일관했다. 다음은 우리측 대표단과 김령성 북한측 수석 대표 간에 있었던 문제의 대화 내용이다.

> 서영교 대표: 남북정상회담의 주체가 분명하지 않다는 지적이 나오고 있다. 정상회담이 김대중 대통령과 김정일 국방위원장 사이에 열리는 것이 맞는가?
> 김령성 수석 대표: 그건 지난 4월 8일 베이징에서 체결된 남북정상회담 개최 합의문에 다 나와 있다.

4·8 합의문의 세번째 문단은 '평양 방문에서는 김대중 대통령과 김정일 국방위원장 사이에 역사적 상봉이 있게 되며 남북정상회담이 개최된다'고 되어 있다.

> 서영교 대표: 그렇다면 김대중 대통령과 김정일 국방위원장이 역사적 상봉을 한 뒤 남북정상회담도 갖는 것이 맞는가?
> 김령성 수석 대표: 아직도 모르겠다면 4·8 합의문을 다시 한번 읽어 주겠다.

그는 이렇게 말한 뒤 서 대표에게 4·8 합의문의 세번째 문단을 큰소리로 읽어 보였다.

국정원과 통일부 관계자들에 따르면 김령성 수석 대표는 우리측 양영식 수석 대표와 손인교 대표의 질의에도 똑같은 답변을 되풀이했고, 우리측 대표단 3인과 김령성 수석 대표 간의 이 같은 '선문답(禪問答)'은 그후 두 번 더 반복되었다.

한 대북정책 당국자는 "북한측 대표단이 끝까지 김대중 대통령과 김정일 국방위원장 사이에 남북정상회담이 열리는 것이 맞다는 답변을 회피한 탓에 우리측 대표단으로선 5·18 합의서의 상봉 및 회담의 형식과 관련한 문구가 4·8 합의문의 세번째 문단 중 '평양 방문에서는'이란 어구만 빠진 '김대중 대통령과 김정일 국방위원장 사이에 역사적인 상봉이 있게 되며 남북정상회담이 개최된다'는 것으로 제시되는 데 만족해야 했다"고 했다.

북한측 대표단이 끝까지 김 대통령과 김정일 국방위원장 사이에 남북정상회담이 열리는 것이 맞느냐는 우리측 대표단의 거듭된 질의에 가타부타 않고 '그건 4·8 합의문에 다 나와 있다'는 모호한 답변만 되풀이한 까닭은 대체 무엇일까?

송영대 전 통일원 차관은 "북한측이 정상회담의 주체를 명확하게 하지 않은 것은 김 대통령과 김정일 국방위원장은 '역사적 상봉'만 하고, 정상회담은 김 대통령과 김영남 최고인민회의 상임위원장 간에 개최하는 것으로 염두에 두고 있음을 보여준다"고 지적했다.

송 전 차관은 또한 "5·18 실무 절차 합의서의 공식 명칭에 '정상회담'을 명시하지 않고 '남북합의서 이행을 위한 실무 절차 합의서'로 한 것은 북한측 요청에 따른 것으로 보인다"고 지적하면서 "이는 김 대통령과 김정일 국방위원장 사이의 '상봉'에 무게를 두고 있는 북한 당국이 이들 두 사람 사이에 '북남최고위급회담'을 열고 싶어하지 않다 보니까 그 같은 표현을 고집한 것 같다"고 주장했다.

사실 4월 10일 남북한이 서로 정상회담 개최 합의 사실을 발표한 직후부터 야당인 한나라당과 북한 전문가들은 남북정상회담이 김 대통령과 김영남 최고인민회의 상임위원장 사이에서 열릴지도 모른다는 의혹을 제기했었다.

북한은 남한을 미제로부터 해방되지 않은 미(未)해방지구로, 대한민국을 미해방지구의 제 정당 사회단체 중 하나로만 인식하는 대남혁명전략을 고수하고 있는데 이 전략은 남한의 해방을 완성한다는 1단계와 이미 해방된 북한과 새로 해방되는 남한을 합작시켜 통일하는 2단계로 되어 있다. 이 때문에 북한은 조선반도의 최고 지도자인 김정일이 대한민국의 장인 김대중 대통령을 '혁명의 성지'인 평양으로 불러서 한번 만나주는 이른바 '역사적 상봉'만 하게 하고, '북남최고위급회담'은 헌법상 국가 수반인 김영남 상임위원장에게 맡게 할 개연성이 높다는 의혹이 제기되어 왔다.

이 같은 의혹이 제기되어왔던 상황에서, 판문점에서 열린 다섯 차례의 준비 접촉에서까지 북한측 대표단이 남북정상회담의 주체가 김 대통령과 김정일 국방위원장이라고 못박는 것을 애써 회피하자 우리 정부는 남북정상회담이 김 대통령과 김영남 상임위원장 사이에서 열릴 가능성이 높은 것으로 인식하기 시작했다고 전해졌다.

당시 대북정책 당국의 한 관계자는 "현재 북한이 김영남 상임위원장을 내세울 가능성이 70% 정도 되는 것으로 파악된다"고 지적한 뒤, "문제는 김 대통령이 평양을 방문한 상황에서 그 같은 일이 벌어지면 어떻게 대처해야 하느냐는 것인데 현재 우리 정부의 입장은 '모든 걸 때려치우고 내려온다'는 쪽으로 정리되고 있다"고 밝혔다. 이와 관련, 송영대 전 통일원 차관은 "5·18 합의서대로라면 북측은 평양 방문 10일 전인 6월 2일께 김 대통령과 김영남 상임위원장 사이에 정상회담이 개최된다는 일정을 통보해올 가능성이 있다"고 지적하면서 "그럴 경우 우리 정부는 일단 회담을 연기한 뒤 정상회담이 김 대통령과 김정일 국방위원장 사이에 열릴 수 있도록 북한 당국과 '딜(deal)'할 개연성이 높다"고 전망하기도 했다.

5·18 실무 절차 합의서 내용 중 정상회담의 모호한 주체만큼이나 의제 부분도 의혹을 샀다.

당시 북한 전문가들은 한국 정부가 5월 18일 판문점의 한국측 지역인 '평화의 집'에서 열린 5차 준비 접촉에서 '조국통일 3대 원칙을 재확인하는 문제'를 정상회담의 주의제로 하자는 데 합의한 것 자체가 북한의 대남혁명전략을 수용했던 것이 아니냐는 의혹을 제기하기도 했다. 이는 북한이 그동안 조국통일 3대 원칙인 자주·평화·민족 대단결이 각각 주한미군 철수와 한·미·일 공조 파기, 국가보안법 철폐와 국가정보원 해체, 친북 세력의 활동 보장을 의미한다고 주장해왔기 때문이다.

당초 한국측 대표단은 정상회담 의제로 김대중 대통령이 2000년 3월 10일 독일 베를린자유대학에서 발표한 '베를린선언'의 4대 원칙인 이산가족 상봉, 남북경협 본격화, 한반도 평화 정착, 남북 당국자 회담 정례화를 제시했었다. 그러나 북한측 대표단이 의제 없이 하자는 입장을 고수하는 바람에 관철되지 못했었다는 것이 국정원과 통일부 관계자들의 증언이다.

그럼에도 당시 한국측 대표단은 끝까지 의제를 선정하자고 고집했다. 그러자 북한측 대표단은 주한미군 철수, 국보법 철폐 등을 요구하면서 조국통일 3대 원칙을 재확인하는 문제를 주의제로 하자는 제의를 하고 나섰다. 조국통일 3대 원칙이 북한의 대남혁명전략인 줄 알고 있는 한국측 대표단으로선 그 같은 문제를 주 의제로 삼는 것을 끝까지 피하려 했으나 그럴 경우 북한측 대표단이 아예 판을 깰지도 모른다고 우려해 결국 북한측의 역제의를 수용할 수밖에 없었다는 것이 국정원과 통일부 관계자들의 전언이다. 다음은 의제 선정을 둘러싼 한국측 양영식 수석 대표와 북한측 김령성 수석 대표 간의 대화 내용이다.

양영식 수석 대표: 의제는 이산 가족 상봉, 남북경협의 본격화, 한반

도 평화 정착, 남북 당국자 회담의 정례화로 하는 것이 어떻겠는가?
김령성 수석 대표: 의제 없이 합시다.
양 수석 대표: 어떻게 정상회담을 의제 없이 할 수 있나? 의제를 선정하는 것이 좋겠다.
김 수석 대표: 그것은 양측 지도자 동지께서 식견이 높으시고 국정을 잘 운영해오고 있는 만큼 모든 것을 그분들께 맡기자.

이때 한국측 대표단 중 한 명이 "그래도 의제를 선정하자"고 지원하고 나서자 김 수석 대표는 안색을 차갑게 바꾸면서 "그런 것은 하지 말자"고 말한 뒤 "우리는 하면 하고 안하면 안하는 등 확실하다"고 목청을 높였다.

한 대북정책 당국자는 "김 수석 대표의 이 같은 언급은 북한측 대표단이 우리측 대표단이 제안한 의제를 묵살하면서 자신들의 의견을 듣지 않으면 상봉이건 정상회담이건 간에 모두 때려칠 수 있다는 협박 공갈이었다"고 분석했다. 이 당국자는 또한 "우리측 대표단이 그후 조국통일 3대 원칙을 재확인하는 문제를 주의제로 삼자는 북한측 대표단의 제안을 무기력하게 수용하게 된 것은 이 때문이었다"고 덧붙였다.

이와 관련, 한 가지 주목할 사실은 한국측 대표단이 조국통일 3대 원칙을 재확인하는 문제를 의제로 삼자는 북한측 대표단의 제안을 탐탁지 않게 여겼던 3차 준비 접촉(5월 3일 판문점 '평화의 집') 직후인 지난 5월 4~5일, 북한 당국은 평양 방송을 통해 느닷없이 '조국통일 3대 원칙을 관철하기 위해 견결히 투쟁하자'는 제목의 김정일 국방위원장의 '노작 전문'을 공개하면서 자주·평화·민족 대단결의 의미를 밝혔다는 것이다. 한 대북정책 당국자는 "이는 북한 당국이 우리 정부가 4·8 합의문의 첫머리에서 이미 합의했던 조국통일 3대 원칙을 재확인하는 문제를 정상회담의 주의제로 삼는 데 주저하자 다시금 그 의미를 가르쳐주면서 만약 이를 수용하지 않으면 정상회담 자체가 열리지 않을 수 있다고 협박한 것이라고 봐야 한다"고 해석했다.

6. 남북정상회담이 돌연 하루 연기된 까닭

전세계적으로 남북한 관계만큼 '변덕스러운' 국가관계도 드물다. 지난 1970년대 초부터 시작된 남북대화의 역사는 늘 잘 나가는 것 같다가도 전혀 예상치 못한 돌발변수로 인해 뒤죽박죽되어버린 회담의 실패담 모음이라고 해도 결코 지나치지 않다.

그럼에도 불구하고 누구도 분단 반세기 만에 처음으로 개최될 예정인 남북정상회담이 북한의 일방적 요구로 인해 하루 연기되는 사태가 발발하리라고는 예상하지 못했다.

남북한이 판문점에서 다섯 차례의 준비 접촉을 통해 실무 절차에 합의한 지 약 2주일 만인 2000년 5월 31일 30명의 남측 선발대(대장 손인교 당시 남북회담사무국장)가 판문점을 거쳐 평양에 도착했다. 선발대는 회담과 관련한 구체적인 사항들을 현장 답사 등을 통해 점검하는 한편, 통신·보도·의전·경호 등 실무 문제들을 북측 실무진과 협의해 확정하는 등 남북정상회담을 향한 모든 일정이 순조롭게 진행되고 있었다. 임동원 당시 국정원장도 이 선발대와 별도로 두 차례 극비 방북해 김정일 국방위원장과 김용순 노동당 대남 비서 등을 만나 남북정상회담에서 논의될 의제들에 대한 협의를 마쳤다.

그러던 중 돌발 사태가 발생했다. 북한이 정상회담을 고작 이틀 앞둔 6월 10일 저녁 늦게 긴급 대남 전화 통지문을 통해 "기술적인 준비 관계로 불가피하게 하루 늦춰 김대중 대통령이 평양을 방문토록 변경해줄 것"을 요구해온 것이다. 이는 한국 정부로서는 전혀 예상치 못한 요구였으나 수용하는 것 외에 달리 방도가 없었다. 존 사노(John Sano) 미국중앙정보국(CIA) 서울 지부장도 다음날 아침 일찍 서울 내곡동 국정원 청사를 급히 찾아 북한의 연기 요구 배경을 탐색했는데 이는 미국도 당혹스러워했다는 것을 보여준다. 어쨌든 남북정상회담은 12일에서 13일로 하루 연기되고 말았다.

이런 연기 사태는 전세계적으로 유례를 찾기 어렵다. 주권국가들 간에 한 달 전에 합의되어 준비가 끝난 정상회담 일정을 일방이 연기하자고 한다면, 그것도 회담을 이틀 앞두고 요구하려면 천재지변이나 그에 준하는 사태가 발생하거나 회담 당사자인 국가원수가 건강 등 신변에 이상이 생겨야 가능하기 때문이다. 그래서 '기술적인 준비 관계'라는 사유를 내건 북한의 연기 요구는 납득하기 힘든 것이었다.

그렇다면 북한의 연기 요구 사유가 단순히 기술적인 문제인가 아니면 북한으로선 공개적으로 밝히지 못하지만 연기하지 않고는 안 될 만큼 심각한 문제가 발생했기 때문인가?

당시 정부 관계자들이 비공식적으로 밝힌 바에 따르면 북한이 하루 연기하기로 결정한 진짜 이유는 남측 언론이 남북정상회담 기간 동안 김정일 국방위원장의 동선(動線)을 너무 상세하게 보도한 탓에 그의 신변 경호가 어려워졌다고 봤기 때문이다. 즉, 북한으로선 평소 '1호 동지'인 김정일 위원장의 신변 경호를 위해 김 위원장의 동선을 일체 극비로 유지하는데, 이번 남북정상회담 기간 동안의 그의 일정이 낱낱이 남측 언론에 보도되자 신변 경호가 어려워졌다고 판단, 그의 동선을 바꾸기 위해 일단 회담을 어쩔 수 없이 하루라도 연기할 수밖에 없었다는 것이다.

김정일 위원장의 경호를 맡고 있는 '호위부' 출신 탈북자 이영국 씨에 의하면 김일성이 살아 있을 때부터 김정일의 일정은 45분 전에야 비로소 알 수 있었다고 한다. 그는 "김일성이 지방으로 시찰할 때면 적어도 해당 지방에서는 10일 정도 전에 김일성의 방문 사실을 알고 준비를 할 수 있었으나, 김정일의 경우 지방 현지에 지도를 가든 무슨 행사에 참석을 하든 45분 전까지는 알 수 없었다"고 말한다. 그 까닭은 김정일이 자신의 신변 안전을 최우선으로 여기기 때문이라는 것이 이씨의 지적이다. 이 점에서 북한이 정상회담 개최일을 하루 연기하자고 요구해온 것은, 김정일이 김대중 대통령과의 회담 일시 등 자신의 일정이 한국 언론에 의해 너무 많이 노출되어 신변 경호에 문제가 있을 수 있다고 판단, 회담을 하루라도 연기해 기존에 알려진 일정을 다시 짜게 할 속셈에서 비롯되었을 개연성이 높다는 것이다.

구체적으로 김정일이 평양 순안비행장에 김대중 대통령을 마중하러 나가겠다고 했을 테고, 경호를 맡고 있는 호위부는 위험하다고 말리는 등 북한 당국은 김정일의 일정과 관련해 고심하다가 하루 연기를 요구했을 것이라고 이씨는 분석했다.

이씨는 또, 김정일이 남북정상회담을 앞두고 고민하다가 너무 많은 술을 마셔 술병이 났을 가능성도 있다고 했다.

그러나 북한의 협상전략에 정통한 한 국내 대북 전문가는 다른 견해를 제시한다. 그는 "북한의 연기 요구가 있기 전 그동안의 북한의 협상전략을 비춰보면 북한이 주도권을 쥐기 위해 한번쯤 회담 일정을 변경하자고 할 법한데 남북정상회담 일정이 너무 순조롭게 진행된다고 생각했다"면서 북한이 돌연 회담을 하루 늦게 시작하자고 요구해온 것은 회담 주도권을 쥐기 위한 전술이었다고 지적했다.

즉, 북한으로선 회담을 며칠 앞두고 느닷없이 회담을 연기하자고 하면 분명 남한은 회담을 어떻게든 성사시켜야 한다는 조바심에 사로잡혀 회담 자체보다는 회담 개최 여부에 집착하게 되고 그렇게 되면 자연히 회담의 주도권을 자기들이 장악할 수 있게 될 것이라 판단하여 연기 요구를 해왔을 것이란 얘기다.

김대중 정부가 북한으로부터 회담을 하루 연기하자는 요구를 받고 취한 행태를 보면 이 같은 분석은 설득력을 갖는다. 관계 당국자들은 주권국가들간에 합의된 정상회담 일정을 불분명한 사유로 연기하는 데 대해 유감을 표시하면서 의연한 자세를 갖추기보다는 과연 회담이 개최될 것인지, 북한의 의도가 무엇인지 등을 분석하며 초조한 기색을 감추지 못했다. 북한이 이런 상황을 예상했든 아니든 간에 김대중 정부의 이런 초조한 모습은 회담이 열리기도 전에 회담 주도권은 북한으로 기울었음을 보여준다.

그러나 북한이 갑자기 회담을 연기하고 나선 배경이 앞서 다룬 두 가지가 아닌 '돈' 문제라면 사정이 달라진다.

남북정상회담 전후로 국내 정보 관계자들을 상대로 '미국산'이라는 '원산지 증명서'가 붙은 '첩보'가 은밀히 유통되기 시작했는데 그 내용은 북한이 남북정상회담을 하루 연기한 이유는 한국 정부가 당초 남북정상회담을 수용한 대가로 주기로 약속했던 100

억 달러 중 잔금 30억 달러의 입금을 늦췄기 때문이라는 것이었다.

당시 미국 정보기관 관계자들이 국내 정보 관계자들을 만나 자신들이 그 같은 첩보를 수집할 수 있었던 것은 미국이 전세계적으로 이루어지는 각종 달러의 흐름을 대부분 파악할 수 있기 때문이라고 말한 것으로 알려졌다.

그러나 '100억 달러 제공설'은 수면 위로 부상하지 못했다. 정보 관계자들이나 야당 고위 관계자들은 이 같은 첩보가 사실일 개연성은 인정하면서도 이를 문제삼았을 때 물적 근거를 제시하기 어렵다고 판단, 공개하지 않은 것이다.

3장

풀리지 않는 세 가지 의문

1. 김정일의 공항 마중은 사전에 합의되었나
2. 두 차례에 걸친 의문의 '리무진 대화', 무슨 일이 있었나
3. 「6·15 남북공동선언」, 제2항의 진실

1. 김정일의 공항 마중은 사전에 합의되었나

정상회담을 돌연 하루 연기시켜 심리적 주도권을 쥔 북한은 2000년 6월 13일 마침내 정상회담 일정이 시작되었을 때도 예상치 못한 이벤트들로 회담 분위기를 주도해나갔다.

가장 대표적인 이벤트는 역시 13일 오전 9시 18분 김대중 대통령과 그 일행이 공군 1호기를 타고 서울 공항을 출발, 오전 10시 25분 평양 순안공항에 도착했을 때 김정일 국방위원장이 직접 공항으로 마중 나온 것이다.

공군 1호기가 순안공항에 도착해 김 대통령이 트랩에 서서 감격에 겨운 표정으로 잠시 평양을 향해 시선을 던지고 있을 때 북한 당국에 의해 동원된 환영 인파로부터 '와! 와! 만세'라는 외침이 터져나왔다. 곧이어 김정일 위원장이 김 대통령을 마중하기 위해 공군 1호기로 걸어가고 있는 모습이 텔레비전 카메라에 잡혔다. 그 직후 트랩을 내려온 김 대통령과 비행기 밑까지 다가온 김 위원장은 '감격적인' 포옹으로 첫 인사를 나누면서 텔레비전을 통해 전 세계에 남북정상의 역사적인 만남을 고지(告知)한 것이다.

북한의 '김정일 위원장의 공항 마중'이란 이벤트의 핵심은 김 위원장이 연장자인 김대중 대통령을 마중하는 예의를 갖춘 인물일

뿐만 아니라 마중하면서 지은 환한 웃음을 통해 알려진 것과 달리 밝은 성격의 소유자일 것이라는 인상 등을 남한 주민들과 전세계에 광고하는 효과를 거두었다는 것이다.

실제 김정일 위원장의 이 같은 공항 영접은 그후 김 대통령과 수행 일행을 위해 마련한 만찬에서 보인 거침없는 언변 등과 함께, 남북정상회담 후 김 위원장의 팬클럽이 결성되는 등 남한 내에서 젊은이들에게 만만찮은 인기를 끌게 되는 계기가 된다.

그렇다면 김정일 위원장의 공항 마중은 북한 당국이 당일 결정한 것일까 아니면 준비 접촉 등을 통해 남북한간에 사전에 합의된 것일까?

이에 대해선 김대중 정부 내에서조차 혼선이 발생했다. 김 대통령을 수행하지 않고 서울에 남은 양영식 통일부 차관은 13일 프레스센터 내 외신 기자들을 위한 브리핑에서 김정일의 공항 마중은 사전에 합의된 것이었다고 밝혔다. 당시 양 차관은 "당초 예상했던 회담 일정과 다른 것 같다"는 질문에 "김정일 위원장의 순안공항 영접은 미리 결정되었으나 남북 양측이 합의하에 밝히지 않은 것"이라고 털어놓았다.

그러자 김 대통령을 수행, 평양에 가 있던 박준영 청와대 대변인은 양 차관의 말을 부인하고 나섰다. 박 대변인은 14일 오전 "그럴(김정일이 공항 영접을 나올) 가능성이 있다는 이야기는 있었으나 생방송으로 행사가 중계되는 등 여러 가지 상황을 감안해볼 때 영접 나오지 않을 가능성도 높았다"며 "공항 영접은 전적으로 김 위원장의 판단에 따른 것"이라고 반박하고 나선 것이다.

역시 남북정상회담 참석차 평양을 다녀온 박재규 통일부 장관도 남북정상회담이 끝난 지 닷새 만인 6월 20일 국회 통일외교통상위원회에 출석, "김정일 위원장이 공항에 나오길 바랐지만 갈 때까지는 모르고 갔다"고 증언했다. 이날 박 장관은, "어떻게 통일부 장관과 차관이 서로 다른 증언을 할 수 있느냐?"는 의원들의 추궁에 "비행기가 도착한 뒤에도 선발대로 가 있던 손상하 외교통상부 의전장에게 김 대통령이 '김정일 위원장이 나왔느냐'고 물었지만 손 의전장이 '모른다'고 했다"며 "그런데 갑자기 '와'하는 소리가 나 김 위원장이 온 줄 알았다"고 설명했다.

양영식 차관은 13일 자신이 말한 것을 다음날 박준영 청와대 대변인이 부인한 데 이어 20일 국회에서 상관인 박재규 장관까지 박 대변인의 주장과 비슷한 증언을 했으나 물러서지 않았다. 양 차관은 20일 국회 통일외교통상위에서 "13일 내·외신 기자 브리핑에서 김정일 위원장의 공항 영접을 우리 정부가 미리 알았다고 말한 것은 평양의 상황실에서 문서로 된 지침을 받고 그대로 설명한 것"이라고 증언한 것이다.

도대체 누구의 말이 진실일까?

국정원의 한 관계자는 양 차관의 말이 맞다고 증언했다. 다섯 차례에 걸친 준비 접촉에 이어 남한측에서 올려 보낸 선발대가 북한측 실무진과 협의하는 과정에서 김정일 위원장이 순안공항에 직접 나와 김대중 대통령을 영접하기로 사전에 합의되었다는 것이다.

더군다나 이한동 국무총리까지도 김정일 위원장의 공항 영접이 남북한간 실무 준비 접촉에서 합의되었음을 간접적으로 증언했다. 이 총리는 7월 12일 국회에서 "(6월 13일 공항에서) 김대중 대통령이 김정일 위원장의 차량(리무진)에 동승한 것은 사전에 협의된 사항"이라고 밝힌 것이다.

그렇다면 당시 박준영 대변인이나 박재규 장관은 왜 굳이 김정일 위원장이 공항 영접을 나온 것이 남북한 당국간에 사전 합의되지 않았다고 부인하고 나섰던 것일까? 양 차관이나 국정원 관계자의 증언처럼 김정일의 공항 영접이 사전에 합의된 것이라고 알려지면 무슨 문제라도 생기는 것일까?

한 가지 분명한 것은, 남북한 당국이 김정일 위원장이 순안공항에 김대중 대통령을 직접 영접하러 나오는 것을 사전에 합의했든 아니면 최종 결정하지 못했든 간에 김대중 정부가 이를 철저하게 비공개로 한 결과, 텔레비전에 김정일 위원장이 남북한간에 한번도 상의된 적이 없는 상황에서 직접 공항에 마중 나온 듯이 비쳐져 텔레비전 생중계방송을 지켜보던 상당수 남한 국민들로부터 호감을 얻을 수 있었다는 사실이다. 실제 유교적 정서가 아직도 많이 남아 있는 남한 국민들에겐 김정일 위원장의 공항 영접은 연령이 훨씬 위인 김대중 대통령을 배려한 것으로 받아들여지기도 했다.

북한은 대남전략상 대내외적으로 김정일 위원장의 이미지를 고양시키고자 애써왔다. 이 때문에 김정일의 공항 영접이 남북한간에 사전에 논의된 것이라는 것을 김대중 정부가 철저하게 비공개로 해온 것은 결과적으로 북한의 대남전략을 지원한 것이 아니냐는 비판이 제기되기도 했다.

2. 두 차례에 걸친 의문의 '리무진 대화', 무슨 일이 있었나

2000년 6월 13일 오전 10시 48분. 김대중 대통령이 김정일 국방위원장과 함께 평양 순안공항에서 북한군 의장대 사열을 받고 난 뒤였다. 이때 텔레비전 중계방송을 보고 있는 사람들을 아연실색하게 하는 사건이 발생했다.

사열을 비롯한 공식 환영 행사를 마친 김 대통령과 김 위원장이 환영 인파를 향해 손을 흔들어 보이면서 대기하고 있던 미제(美製) 리무진 승용차인 '링컨 컨티넨털'로 다가가 함께 오른 것이다. 김 대통령은 김 위원장이 열어준 오른쪽 문으로 승차했고 곧이어 김 위원장이 왼쪽 문으로 올랐다. 대한민국의 국가원수로서 60만 대군인 국군의 최고 통수권자인 김 대통령이 적국(敵國)으로 규정되고 있는 북한 내에서 수행원과 경호원들과의 통신이 완전 두절되는 초유의 사태가 벌어진 것이다.

그렇다면 대체 어떻게 해서 이런 사태가 발생할 수 있었을까?

이는 남북한 당국이 판문점에서 개최된 다섯 차례 준비 접촉 등을 통해 사전에 합의했기 때문에 가능했던 것으로 밝혀졌다.

앞에서 살펴본 바대로 이한동 국무총리는 같은 해 7월 12일 국회 대정부 질문에 대한 답변에서 "김대중 대통령과 김정일 국방위원장의 차량 동승은 사전에 협의된 사항"이라며 "대통령의 이동간에도 항상 통신 수단을 확보하여 유사시에 대비하였다"고 말했다. 청와대 경호 담당자도 이를 인정했다. 나흘 전인 6월 28일 국회 운영위원회에 출석한 청와대 김영대 경호차장은 "김대중 대통령의 동승은 북측과 사전 협의된 사항이며 경호 문제는 민감한 사항으로서 알아도 말할 수 없다"고 답변한 것이다.

이 때문에 이한동 총리의 말대로 김대중 대통령이 리무진에 김정일 위원장과 동승했을 때 수행원과 교신할 수 있는 통신 수단을 휴대하고 있었느냐는 의문이 제기된다. 또 김영대 경호차장이 민감한 사항이라며 경호 문제는 알아도 말할 수 없다고 했으나 제아무리 북한과 사전 협의하에 이루어진 리무진 동승이라고 해도 유사시 경호가 어떻게 가능할 수 있느냐는 것도 의문이다.

설령 김 대통령이 단신으로 김 위원장의 리무진에 동승할 때 통신 수단으로 무전기를 휴대케 하고 리무진의 뒤를 경호 차량이 따라붙어 근접 경호를 했다고 하더라도, 그것만으로 과연 적국에서 유사시 국가원수의 안전을 담보할 수 있겠느냐는 데는 의문이 남는다는 것이 전문가들의 지배적인 의견이다.

문제의 핵심은 남북한이 정상회담의 상궤를 벗어나는 이 같은 리무진 동승을 사전에 합의한 배경이 무엇이냐는 것이다.

이와 관련해 가장 설득력 있게 제기되고 있는 것은 김대중 대통령과 김정일 위원장이 미국의 감청 위협으로부터 자유롭게 대화를 하기 위해 리무진 동승에 합의했을 가능성이다. 남북한 정보 당국에서 리무진은 빠르게 움직이는 만큼 미국이 제아무리 탁월한 성능의 첩보 위성을 동원하더라도 리무진 안에서 이루어지는 김 대통령과 김 위원장의 대화를 감청할 수 없다고 보고 리무진 대화를 추진했을 것이란 분석이다. 실제 국가정보원 관계자들은 리무진 대화는 미국의 감청을 차단하기 위한 차원에서 이루어졌다고 증언한다.

남북한 정상들은 이날 오전 10시 48분 리무진을 타고 순안공항을 떠나 오전 11시 45분 김 대통령과 공식 수행원들의 숙소인 백화원 초대소에 도착할 때까지 40분간에 걸쳐 단독 회담을 가졌다.

이 같은 리무진 대화는 정상회담 마지막 날인 15일에도 있었다. 김대중 대통령과 김정일 위원장은 이날 오찬을 함께한 뒤 13일 순안공항에서 백화원 초대소로 갈 때처럼 나란히 리무진을 타고 백화원 초대소에서 순안공항으로 가는 동안인 50분간 마지막 단독 회담을 가진 것이다.

만약 남북한간에 두 정상의 리무진 동승에 합의한 것이 미국의 감청을 피하기 위한 것이 사실이라면 그 같은 목적은 달성되었을까?

남북정상회담 직후 국가정보원의 한 관계자는 "김대중 대통령과 김정일 위원장은 가장 중요한 사안들과 관련된 의견을 두 차례에 걸친 리무진 대화를 통해 허심탄회하게 나눴다"면서 "내부적으로 리무진 대화에 대한 미국의 감청을 피하는 데 성공했다는 평가를 내렸다"고 털어놓았다.

그러나 뒤에서 자세히 살펴보겠지만 미국은 이 리무진 대화를 감청하는 데 성공한 것으로 알려졌다. 미국이 남북정상회담 직후 한국 정부가 황원탁 당시 청와대 외교안보수석을 워싱턴에 보내 이 회담 결과를 설명했음에도 메들린 올브라이트 국무장관을 급거 서울에 파견한 데는 김 대통령과 김정일 국방위원장 간에 있었던 의문의 리무진 대화를 전부 감청, 이를 확인하기 위해서였다고 한 정보 관계자는 증언한다.

이 리무진 대화와 관련한 문제의 본질은 과연 그것이 미국의 감청을 피하기 위한 것이었느냐도 미국이 감청에 성공했느냐도 아닌 도대체 남북한 정상들이 리무진에서 무슨 얘기를 주고받았느냐는 것이다.

그렇다면 김대중 대통령과 김정일 위원장은 사실상의 단독 회담이랄 수 있는 두 차례 리무진 대화에서 어떤 얘기를 주고받았을까?

아쉽게도 당사자들인 남북한 정상들은 정상회담 이후 리무진에서 나눈 대화 내용을 털어놓은 적이 없다. 이 때문에 두 차례의 리무진 대화 내용은 남북정상회담과 관련된 최대 의혹으로 꼽힌다.

그러나 남북한이 KH-11 등 미국 첩보위성으로부터 감청을 피하기 위해 김대중 대통령과 김정일 위원장이 한 리무진에 동승해 대화를 갖도록 했다는 앞서의 증언들이 사실이라면, 이로부터 한 가지만큼은 논리적으로 유추할 수 있다. 그것은 바로 남북한 정상들이 가장 비밀스럽고 중대한 문제와 관련한 대화를 리무진에서 나눴을 개연성이 높다는 것이다.

물론 이 같은 논리적 유추에 대해선 처음 보는 양측 정상들이 어떻게 만나자마자, 그것도 리무진이라는 좁은 공간에서 서로가 가장 중대하게 여기는 사안에 대해 논의할 수 있겠느냐는 문제 제기가 있을 수 있다.

그러나 김대중 대통령과 김정일 위원장은 2000년 6월 13일 순안 공항에서 처음 만나는 사이지만, 임동원 당시 국정원장의 두 차례 극비 방북 등을 통해 서로가 만나서 논의하고 싶은 의제들이 사전에 충분히 조율된 상태였다. 따라서 양 정상은 에돌아갈 필요 없이 이날 만나자마자 바로 핵심 사안을 논의하는 데 아무런 문제가 없었다고 볼 수 있다.

문제는 남북한 정상들이 리무진 대화에서 논의했을 핵심 사안이 무엇일까 하는 것인데 이를 엿볼 수 있는 단초는 미국의 움직임에서 발견됐다.

서울의 정보 소식통들에 의하면, 미국이 한국 정부가 파견한 황원탁 외교안보수석의 설명을 청취했음에도 불구하고 올브라이트 국무장관을 서울에 보내 김대중 대통령을 만나게 한 데는, 김대중 대통령과 김정일 위원장이 남북정상회담 기간 동안 미국의 국익과 관련해 중대한 논의를 했다고 결론을 내렸기 때문이라고 한다. 이 같은 결론은 특히 리무진 대화를 감청해 분석한 뒤 내려진 것으로 파악되었다는 것이 한 소식통의 전언이다.

만약 리무진 대화에서 논의된 핵심 사안이 미국의 국익과 직결된 것이라면 그것은 단연코 주한미군 철수 문제일 가능성이 높다. 북한은 주한미군 철수를 대미 관계 개선의 전제조건으로 내세워왔기 때문이다.

3. 「6·15 남북공동선언」, 제2항의 진실

　평양에서의 남북정상회담이 이틀째 되던 6월 14일 남북한 정상들은 통일방안과 관련 매우 중대한 합의에 도달했다.
　당시 정부 공식 발표에 의하면 이날 밤 김대중 대통령은 백화원 초대소에서 김정일 국방위원장과 회담을 갖고 여러 차례 어려운 고비를 넘기는 등 진통을 겪은 끝에 5개항으로 이루어진 '6·15 남북공동선언'을 끌어내는 데 성공했다. 굳이 남북한 정상이 이 공동선언에 합의하기까지 여러 어려운 고비를 넘겼다는 것을 '정부 공식 발표'상 그랬다고 표현하는 이유는 나중에 살펴보겠으나 이 선언의 내용들이 꼭 이때 남북한 정상이 난상 토론 끝에 합의한 것이 아니라 정상회담 훨씬 전에 윤곽이 잡혀진 것일 수도 있다는 가능성이 있기 때문이다.
　그러나 이 선언은 남북정상회담이 끝난 뒤 커다란 의혹을 불러일으켰다. 그 까닭은 남북한이 상이한 이데올로기와 체제로 인해 군사적으로 치열하게 대치하고 있는 상황에서 양측 정상들이 만났다면 당연히 평화공존부터 논의했어야 마땅한데도 평화공존 방안에 대해선 어떠한 논의나 합의도 하지 않았고 게다가 통일방안과 관련해 모종의 암호로 구성된 합의를 본 듯한 인상을 주는 조항이 이

선언에 삽입되었기 때문이다.

문제의 조항은 2항으로 그 내용은 '남과 북은 나라의 통일을 위한 남측의 연합제 안과 북측의 낮은 단계의 연방제 안이 서로 공통성이 있다고 인정하고 앞으로 이 방향에서 통일을 지향시켜나가기로 하였다'이다.

그렇다면 이 조항의 어떤 부분이 의혹을 사는 것일까?

우선 이 조항은 내용상 문제가 있든 없든 의혹을 살 수밖에 없었다. 남북정상회담이 개최되기 전 김 대통령은 이 회담의 목적은 남북한의 평화공존을 정착시키기 위한 데 있는 것이지 통일을 앞당기는 데 있는 것은 아니라는 점을 강조했다. 김 대통령이 이 같이 강조했던 것은 남북정상회담이 열리면 북한은 분명히 '고려연방제' 안(고려민주연방공화국 창립방안)의 수용을 요구할 테고 그럴 경우 3단계 통일방안(남북연합 남북연방 통일)을 주창해왔던 그로선 어떤 형식으로든 통일방안에 합의할지도 모른다는 의혹을 불식시키려는 데 그 목적이 있었다. 바로 문제의 조항은 김 대통령의 이런 공약(公約)이 '공약(空約)'이었음을 입증하는 것이었다.

이 조항이 문제가 되는 것은 일차적으로 내용 자체가 암호에 가깝다는 것이다. 낮은 단계 연방제 안에 대한 북한의 주장은 나와 있으나 남측의 연합제 안은 그 실체가 무엇인지 불분명했다. 이런 상황에서 남측의 연합제 안이 북측의 낮은 단계의 연방제 안과 어떤 공통점을 갖는지를 파악하는 것은 '미션 임파서블(mission impossible)'인 것이다.

북측의 낮은 단계의 연방제 안은, 북한이 1980년에 제안한 고려연방제의 실현 가능성이 낮자 1990년대 들어 고려연방제를 수정해 다시 제안한 것이다. 고려연방제는 1국가 내 2체제를 두고 연방정부가 외교권, 군사권을 갖고 2개의 지역정부가 자치를 하는 것으로 남북한이 당장 연방제 통일 국가를 이루자는 방안이다. 그런데 북한은 남한이 이 방안을 수용할 가능성이 낮다고 판단, 이른바 낮은 단계의 고려연방제 안을 제의했다. 낮은 단계의 연방제 안은 남북한이 현존하는 2체제 2정부를 유지하면서 상호 협력하여 단계적으로 통일을 지향한다는 것이다. 즉, 당초의 '높은 단계의 연방제 안'과 달리 낮은 단계의 연방제 안은 연방정부를 두긴 하되 상징적으로 두고 높은 단계의 연방제하에서 연방정부가 갖는 것으로 했던 외교권과 군사권은 남북한 정부가 그대로 갖고 상호 협력하면서 점차 높은 단계의 연방제로 발전하자는 안이라는 주장이다.

문제는 남측의 연합제 안의 실체가 무엇이냐는 것이다.

남북정상회담 직후 청와대와 통일부 관계자들이 공식적으로 밝힌 것은 아니지만 비공식적으로 남측의 연합제 안이란 김 대통령이 야당 총재 시절에 구상한 3단계 통일방안의 첫 단계인 남북연합을 가리키는 것이라고 했다. 실제 북한 전문가들에 의하면 남북정상회담 직후 청와대 공식 인터넷 웹사이트에는 '남측의 연합제 안이 김 대통령의 3단계 통일방안'이라는 주장이 게재되었다고 한다.

이에 대해 상당수 북한 전문가들은 김 대통령이 야당 총재 시절에 구상한 3단계 통일방안은 개인 방안일 뿐이고 우리 정부의 공식 통일방안은 노태우 정부 때 만들어진 '민족공동체 통일방안'을 토대로 한 김영삼 정부 때의 '한민족공동체 통일방안(화해와 협력 남북연합 통일)'이어야 한다는 비판이 제기됐다.

이회창 한나라당 총재도 이 같은 점을 의식, 남북정상회담 직후인 6월 17일 김 대통령과 가진 회담에서 "북한의 연방제 안은 대한민국의 자유민주주의 체제를 불용하는 것이다. 그리고 대통령이 제안한 연합제는 과연 무엇인가? 두 가지를 논의하며 자유민주주의 체제의 존속은 언급했는가?"라고 문제를 제기했다. 이에 대해 당시 김 대통령은 "연합제는 노태우 대통령 당시 남북연합이라고 말한 것과 똑 같은 것"이라고 대답했다. 통일부가 2001년 들어서면서 펴낸 『2001년 통일백서』에서 "우리의 통일방안은 1980년대 말 국회 공청회와 폭넓은 국민 의견 수렴을 거쳐 마련된 민족공동체 통일방안"이라고 밝혀 남측의 연합제 안이 민족공동체 통일방안의 2단계인 남북연합을 가리킨다고 우회적으로 밝힌 것은 김 대통령의 이 같은 언급에 따른 것이다.

설령 김 대통령과 통일부의 주장이 맞다고 하더라도 대체 연합제와 낮은 단계의 연방제가 어떤 공통점이 있느냐는 의문이 남는다.

이와 관련, 통일부는 『2001년 통일백서』에서 네 가지 공통점을 적시했다.

첫째 접근 방법에 있어서 두 방안 모두 통일과 통합을 준비해나간다는 것이다.

둘째 남북 정부가 정치·군사·외교권을 각각 갖고 협력기구를 운영해나간다는 것이다.

셋째 먼저 교류 협력과 정치·군사·경제·사회 등 각 분야별 대화를 통해 통일의 기반을 넓혀나간다는 측면의 단계적 점진적 접근 방식이다.

넷째 남북 양측이 전제조건을 붙이지 않고 있다는 것이다. 북한은 낮은 단계의 연방제 안과 관련해 과거 연방제 진입 조건으로 주장했던 국가보안법 폐지, 주한미군 철수 등의 전제조건이 없다는 것을 밝히고 있다.

그러나 통일부의 이 같은 설명은 사실과 다르다. 남측의 연합제 안은 김 대통령의 3단계 통일방안에 따른 것이지 노태우 정부 때 마련된 민족공동체 통일방안에 따른 것이 아닌 것이다.

이를 입증하는 단서는 통일부가 펴낸 『2001년 통일백서』에서 찾을 수 있다.

문제의 단서는 통일부가 이 백서에서 남측의 연합제 안과 북측의 낮은 단계 연방제 안의 공통점으로 꼽은 네 가지 중 세번째, 즉 '먼저 교류·협력과 정치·군사·경제·사회 등 각 분야별 대화를 통해 통일의 기반을 넓혀 나간다는 측면의 단계적 점진적 접근방식을 특징으로 하고 있다'는 것이다. 노태우 정부 때 마련된 민족공동체 통일방안이 말하는 연합제는 화해와 교류, 협력이 오랫동안 이루어져 그 결과로서 실현되는 것으로 여기서 연합제는 화해와 교류, 협력의 목적인 것이다. 반면 김 대통령의 3단계 통일방안이 말하는 연합제는 교류와 협력을 이루어가기 위한 제도적 뒷받침으로서, 말하자면 3단계 통일방안에서 연합제는 교류와 협력을 위한 수단인 셈이다. 그러니까 통일부가 연합제 안과 낮은 단계 연방제 안의 공통점으로 꼽은 네 가지 중 세번째를 꼽았다는 것은 남측의 연합제 안은 김 대통령이 야당 지도자 시절에 구상한 3단계 통일방안의 1단계 '남북연합'을 의미하는 것이다.

그렇다면 김 대통령과 김정일 위원장이 "남측의 연합제 안과 북측의 낮은 단계 연방제 안이 서로 공통성이 있다고 인정하고 앞으로 이 방향에서 통일을 지향시켜나가기로 하였다"고 합의한 것은 무엇을 의미하는 것일까?

　김 대통령과 통일부가 주장했던 것처럼 6·15 선언에 나오는 남측의 연합제 안이 정말로 노태우 정부 때 마련된 민족공동체 통일방안에 제시된 남북연합과 같은 것이라고 한다면, 김대중 정부의 임기 만료 전이나 재집권하더라도 당장 남북한이 남북연합이나 낮은 단계의 연방제로의 1단계 통일을 모색할 가능성은 없다. 그 까닭은 민족공동체 통일방안은 김영삼 정부 때의 한민족공동체 통일방안과 마찬가지로 남북간 화해와 협력이 일정 기간 동안 이루어져 성공적인 결과를 거둘 때만 남북연합 단계로 이행할 수 있다고 언명하고 있기 때문이다.

　물론 여기서 북한이 이 방안과 공통성이 있다고 인정했다고 하는 낮은 단계 연방제 안이 상정하는 남북 관계는 남북연합이나 김 대통령이 말한 '1민족 1국가 2체제 2정부' 체제를 갖추는 것이다. 다만 이것이 북측의 기존 고려연방제와 다른 점은 남북한 양 정부가 정치 군사 외교권 모두를 장악하는 것이다. 그런데 남북한이 남북연합으로든 낮은 단계의 연방제로든 합의할 경우 정치·군사·외교권 등 실권은 없으나 남북간 화해와 협력을 촉진시키는 기구로서 연합정부나 연합의회 등을 설치할 개연성이 높다. 만약 이 같은 일이 현실화할 경우 가장 우려되는 것은, 북한의 구성원들이 남북 동수인 이런 공동 기구들 내에서 통일전선전술을 펴거나 해서 나중에 남북 관계가 정치·군사·외교 등 실권을 갖는 연방 정부와 의회를 창설하는 방향으로 이행될 경우 이들 기구를 장악, 자국의 체제로 통일을 시도할 개연성이 적지 않다는 것이다.

　문제는 6·15 선언에 명시된 남측의 연합제 안이 노태우 정부 때의 것이 아닌 김 대통령이 야당 시절에 개인적으로 구상한 3단계 통일방안의 첫 단계라는 평가가 지배적이라는 데 있다. 즉, 이 선언의 2항은 김 대통령이 자신의 임기내에나 정권이 재창출되면 후임자를 통해 바로 남북연합을 실현시키기로 합의했다는 것을 의미한다고 볼 수 있는 만큼 이 같은 우려가 현실화할 가능성을 배제할 수 없다는 것이다.

4장

'김대중+임동원 동맹'과 '남남(南南) 갈등'

1. 김대중이 평양에서 돌아와 임동원을 질책한 이유
2. '김대중+임동원 동맹' – 반란의 기운이 감돌고 있다

1. 김대중이 평양에서 돌아와 임동원을 질책한 이유

남북정상회담이 끝난 지 얼마 지나지 않은 2000년 6월 하순 어느 날이었다. 역사적인 첫 남북정상회담을 성사시킨 막후 주역으로서 오랜만에 느긋한 기분에 젖어 있던 서울 남쪽 내곡동의 국가정보원은 갑자기 긴장에 휩싸이기 시작했다.

이날 임동원 원장(2001년 3월부터 6개월간 통일부 장관 역임, 현재 대통령 통일외교안보 특보)이 청와대로 불려가 김대중 대통령으로부터 그의 사상(思想)을 둘러싼 세간의 의혹과 관련해 호된 질책을 듣고 돌아왔기 때문이다.

국정원 관계자의 증언에 따르면 당시 김 대통령이 임 원장을 질책한 내용은 대략 '어떻게 처신했길래 당신의 사상을 둘러싼 의혹들이 다시금 제기되고 있느냐는 것'이었다.

임동원 원장이 그동안 받아온 대표적인 의혹은 육군사관학교에 입학하기 전 한국전쟁 때 인민군에 입대, 낙동강 전투까지 참전했다는 등의 부역 혐의이다. 그러나 이 같은 의혹에 대해 그는 "육사에 들어가기 전엔 미군 캠프에서 '하우스 보이'로 일했다"고 해명해왔다. 또, 그는 지난 1991년 평양에서 개최된 남북 고위급 회담에 남측 대표로 참석했을 때 북한 당국의 주선으로 헤어진 누이와 상봉했는데, 이것이 그에게 북한에 할말 못하게 하는 약점으로 작용하지 않았느냐는 의혹에 대해서도 부인해왔다.

김대중 대통령은 집권하기 전부터 임 원장의 이 같은 사정을 잘 이해하고 있었기 때문에 전혀 문제삼지 않았다. 이는 김 대통령이 대통령이 되자마자 그를 대북정책 부문의 최고 직책들인 청와대 외교안보수석과 통일부 장관으로 기용한 데 이어 지난 1999년 12월엔 국가안보의 중추기관인 국정원장에 임명했다는 데서 확인된다.

그러나 김대중 대통령이 이북 출신인데다가 북한에 살아 있는 누이까지 두고 있는 임씨를 대북정책 및 정보 당국의 책임자로 등용한 것은 조선시대 때도 철두철미하게 지켜졌던 인사 원칙, 즉 '누구든지 출신 지역의 행정 책임자로는 임명하지 않는다'는 이른바 '향피(鄕避)'의 원칙에 위배되는 인사였다는 비판을 피할 수 없었다.

어쨌든 김 대통령이 임씨를 둘러싼 각종 논란을 잘 알고 있으면서도 그를 갑자기 사상 의혹들과 관련해 호되게 질책한 것이다.

문제는 김 대통령이 자신의 지시를 받아 임 원장이 막후에서 남북정상회담 개최 합의를 이끌어낸 데 이어 평양에서 개최된 회담에서도 6·15 공동선언을 도출해내는 데 크게 기여한 지 얼마 지나지 않은 시점에서 왜 그를 '깼느냐'는 것이다. 임 원장으로서는 도무지 그 까닭을 알 수 없었다.

그래서 임 원장은 청와대에서 돌아온 뒤 김 대통령이 왜 새삼스럽게 사상 의혹들과 관련해 자신을 질책했는지 궁금해했고 그의 지시에 따른 것인지는 불투명하지만 곧 국내 정보를 관할하는 국정원 2차장 산하에 특별팀(task force)이 꾸려져 확인 작업이 시작됐다.

국정원 특별팀은 약 한 달간 정계와 언론계를 중심으로 남북정상회담이 끝난 뒤 김 대통령을 만나 임 원장의 사상 의혹을 제기한 인물이 누구인지 샅샅이 조사했다.

처음 이 특별팀이 의심의 눈길을 보낸 곳은 서울 주재 외신 특파원들이었다. 특히 몇몇 동남아 영자지(英字紙) 특파원들이 김대중 정부가 들어선 이후 햇볕정책(sunshine policy, 대북 포용정책)의 '전도사'로 자처하는 임 원장의 사상 의혹을 취재해왔던 것으로 전해졌기 때문이다. 따라서 특별팀으로서는 이들 중 일부가 남북정상회담 직후에도 계속 이를 파왔다면 이를 전해들은 김 대통령이 임 원장을 질책했을 수 있다고 판단했던 것이다.

그러나 '피의자'는 다른 곳에 있었다. 국정원 특별팀은 이들 동남아 영자지 특파원들에게서 혐의를 발견하지 못했고 대신 김 대통령이 평양에서 돌아와 남북정상회담의 성과를 설명하기 위해 청와대로 초청한 정계 지도자들과 원로들 중 독대를 한 몇몇 인사들이 임 원장의 사상 의혹을 제기했다는 정보를 확보하고 조사에 돌입한 것이다.

특별팀은 각종 자료와 증언을 검토한 끝에 의문의 정계 지도자는 이회창 한나라당 총재이고 김종필 자민련 총재도 그런 것으로 보인다는 결론을 내렸다. 그러나 특별팀이 이들 두 사람을 어떻게 할 수는 없는 노릇이라 임 원장에 보고하고 곧바로 해산했다.

그럼에도 당시 임 원장이나 국정원 특별팀으로선 한 가지 의문을 지울 수 없었다. 물론 김 대통령의 입장에선 남북정상회담을 성공적으로 마치고 돌아오자마자 야당 총재나 동맹 세력인 김종필 총재로부터 자신의 대북정책 최고 참모에 대한 사상 의혹을 제기받자 화가 났을 수 있다. 그러나 그렇다고 하더라도 김 대통령이 굳이 임

원장을 청와대로 불러 공식적으로 질책했다는 것은 뭔가 정치적 계산이 있는 게 아닌가 하는 것이 국정원 특별팀의 의문이었던 것이다.

국정원 관계자들에 따르면 당시 국정원 관계자들이 추리했던 개연성은 김 대통령으로선 후에 정권이 교체되어 자신의 햇볕정책과 관련해 청문회나 국정 조사 등이 실시될 경우 그 책임을 임 원장에게 떠넘기기 위해 벌써부터 '꼬리 자르기'에 나섰을지도 모른다는 것이다. 이 사건은 난공불락(難攻不落)으로 보였던 '김대중+임동원 동맹체제'가 남북정상회담 직후 균열을 보이기 시작한 최초의 단초라는 평가를 받았다.

국정원 특별팀의 조사 결과대로 김대중 대통령이 임동원 씨를 질책하게끔 만든 인사 중 한 명이 김종필 자민련 총재일 개연성이 높다는 것은 무려 1년이 훨씬 지난 2001년 9월에 들어서야 비로소 어느 정도 확인이 되었다. 한나라당이 당시 통일부 장관이던 임씨에 대해 같은 해 8·15 평양 '통일축전' 행사에 국가보안법 위반 전력이 있는 인사들까지 참가할 수 있도록 허가해 물의를 일으킨 사태와 관련한 책임을 묻기 위해 제출한 해임 건의안에 JP가 집권 여당인 민주당과의 공동 정부를 깨면서까지 동의하고 나섰던 것이다.

이는 JP가 공동 정부에 참여해 총리직이나 장관직 몇 개를 나누어 갖는 등 권력을 분점하는 것보다 임씨를 통일부 장관직에서 물러나게 하는 등의 혼내주는 것을 더 중요시 여겼다는 것을 보여준다.

실제 JP는 임씨가 국정원장으로서 남북정상회담 도중 '주적의 수괴'인 김정일 위원장에게 귀엣말을 한 것이나 김용순 대남 비서가 2000년 9월 방한했을 때 그와 동행해 제주도 등을 다닌 행태를 격한 어조로 비판했다.

2. '김대중+임동원 동맹'
   ―반란의 기운이 감돌고 있다!

　분단 후 첫 남북정상회담이 개최된 지 약 5개월 지난 10월쯤 '김대중+임동원 동맹'의 핵심 조직인 국정원의 대북 라인이 '흔들리는' 조짐을 보이기 시작했다.

　임동원 국정원장의 지시를 받아 그 해 3~4월 중국에서 박지원 문화관광부 장관을 도와 북한과의 협상에서 남북정상회담 개최 합의를 이끌어내는 등 확신을 갖고 햇볕정책을 위한 대북전략을 수립 실행해온 국정원의 김보현―서영교 라인이 주변 사람들에게 김대중 정부의 대북정책에 대해 부정적인 평가를 털어놓았다는 얘기가 흘러나오기 시작한 것이다.

　남북정상회담 당시의 김보현 대북전략국장과 서영교 단장은 회담이 끝난 직후인 7월 1일 각각 신설된 남북 관계 업무를 총괄하는 대북 담당 3차장과 대북전략국장으로 승진, 그동안의 성과를 인정받은 상황이었다. 이 때문에 김 차장과 서 국장이 김대중 정부의 대북정책에 대해 뭔가 우려를 ―물론 측근들에게만 이지만― 털어놓았다는 것을 인사 불만과 연관지을 수는 없었다. 그보다 이들의 우려는 김대중 정부의 대북 라인으로서 막후에서 북한 당국과 접촉, 협상하거나 남북정상회담을 뒷받침하는 과정에서 '이렇게 해서는 안되겠구나' 하고 인식하게 된 대승적(大乘的)인 '자기 반성'일 가능성이 더 높았다.

김 차장과 서 국장의 우려를 전해들은 적이 있는 국정원 관계자들에 의하면 당시 이들 대북 라인이 측근들에게 가끔 털어놓은 우려는 대체로 "이상하다. 아무리 생각해도 이건 아닌 것 같다"는 것이었다.

만약 김 차장과 서 국장이 이렇게 말한 것이 사실이라면 도대체 김대중 정부의 대북정책이 뭐가 이상하고 아닌 것 같다는 말일까?

집권 여당인 새천년 민주당이 총선을 사흘 앞두고 발표된 남북정상회담 개최 합의로 크게 이득을 보았다고 할 수는 없다. 그러나 실제 6월 13일 평양에서 남북정상회담이 개최되고 회담 마지막 날 '통일 문제는 자주적으로 해결하고 남북연합제와 연방제의 공통점을 인정하고 그 방향으로 통일을 추진한다'는 내용의 6·15 남북공동선언이 발표되자 남한의 각계각층이 정신을 차리지 못할 정도로 그 충격은 컸다. 지역적으로는 호남, 정치적으로는 여당을 지지하는 사람들은 무조건 환영했고 비호남 출신이거나 야당 지지자들은 남북정상회담을 비판하고 싶어도 워낙에 예상하지 못한 사태라 명분과 논리를 찾지 못하고 지켜만 볼 뿐이었다.

그 충격은 약 3개월이나 지속되었다. 그 사이 김대중 정부가 햇볕정책이란 대북 포용정책에 의거해 북한과 평화공존하기 위해 금강산 관광사업 허용과 식량 제공 등 각종 대북 경제지원을 해오면서 남북정상회담까지 가졌으나 북한이 변했다고 볼 만한 것이 없다는 비판여론이 비등하기 시작했다.

특히 이 같은 비판여론에 불을 붙인 것은 북한이 대남 적화통일을 명시한 노동당 규약을 개정할 생각도 하지 않고 있는데 김대중 정부가 국가보안법의 개정 또는 철폐 논의를 본격화하면서부터이다. 당시 김 대통령을 수행해 평양을 다녀온 한 인사가 김정일 국방위원장이 남한이 국보법을 개정하거나 철폐하면 노동당 규약을 개정하겠다고 약속했더라는 이야기를 전해 그에 대한 논란이 확산되면서, 뭔가 분명한 입장을 가지지 못하던 많은 사람들은 북한은 변하지 않았다고 판단하여 어떻게든 먼저 국보법을 개정하거나 철폐하고 식량이나 전력을 지원하려는 김대중 정부의 대북정책에 의혹의 눈초리를 보내기 시작한 것이다.

더군다나 지원을 받는 북한은 큰소리치고 국민의 엄청난 혈세를 쏟아부어 지원하는 김대중 정부는 쩔쩔매는 이상한 남북 관계도 이를 지켜보는 국민들에겐 도저히 납득할 수 없는 것이었다.

국정원에서 북한 정보 수집과 분석 및 대북전략을 담당하는 '아이오(IO, Intelligence Officer의 이니셜로 국정원 요원을 가리키는 호칭)'들의 상당수도 이미 남북정상회담 직후 이런 비판적 입장을 유지해왔다.

국정원 관계자들의 증언에 의하면 김 차장과 서 국장 등 국정원 대북 라인이 이즈음 김대중 정부의 대북정책과 관련해 자신들의 주변 사람들에게 우려의 목소리를 내기 시작한 것은 이 같은 비판과 의혹의 맥락에서 볼 필요가 있다고 한다. 그러나 김 차장과 서 국장 등으로선 김대중 정부 출범 이후 각종 대북 접촉과 협상에 깊숙이 개입해온 만큼 대북정책과 관련해 일반 사람들로서는 알 수 없는 의혹을 가졌기 때문에 그랬을 수 있다는 지적도 있다.

어쨌든 김보현 차장과 서영교 국장으로 대표되는 '김대중+임동원 동맹'의 하부구조는 상부구조인 김 대통령과 임동원 씨도 모르는 사이에 균열 조짐을 보이기 시작했다. 이 같은 균열은 황장엽 전 북한 노동당 비서의 방미(訪美) 문제가 터지면서 더욱 곪아 들어갔다.

2000년 말 황장엽 씨는 미 의회에서 초청하면 워싱턴을 방문, 김정일의 실체에 대해 증언할 것이라고 밝혔다. 김대중 정부로서는 황씨의 방미가 현실화할 경우 김정일의 서울 답방이 차질을 빚을 수 있다고 판단했다. 이에 임동원 당시 국정원장은 김보현 차장 등에게 황씨가 방미 의사를 철회하도록 했다. 그러나 이 과정에서 황씨는 국정원의 설득 작업을 압력으로 받아들인 나머지 이 같은 사실을 언론에 공개해 야당은 황씨의 증언을 듣기 위해 국회정보위를 소집하는 등 사태가 정치권으로까지 비화됐다.

당시 황씨가 국회정보위 출석을 거부함으로써 사태는 더 이상 번지지 않았다. 그러나 이 사태로 인해 임동원 국정원장과 그의 참모진인 김보현 차장 및 서영교 국장 간의 갈등이 심화되었다는 것이 국정원 한 관계자의 증언이다. 이 관계자에 의하면 당시 임 씨는 김 차장 등이 황씨를 제대로 설득하지 못해 사태가 커졌다고 인식했다고 한다.

이 같은 갈등은 그후 임동원 씨로 하여금 국정원의 대북 라인에 대한 의존도를 줄이게 만든 보이지 않는 요인이 되었던 것으로 알려졌다. 이들과 가까운 관계를 유지해온 한 대북 전문가에 의하면 임씨는 2001년 3월까지 국정원장으로 재직하던 때나 그후 6개월 가량 통일부 장관으로 일하는 동안 김정일의 답방과 관련해 북측과 접촉해 실무 문제를 협의하는 과정에서 가장 중요한 문제에 대해선 국정원의 대북 라인이 아닌 다른 라인에 더 의존했다고 한다.

임씨는 통일부 장관으로 재직하던 때도 국정원장으로 있을 때와 마찬가지로 국정원의 대북 담당 3차장 라인을 직접 관할했다. 국회 통일외교통상위원회 소속인 한 야당 의원에 의하면 임씨는 2001년 3월 통일부 장관에 임명되자 김 대통령에게 요청해 국정원 대북팀에 대해 계속 관할할 수 있었다고 한다.

그러나 국정원 대북 라인은 임동원 씨가 통일부 장관으로 재직하던 때 김정일 답방을 실현시키기 위한 각종 아이디어를 취합하는 과정에서 민간 부문의 대북 전문가들을 만나 "밥값을 하게 해달라"고 말했다고 한 대북 전문가는 전했다. 이 전문가는 "이 같은 언급은 그들이 김정일 답방 준비에 깊숙이 관여하지 못하고 실무적인 문제만 보좌하고 있다는 것을 보여주는 것이었다"고 말했다.

뒤에서 살펴보겠지만 2000년 6월 13일 역사적인 평양 정상회담을 실현시킨 주역인 국정원 대북 라인이 2001년 김정일 답방 준비의 주역을 맡지 못했던 것은 다른 주역이 있었다는 것을 보여 준다. 당시 임동원 씨와 함께 김정일 답방을 막후에서 준비하던 인물은 박지원 당시 청와대 정책기획수석(2001년 말 사임했다가 2002년 2월 청와대 정책특보로 임명된 뒤 4월에 비서실장으로 승진)과 김은성 국정원 국내 담당 2차장이었던 것으로 알려졌다.

5장

동맹에서 파국으로?
—한미 관계의 진상

1. "너희 정부가 뭐하고 있는지 다 알아."
2. 한미 관계는 마침내 '루비콘'을 건너고 말았는가
3. 갈 데까지 가버린 국가정보원과 CIA 관계, 그 기막힌 과정
4. 올브라이트의 전격 방한(訪韓), 리무진 대화 때문인가
5. 부시가 한국의 대북 라인 교체를 요구한 까닭
6. 한국과 미국의 대북정책, 무엇이 다른가
7. '페리 보고서'와 '아미티지 보고서'에 담긴 대북전략
8. 9·11 테러 직후 상하이 한미정상회담에서 벌어진 일
9. 부시의 '악의 축' 발언과 '서울 독트린', 그리고 한미 동맹의 파국

1. "너희 정부가 뭐하고 있는지 다 알아."

봄이 왔다고는 하나 여전히 바람이 찬 2000년 3월 중순 토마스 슈워츠 한미연합사 사령관은 한국군 장성들과 골프 모임을 가졌는데 그는 이 자리에서 대북 문제로 한미 관계가 사실상 루비콘을 건너고 있다는 것을 암시하는 의미심장한 언급을 했다.

당시 이 모임에 참석했던 한국군 장성으로부터 슈워츠 사령관의 말을 전해들은 한 인사에 의하면 슈워츠 사령관은 골프를 치는 도중 한국군 장성들에게 "당신네 정부가 뭐하고 있는지 다 알고 있다"고 했다고 한다. 한국 정부가 북한과 무엇인가 극비리에 추진하고 있지만 미국은 그것이 뭔지 알고 있다는 말이었다고 이 인사는 전했다.

실제 김대중 정부가 북한과 남북정상회담 개최를 합의했다는 것을 주한 미국대사관을 통해 클린턴 미국 행정부에 통보한 시점은 4월 10일 박지원 문화관광부 장관이 박재규 통일부 장관과 함께 「4·8 남북합의서」를 공식 발표하기 하루 전인 일요일이었다.

김대중 정부가 이처럼 남북정상회담과 관련해 그 추진 배경이나 과정 등에서 클린턴 행정부를 완벽하게 '물 먹인' 까닭은 무엇보다도 미국으로선 한국이 북한에 경제적 지원을 해가면서까지 남북정상회담을 추진하는 것을 양해하지 않을 것이라고 봤기 때문이라고 대북정책 당국의 한 관계자는 지적했다.

미국은 자국의 세계지배전략을 위한 기제들인 비핵확산조약(NPT)과 미사일기술수출통제체제(MTCR)를 유지하기 위한 차원에서 대북 경제제재(economic sanctions) 조치를 취해 가면서까지 북한에게 핵과 미사일 개발을 중단하도록 압력을 넣어왔다. 이 때문에 한국의 대북정책 당국 관계자들은 2000년 3월 9일 김대중 대통령이 베를린선언을 통해 밝혔듯이 남북정상회담을 개최, 전력 지원과 농업기반시설 제공 등 사회간접자본 부문의 대북 경제협력을 추진할 경우 미국이 이를 곱게 볼 리가 없을 것이라고 판단, 아예 미국에 남북정상회담의 추진 사실 자체를 보안에 부쳤다. 김대중 정부로서는 미국이 경제적 압박을 가해 북한의 핵과 미사일 개발을 막고자 하는 상황에서 한국이 북한에 경제적 어려움을 덜어주는 각종 지원을 제공할 테니 남북정상회담을 갖자고 하면, 미국은 분명히 그것은 자국의 경제제재라는 대북 지렛대의 힘을 빼버리는 것이라고 항의할 것이라고 예상하고 아예 미국에 남북정상회담 추진과 관련해 어떠한 공조도 취하지 않았던 것이다.

김대중 정부가 미국을 물 먹일 수밖에 없는 또 다른 이유는, 남북정상회담을 성사시키기 위해 미국이 21세기에 동북아에서 정치·군사적 헤게모니를 유지하는 데 가장 큰 변수로 인식해오고 있는 중국을 동원했다는 데서 찾을 수 있다.

앞에서 살펴본 바와 같이 김대중 정부는 2000년 초에 전 중국 최고 지도자 덩샤오핑의 장남인 덩푸팡을 통해 장쩌민 주석에게 김정일 국방위원장이 남북정상회담에 응하도록 설득해줄 것을 요청했다는 것이 국정원 등 대북 정보 당국 관계자들의 증언이다. 당시 장쩌민 주석 등 중국 지도부는 남북한이 정상회담을 통해 통일 등 한반도 문제를 자주적으로 해결한다고 합의할 경우 이는 중국이 가장 경계해오고 있는 미국의 대만 문제 개입을 근본적으로 막게 해 줄 수 있을 뿐만 아니라, 그 같은 합의는 중국의 동북아 헤게모니 장악에 있어서 장애물인 미국의 동북아 주둔 전력의 핵심인 주한미군의 철수로 이어질 수 있을 것으로 판단했던 것으로 전해졌다. 중국 지도부가 김대중 정부의 요청을 수용, 황쥐 상하이 당서기를 특사로 3월 5일 북한에 파견해 김정일 위원장을 설득한 것은 이 때문이다.

남북정상회담의 성사에 중국의 기여가 크다는 것은 미국에 맞춰져왔던 한국의 외교 중심축이 차츰 중국으로 이행하고 있다는 것을 의미하는 만큼 김대중 정부로서는 더욱더 남북정상회담의 추진 상황을 미국에 알려줄 수가 없었던 것이다.

그러나 한국이 사전에 알려주지 않았다는 것은 역설적으로 미국이 얼마나 첩보위성이나 고공 첩보기를 통해 수집하는 기술 정보 능력이 뛰어난지를 입증해주는 계기가 되었다. 슈워츠 사령관이 한국군 장성들과 가진 골프 모임에서 한 것으로 알려진 문제의 언급은, U-2 등 고공 첩보기나 KH-11 등 첩보위성 등을 통해 한반도뿐만 아니라 중국 동부 지역에 있는 개미 한 마리의 영상과 음성까지도 잡아내는 능력을 가진 주한미군이 당시 남북한이 중국 베이징과 상하이 등지에서 남북정상회담 개최를 위한 극비 협상을 벌여오고 있다는 것을 손바닥처럼 들여다보고 있었다는 사실을 간접적으로 뒷받침해준다고 볼 수 있다.

미국은 김대중 정부로부터 남북정상회담과 관련해 철저하게 '물

먹은' 데 대해 속으로는 분개했으나 2000년 4월 10일 남북한이 남북정상회담 개최 합의 사실을 발표하자 공식적으로는 환영의 의사를 표명했다. 미국은 남북정상회담이 북한을 국제 사회의 책임 있는 일원으로서 개혁과 개방에 나설 수 있도록 하는 데 기여할 수 있을 것이라는 형식적인 기대감만 표시한 것이다.

그러나 미국은 한국 정부가 북한에게 남북정상회담을 수용해준 대가로 막대한 경제적 지원을 해줌으로써, 북한의 핵과 미사일 개발을 중단시키기 위해 그동안 취해온 경제제재라는 지렛대의 힘이 빠져버릴까 봐 전전긍긍했다.

이는 남북정상회담 개최 합의가 발표된 2000년 4월 10일 직후 나온 스티븐 보스워스 주한 미국대사와 토마스 슈워츠 한미연합사 사령관 등이 한 발언에서 엿보인다. 보스워스 대사와 슈워츠 사령관은 각종 모임에서 한결같이 "한국은 경제 회복이 아직 안된 만큼 대북 지원을 자제해야 한다"는 의사를 밝혔다. 이 같은 발언은 한마디로 미국의 대북 경제제재라는 지렛대의 힘을 빼버리는 대북 경제 지원을 함부로 했다가는 가만히 있지 않겠다는 경고로 볼 수 있는 것이었다.

미국은 더 나아가 남북정상회담 개최 합의가 발표된 시점을 전후로 해서 확산되기 시작한 반미 여론의 배후를 내부적으로 김대중 정부를 지목하는 등 한미 양국 관계는 속으로 급속히 악화되어갔다. 실제 이때 한국전쟁 당시 노근리에서 발생한 미군의 양민 학살 의혹 사건이 미국 AP통신의 보도로 다시금 불거지고 주한 미 공군의 사격 연습 시설이 위치한 매향리 주민들의 미군 시설 이전 요구가 거세지면서 한국에서는 주한미군 철수 시위 등 반미 분위기가 확산되었다. 주한 미국대사관 내부 사정에 밝은 소식통에 의하면 당시 미 백악관은 주한 미국대사관에 '한국 내 반미 여론이 고조되는 데는 김대중 정부의 역할'이 크다는 내용의 문건을 보내 좀 더 철저한 대응을 지시했다고 한다. 당시 주한미군의 한 관계자들에 따르면 이 같은 '김대중 정부의 반미 여론 고무설(說)'이 나오게 된 데는 특히 매향리 사건이 계기가 되었다.

한 주한미군 관계자는 "매향리 주민들이 주한미군의 사격 연습으로 정상적인 삶을 영위할 수 없다고 항의하는 것은 이해하지만 이 같은 사태가 발생한 것은 한국 정부가 주한미군 사격 연습장 지역 주민들의 주거지를 다른 지역으로 이전시켜주어야 하는 원칙을 매향리 주민들에게도 적용했어야 하는데 그게 잘 이루어지지 않았기 때문이다"라고 주장했다. 매향리 사건은 이처럼 한국 정부가 해야 할 일을 하지 않아서 발생한 일인데 마치 주한미군이 잘못해서 일어난 것처럼 알려졌다는 것이 이 관계자의 지적이다. 이 때문에 반미 여론의 고조 책임은 일정 부분 김대중 정부에게 있다는 것이다.

다른 주한미군 관계자는 구체적인 의혹을 제기했다. 당시 반미 시위를 주도한 사람들이 주한미군의 발표가 없었음에도 매향리 사격 연습장에서 연습한 미군 공군기들이 어떤 기종이고 그 시점은 언제인지를 정확하게 알고 있었는데, 이는 한국 정부가 자료를 제공했기 때문에 가능했던 것이 아니냐고 이 관계자는 주장했다.

미국은 남북정상회담이 추진되는 것도 까맣게 몰랐던 데다 김대중 정부가 반미 여론까지 고조시키고 있는 의심할 만한 징후들이 나타나자 2000년 4월 8일 남북정상회담 개최 합의 발표 이후 더욱 한국 정부의 대북 움직임을 주목하기 시작했다.

2. 한미 관계는 마침내 '루비콘'을 건너고 말았는가

남북정상회담 개최 합의 사실을 고작 발표 하루 전에 통보해준 김대중 정부나 이에 분격한 클린턴 행정부 모두 발표 시점인 2000년 4월 10일 직후까지만 해도 겉으로는 아무런 문제가 없는 것처럼 움직이고 있었다.

그러나 그것도 잠시, 마침내 양국 관계가, 한번 건너면 되돌아올 수 없다는 루비콘을 건넜음을 입증하는 사태들이 연이어 터지기 시작했다.

그 첫번째 사태는 김대중 정부가 남북정상회담 개최 합의와 관련해 미국과 중국에 설명하기 위한 특사로 중국엔 외교통상부 이정빈 장관을 파견하기로 한 반면, 미국엔 반기문 차관(현 유엔총회 의장 비서실장)을 보내기로 결정한 것이다. 한국전쟁 때 참전하여 수많은 인명을 잃은 혈맹인 미국을 외교의 중심축으로 삼아왔던 한국이 한국전쟁 때 북한을 지원해 참전했던 중국엔 장관을 보내고 미국엔 차관을 보내기로 하자 그렇지 않아도 남북정상회담 추진과정에서 완전히 물 먹은 미국으로선 분노가 폭발하지 않을 수 없었으나 공식적으로 문제를 제기하지는 않았다.

그러나 국내에선 '어떻게 중국 특사보다 미국 특사가 격이 낮을 수 있느냐'는 비판적 여론이 제기되기 시작했다. 이에 대해 김대중 정부는 이정빈 장관은 장관 취임 인사차 워싱턴을 다녀온 지 얼마 안되었기 때문에 이 장관은 중국으로, 반 차관은 미국으로 가게 되었다고 해명했으나 설득력은 그다지 높지 않았다.

이처럼 2000년 6월 평양에서 남북정상회담이 개최되기로 결정되면서 한미 관계는 심상치 않게 돌아가고 있었다.

당시 한미간 갈등으로 비쳐질 만한 사실 관계는 모두 4가지였다.

- 4월 말 우리 정부가 남북정상회담을 설명하기 위해 중국에 이정빈 외교통상부 장관을 보낸 반면 최대 동맹국인 미국엔 반기문 차관을 파견한 것.
- 5월 7일 웬디 셔먼 미 국무부 대북정책 자문관이 방한해 "한미간에 긴밀히 협의해온 목표들이 남북정상회담에서 논의되길 기대한다"는 메시지를 전달했다는 것.
- 5월 8일 경기도 화성군 매향리 미군 사격장의 미 공군기 폭격 연습으로 인해 주한미군 철수 및 한미행정협정(SOFA) 전면 개정 여론 등 반미 여론이 고조되기 시작했다는 것.
- 5월 25일 총리, 장관 출신 등 '거물급'이 임명되어 오던 주미 대사에 초선 의원 출신에 16대 총선 공천 탈락자인 양성철 씨가 내정되었다는 것.

이들 4가지 사실 관계 중 한미 양국이 뭔가 갈등을 빚고 있음을 분명하게 뒷받침하고 있는 것은 웬디 셔먼 자문관의 방한이다.

당시 대미 대북 전문가들은 북한의 핵과 미사일 개발을 막는 것을 최우선 정책으로 삼고 있는 미 클린턴 행정부와 달리, 김대중 정부가 남북정상회담을 통해 대북 경제지원을 비롯한 남북경협의 확대에만 관심을 두어온 것이 한미간 갈등의 원인이 되고 있다고 지적했다. 이 때문에 클린턴 행정부로서는 남북정상회담에서 북한의 핵과 미사일 문제가 논의되어야 한다는 의사를 셔먼 자문관을 통해 김대중 정부에 전달했다는 것이 이들 전문가의 분석이었다.

사실 한국 정부는 4월 30일 미국을 방문한 반기문 차관을 통해 남북정상회담과 관련한 김대중 대통령의 친서를 클린턴 대통령에게 전달했다. 그런데 일주일 뒤에 미국은 느닷없이 셔먼 자문관을 한국에 파견했다. 이와 관련, 한 대북정책 당국자는 "클린턴 행정부가 남북정상회담에서 북한의 핵과 미사일 문제를 다루겠다는 의지가 전혀 들어 있지 않은 DJ의 친서에 대한 불만을 우회적으로 표명한 것으로 봐야 한다"고 지적한다.

김대중 정부에 대한 클린턴 행정부의 불만은 셔먼 자문관의 방한 일정에서도 나타났다. 셔먼 자문관은 3박 4일간의 체류 기간 동안 정재문(한나라당), 이동복(자민련), 한승수(민국당) 의원과 정몽준(무소속) 의원 등 야권 정치인들과 북한 문제의 권위자인 이상우 교수(서강대, 국제 정치) 등 학자들을 만나 한국 내 남북정상회담에 대한 비판적인 여론을 탐색한 것으로 확인되었다. 당시 셔먼 자문관을 찰스 카트만 미국 핵 대사(현재 KEDO 사무총장)와 함께 만났던 정재문 의원은 "셔먼 자문관이 김대중 정부에게 남북정상회담에서 북한의 핵과 미사일 개발 문제를 다루도록 '침을 놓으러 왔다'는 느낌을 강하게 받았다"고 지적했다.

이런 상황에서 김대중 정부로서는 셔먼 자문관의 요구를 외면하기 어려웠다. 당시 장재룡 외교통상부 차관보는 5월 8일 셔먼 자문관과의 협의에서 "(남북정상회담에서) 북한의 핵과 미사일 문제를 우리가 반드시 거론하겠다"고 약속한 뒤 "그러나 핵과 미사일 문제가 주의제가 되거나 그 문제의 해결방안을 논의하거나 후속 협의를 갖거나 하는 것은 어렵다"고 양해를 구한 것으로 전해졌다. 셔먼 자문관이 지난 5월 10일 한국을 떠나면서 가진 기자회견에서 "6월 정상회담에서 그동안 긴밀한 한미 공조와 협의를 통해 논의되어 온 목표들이 적절히 논의될 수 있을 것이라고 확신한다"고 언급할 수 있었던 것은 이 때문이다.

문제는 이로써 남북정상회담을 둘러싼 한미 관계가 더 이상의 갈등을 빚을 소지가 없어졌는가 여부이다.

한미간 갈등의 본질이 양국 정부가 북한의 핵과 미사일 개발을 저지하자는 공동 목표를 갖고 있다고 말하면서도 따로 놀고 있다는 것인 만큼 답은 '절대 아니다'라는 것이다. 당시 한 대북정책 당국자는 "요즘 미 클린턴 행정부의 처지에서 김대중 정부가 못마땅한 근본적인 까닭은, 미국이 북한에게 핵과 미사일 개발 프로그램을 포기하게끔 만드는 데 사용하고 있는 지렛대인 대북 경제제재의 효과를 김대중 정부가 무력화시키고 있다는 데서 찾을 수 있다"고 지적했다.

미 클린턴 행정부가 지난 1990년대 초반부터 북한의 핵과 미사일 개발을 저지하기 위한 수단으로서 경제제재 조치를 취하기로 한 것은 북한 경제가 취약하기 때문이었다. 미국은 북한이 핵과 미사일 개발을 포기한다고 약속하면 경제제재 조치를 해제할 계획이었다. 그러나 그 계획이 한국으로 인해 엉망이 되기 시작했다.

김대중 정부가 지난 1998년 말 현대에 금강산 관광사업을 허용해 막대한 경화(硬貨, hard currency)를 북한에 제공하더니, 2000년에 들어서는 3월 10일 독일 베를린자유대학에서 베를린선언을 발표해 사회간접자본 시설 건설 등 막대한 대북 지원을 약속하고 나섰고, 급기야 4월 10일엔 이 같은 대북 지원 등 남북경협을 본격화하기 위한 남북정상회담을 개최하기로 합의했다고 발표하고 나섰던 것이다.

한 대북 전문가는 "미국은 그동안 북한의 핵과 미사일 개발을 저지하는 것이 한미 공동 목표라는 것을 잘 아는 한국이 미국의 대북 경제제재를 무력화시키는 일련의 조치들을 취하자 배신감을 느낄 수밖에 없었을 것"이라고 지적했다. 이와 관련해 이상우 교수는 "미국이 고기 잡으려고 그물을 쳐놓았는데 한국이 그 그물에 구멍을 뚫어놓은 격"이라고까지 비유했다.

일본의 ≪아사히신문(朝日新聞)≫이 5월 27일 한국 정부 관계자의 말을 인용, "미국 정부가 남북정상회담을 앞두고 한국에 대해 북한의 핵 의혹, 미사일 등 대량 파괴 무기 문제가 해결되지 않는 한 경제지원을 극히 초보적, 제한적 수준에서 해야 한다는 점을 전달했다"고 보도한 것도 마찬가지 맥락에서 봐야 한다.

그렇다면 김대중 정부는 왜 대북 경제제재와 관련해 미 클린턴 행정부와 공조를 유지하지 않았던 것인가? 이와 관련, 한 대북정책 당국자는 "김대중 정부가, 북한의 핵과 미사일 개발 문제가 비핵확산조약(NPT)과 미사일기술수출통제체제(MTCR)를 강화해서 전세계에 대한 영향력을 유지하고자 하는 미국에게는 매우 중요하지만 남북 관계에서는 냉전구조의 해체를 통한 남북한의 평화적 공존이

더 중요하다고 판단하고 있기 때문"이라고 지적했다.

5월 8일 셔먼 자문관과의 협의 당시 외교통상부 관계자는 "북한의 핵과 미사일 문제를 거론하기는 하되 남북정상회담의 주의제로 삼기 어렵다"고 말한 뒤 "우리와 미국의 대북 목표가 틀리다"라고 언급한 것으로 전해졌다. 이는 미국의 대북정책 목표는 핵과 미사일 개발 저지이지만 한국의 대북정책 목표는 다른 것이라는 점을 보여준다. 그러나 한 대북 전문가는 "남북정상회담을 통해 어떻게든 한반도 평화 선언 등을 발표해 김 대통령이 김정일과 함께 노벨 평화상을 타려고 하는 것이 우리 정부의 대북정책 목표가 아닌가 하는 생각이 들기도 한다"고 지적했다.

문제는 북한의 핵과 미사일 개발을 저지하는 것이 미국만의 문제일 수가 없다는 것이다. 북한이 재래식 핵폭탄만 개발하더라도 남한은 심각한 핵 위협에 노출된다. 북한이 군용기에 핵폭탄을 싣고 언제든지 남한에 떨어뜨릴 수 있기 때문이다. 반면 이 경우 미국으로선 핵 위협이 되지 않는다. 미국 본토까지 핵폭탄을 실어 나를 대륙간탄도미사일이 없기 때문이다. 그러나 북한이 대륙간탄도미사일을 개발할 경우 미국 본토도 사정거리에 들어간다.

한 전문가는 "이래저래 북한이 핵과 미사일 개발에 성공할 경우 이는 남한과 미국 모두 심각한 핵 위협에 노출될 수 있다는 것을 의미한다"라고 지적하면서 "그런데도 북한의 핵과 미사일 개발 저지는 전적으로 미 클린턴 행정부의 몫으로 여기는 듯한 당시 김대중 정부의 일련의 행보는 도저히 납득하기 힘들었다"고 말하기도 했다.

5월 25일 한미 갈등을 부채질하는 사건이 있었다. 바로 홍순영 전 외교통상부 장관이 장관 출신으론 처음으로 주중 대사에 내정되고 총리, 부총리, 장관 출신의 실세들이 주로 임명되어왔던 주미 대사에 초선의원 출신인 양성철 의원이 내정된 것이다. 그러나 이번 재외 공관장 인사가 주변국들에 대한 우리 정부의 외교 중심이 미국에서 중국으로 이행하고 있다는 것을 입증하는 것은 아니었다. 그럼에도 외견상 주중 대사 자리가 주미 대사 자리보다 무게를 더 갖게 되었다는 지적만큼은 피하기 어려운 실정이고, 이 같은 사실은 당시 한미 관계의 주소를 상징적으로 보여준다고 하겠다.

그러다가 문제가 터졌다. 4월 30일 베이징을 방문, 중국 지도부를 만나 남북정상회담 개최 합의에 대해 설명한 이정빈 장관은 돌아오기 전에 중국 외교부로부터 대외비로 김정일 북한 국방위원장이 5월 29일 극비로 중국을 방문, 장쩌민 주석과 회담을 가질 예정이란 사실과 그 배경에 대해 통보를 받았는데 이로 인해 한국과 미국은 서로의 관계가 이미 루비콘을 건넜다는 것을 확인하게 된 것이다.

그렇다면 어떻게 '김정일의 방중 예정'이란 사실이 왜 한미 관계의 상태가 적색(赤色)임을 확인시켜주는 '리트머스 시험지'의 기능을 하게 된 것일까?

이정빈 장관이 귀국하자마자 김대중 정부는 주한 미국대사관을 통해 미국에 5월 29일 김정일의 방중 예정 사실을 알려줬다. 그러나 그뿐이었고 김정일 위원장의 방중 배경과 목적 등에 대해서는 아무런 언급을 하지 않았다.

이에 따라 미국은 한국과의 관계가 회복하기 어려운 지경에까지 이르렀다는 것을 다시금 인식하게 되었으나 김대중 정부는 아직도 그런 줄 모르고 있는 것으로 판단했다.

그래서 미국은 김대중 정부의 이 같은 '무지'를 일깨워준다는 방침을 정했다. 한국이 제아무리 북한과의 협상 등을 극비리에 추진하고 이를 알려주지 않는다고 하더라도 미국은 첩보위성과 고공 첩보기 등을 통해 수집되는 기술 정보와 각국에 파견된 정보 요원들과 그들의 협력자들을 통해 얻는 인간 정보를 통해 충분히 파악할 수 있는 능력을 갖추고 있다는 것을 알려주기로 한 것이다.

이 같은 방침에 따라 미국은 김정일이 5월 29일 열차로 극비리에 베이징을 방문했을 때 그가 베이징 역에 도착한 열차에서 내리는 것을 첩보위성으로 촬영한 뒤 이 사진들을 외교 채널을 통해 김대중 정부에 전달했다. 미국이 김정일의 방중 예정과 관련한 김대중 정부의 통보 내용에 대한 불만을 간접적으로 표출하는 사태가 발생한 것이다.

외부에 알려지지 않은 이 사태를 계기로 김대중 정부는 그제야 미국이 모든 것을 알고 있다는 것을 깨닫게 되었다. 그러나 그땐 이미 한미 관계가 루비콘을 건넌 지 시간이 꽤 지난 상황이었다.

3. 갈 데까지 가버린 국가정보원과 CIA 관계, 그 기막힌 과정

　존 사노(John Sano) 미 중앙정보국(CIA) 서울지부장은 2000년 6월 11일 오전 일찍 서울 남쪽 내곡동 국정원 청사를 '급습'했다. 전날 북한이 일방적으로 남북정상회담 일정을 하루 연기하자 어떻게든 빨리 임동원 국정원장 등 국정원 수뇌부를 만나 그 배경을 알아내고자 국정원 청사를 찾은 것이었다.

　1999년 7월 2일 부임한 존 사노(49) CIA 서울지부장은 1981년 주한 미국대사관 부영사로 비자 심사 업무를 담당했었고 1987년에는 대구 영남대에서 박사과정을 밟기도 하는 등 한국 경험이 풍부한 인물이다. 사노 지부장은 한국어 실력 또한 유창하다. 지난 7월 초 경찰청을 방문했을 때 경찰청 관계자들이 미대사관 통역사에게 통역을 부탁하려고 하자 한국말로 "그냥 합시다"라고 말해 주위를 놀라게 하기도 했다. 한국측 인사들을 더욱 놀라게 한 것은 그가 태권도 4단이라는 사실이다. 1981년 한국 근무 때 국기원에서 공인받은 것으로 전해졌다.

　그러나 사노 지부장은 별다른 성과를 거두지 못했다. 국정원의 한 관계자에 의하면 당시 그는 국정원 수뇌부로부터 한국 정부가 전날 북한이 실무 절차 준비 부족으로 하루 연기하자는 요구를 해왔다고 발표한 것을 다시 들었을 뿐이었다.

당시로선 외부에 전혀 알려진 바 없는 사노 지부장의 이 같은 국정원 청사 방문과 그 결과는 남북정상회담 직전의 한국과 미국 관계가 정보(intelligence) 부문에서도 루비콘을 건넌 지 오래라는 것을 상징적으로 보여준다. 김영삼 정부 때까지만 해도 대북 정보에 관한 한 굳은 우의(友誼)를 나누었던 CIA와 국정원은 김대중 정부 출범 이후 북한에 대한 양국 정부의 입장 차이로 점차 멀어지다가 남북정상회담을 계기로 사실상 형식적인 협력관계만 유지하는 관계가 되어버린 것이다.

실제 사노 지부장의 국정원 청사 '급습' 이후 CIA는 국정원과 대북 정보 공유를 비롯, 어떠한 협력도 하지 않는다는 방침을 세운 것으로 알려졌다. CIA 내부 사정을 잘 아는 대북 전문가에 의하면 CIA는 이 같은 방침을 유럽 국가들의 정보기관들에게도 통보, 국정원과 정보 협력을 자제할 것을 요청하기까지 했다고 한다.

미국은 이에 그치지 않고 김대중 정부의 주장대로 햇볕정책에 따라 북한이 대남 적화통일 전략을 폐기하고 한국과 평화공존하기로 했는지 검증 작업에 착수했다. 미국은 가장 분명한 검증 기준으로 북한이 김대중 정부 출범 이후 땅굴을 팠는지 여부를 확인한 것으로 알려졌다. 앞서의 대북 전문가에 의하면 미국은 지질 탐사용 항공기 등을 동원, 그해 말(2000년 12월경)에 휴전선 일대를 샅샅이 조사했고 이를 안 김대중 정부가 그 결과를 알려줄 것을 요구했으나 거부당했다. 더 이상의 땅굴은 없다는 김대중 정부의 일관된 부인과 달리 당시 미국은 몇 개의 땅굴을 발견한 것으로 전해졌다.

살얼음을 걷던 CIA와 국정원 간 관계는 급기야 2001년 7월 마침내 표면화됐다. 국정원은 3차장 산하 대북전략국(5국 국장 서영교) 소속 안 아무개 과장(3급 부이사관)이 대북 관련 정보를 주기적으로 접촉해온 CIA 서울지부 요원에게 누설했다는 혐의를 포착한 뒤 6월부터 내사에 착수하여 7월 23일 안 아무개 과장을 전격 파면한 것이다.

당시 국정원은 안씨가 외국 정보요원 접촉시 반드시 사전 사후 보고토록 되어 있는 데도 이를 게을리 했기 때문에 파면했다고 밝혔다. 국정원은 또, 안씨의 정보 유출 혐의를 구체적으로 입증할 수 없는 상황이긴 했지만 가장 높은 처벌인 파면으로 처리한 것은 조직 내 파급 효과를 우려했기 때문이었다고 덧붙였다.

그러나 안씨의 파면은 대북정책을 둘러싼 한미간 갈등과 이에 연동된 CIA와 국정원 간 알력으로 인한 결과라고 봐야 한다고 대북정보 소식통들은 지적했다

실제 국정원은 안씨가 파면되기 전 2년여 동안 미국 연수중 알게 된 문제의 CIA 서울지부 요원에게 자신이 맡아온 대북정책 관련 중요 정보를 제공했다는 혐의를 두었던 것으로 전해졌는데, 문제의 중요 정보란 '김정일 답방이 5월에 이뤄지며, 남북한은 이때 평화 선언을 발표하기로 합의하고 이미 수차례에 걸쳐 초안을 교환했다'는 내용이라고 한다. 국정원이 안씨의 정보 누설 혐의를 내사하게 된 계기는 일본 ≪요미우리 신문≫이 미 정부 소식통을 인용해 3월 14일 이 정보를 핵심으로 하는 보도를 하면서부터인 것으로 알려졌다. 당시 국정원으로선 물밑에서 추진되던 극비 사안이 워싱턴에서 노출되자 경악했고 직원들에 대한 보안 감시 활동에 착수, 안씨가 미 정보요원들과 접촉하는 현장 등에 대한 사진 촬영까

지 다 끝내고 감찰 조사에 들어갔다고 한다.

 흥미로운 사실은 안씨가 임동원 통일부 장관이 1999년 12월 국정원장으로 옮기면서 통일부에서 데려간 인물이라는 점이다. 햇볕정책의 전도사로 자처하는 임 장관이 통일부에서 국정원으로 데려가서 쓸 정도로 중용(重用)해온 관료가 햇볕정책에 제동을 걸려 하는 미국에 정보 협조를 해왔다는 혐의로 파면을 당했다는 것은 아이러니가 아닐 수 없는 것이다.

 그러나 당시 CIA 서울지부는 안씨가 '벤김'이라는 CIA 서울지부 요원에게 김대중 정부의 대북 정보를 제공했다는 국정원의 주장에 항의한 것으로 알려졌다. 이와 관련, 존 사노 CIA 서울지부장은 최명주 국정원 1차장을 만나 항의 메시지를 전달했다. 그러나 CIA는 벤김을 미국 랭글리 소재 본부로 소환했다. 벤김은 한국계 미국인으로 CIA 내 한국계 요원 중 최고위직인 것으로 알려졌다.

 안씨의 이 같은 혐의가 사실이든 아니든 간에 이 사건은 국정원이 김대중 정부가 추진해온 햇볕정책, 특히 남북정상회담 추진과정 등에 대한 일체의 정보를 CIA에 협조하지 않았고 그후 김정일 답방과 관련한 남북한간 극비 협상 내용에 대해서도 계속 물 먹인 결과 CIA 등 미 정보기관들이 어떻게든 국정원의 대북전략을 빼내기 위해 치열한 첩보전을 벌여왔다는 것을 반증하는 것이다.

 1998년 김대중 정부가 출범하면서 한미 양국간 대북 인식 차이에 따라 차츰 사이가 멀어지던 국정원과 CIA가 본격적으로 반목하게 된 계기는, 1999년 중반부터 국정원이 극비리에 신분을 위장시켜 중국 동북 3성 지역에 파견한 정보요원들이 어떻게 된 노릇인지 중국측에 고스란히 노출되어 추방당하는 사태가 발생하기 시작하면서 대북 정보를 핵심으로 하는 해외 정보 수집망에 큰 차질이 빚어진 것이다.

국정원이 미국 CIA나 일본 내각 정보 조사실 등 우방국들의 정보 기관들보다 대북 정보에서 경쟁력을 가졌던 것은 바로 동북 3성을 중심으로 활동해온 '블랙(black, 신분을 민간인으로 바꾼 요원)'들의 활약 덕분이다. 대북 정보에 관한 한 첩보위성 등을 활용한 기술 정보보다 인적 정보에 의존해온 셈이다. 그런데 이들 중 절반 가까이가 1998년 초반부터 1999년 여름까지 중국 정부에 의해 강제 출국되거나 재입국 불허 조치를 당했던 것이다. 이에 따라 국정원의 대북 인적 정보 수집망은 큰 타격을 입게 되었다.

사태 초기에 국정원은 중국 정부에 협조를 요청함과 동시에, 중국 동북 3성에 파견 예정인 요원들을 더욱 완벽하게 민간인 신분을 취득하게 하면 머지 않아 대북 인적 정보 수집망을 복원할 수 있을 것으로 기대했었다. 실제로 1998년 봄에 당시 이종찬 안기부장(1999년부터 국정원장)은 극비리에 베이징으로 날아가 중국측 카운터파트인 국가안전부장에게 협조를 당부했고 중국측으로부터 긍정적인 답변을 얻어냈다.

그러나 중국의 강제 출국 조치가 계속 이어져 국정원은 내부에서 누군가 이들의 명단을 중국 정부에 알려주는 것이 아닌가 하는 의혹까지 갖게 되었던 것으로 알려졌다. 문제는 그 배후가 CIA일지도 모른다는 근거들이 확보되었다는 것이다. 국정원 관계자들에 따르면, 당시 CIA가 국정원의 내부 협력자를 통해 이들 정보요원의 명단을 입수해 중국 당국에 유출했다는 혐의를 뒷받침하는 몇 가지 근거들이 발견되었다.

이에 따라 국정원은 문제의 CIA 협력자를 색출하기 위해 내부 감찰을 벌이기도 했었다는 것이 한 관계자의 증언이다. 국정원 내부에서는 한때 문제의 CIA 협력자가 상당히 고위 간부일 것이라는 분석이 우세했던 것으로 알려졌다.

문제는 국정원이 제기하는 의혹대로 CIA가 중국에 파견된 국정원 소속 정보요원들의 강제 출국이나 입국 거부 사태의 배후일 경우, 그 의도가 무엇이냐는 것이다. 이와 관련해 한 대북정책 당국자는 북한 핵 문제를 비롯한 주요 한반도 문제를 둘러싸고 미 행정부는 가끔 우리 정부가 내놓는 대북 정보로 인해 많은 곤란을 겪었다는 점을 먼저 염두에 둘 필요가 있다고 지적했다. 즉, 미국은 국정원이 정보요원이나 귀순자들로부터 얻은 인적 정보를 통해 새로운 사실을 제시하는 바람에 지금까지 한반도 전략에 차질을 빚어왔다는 것이다.

지난 1994년 귀순자 강명도 씨가 기자회견에서 "북한이 이미 5개의 핵폭탄을 갖고 있으며 (같은 해) 연말까지 추가로 5개를 더 개발할 것"이라고 폭로한 사례가 대표적이라고 이 당국자는 지적했다. 당시 미국 클린턴 행정부는 북한 당국과의 제네바 핵 협상을 타결하는 데 총력을 기울이고 있었는데, 강씨의 발언이 나오자 공화당을 비롯한 미국 내 보수세력이 클린턴 행정부의 대북전략을 강도 높게 비판하기 시작했다. 당시 미국 안보정책센터의 프랭크 가프니 소장은 "강씨의 발언대로 북한은 이미 상당량의 플루토늄을 추출했을 가능성이 높은데도 김정일을 구슬려 향후 핵개발 계획을 동결시키겠다는 클린턴의 전략은 부적절하다"고 비난하기도 했었다.

당시 미 클린턴 행정부의 고위 당국자들은 보수세력의 이 같은 비난에 직면하자 CIA가 입수하지 못한 대북 인적 정보를 통해 '안짱다리를 거는' 국정원에 엄청난 반감을 갖게 되었다고 앞서의 대북정책 당국자는 전했다.

미국은 첩보위성이나 고공 정찰기를 통해 북한에 관한 각종 영상 정보를 입수하여 북한 내부 동향을 외형에 관한 한 손금 보듯이 파악하고 있는데, 국정원을 중심으로 한 한국 정부의 대북한 인적 정보체계를 견제한다면 한반도 문제의 정보 수집에서 독주할 수 있을 것으로 판단했을 가능성이 높다는 것이다.

국정원의 한 관계자는 CIA는 몇 년 전부터 나름대로의 인적 정보 수집 체계를 확보하기 위해 재미 동포 사업가나 학자들을 북한에 자주 방문하도록 해 이들로부터 고급 대북 정보를 입수해왔다고 밝혔다. 그 결과 CIA의 대북 인적 정보 수준이 최근 상당히 높아진 것으로 보인다고 이 관계자는 덧붙였다.

CIA 서울지부 소속 23명의 요원들도 국정원의 대북 인적 정보를 빼내는 데 역점을 두고 있는데, 이들도 국내 정보기관들과 미묘한 협력관계와 대립을 되풀이하고 있다고 이 관계자는 밝혔다.

대북 정보에서 이니셔티브를 쥐기 위한 국정원과 CIA 간의 경쟁은 급기야 국정원의 정보시스템 재구축 작업 시도로 이어졌다. 1999년 들어 국정원은 전신인 중앙정보부가 지난 1961년 창설된 이래 줄곧 고수해온 자체 정보요원들에 의한 정보 수집 시스템을 폐기하고 새로운 시스템의 채택을 고려하기 시작했던 것이다.

당시 국정원의 한 고위 관계자는 "새로 구축될 가능성이 높은 정보 수집 시스템은 일본 총리 직속 정보기관으로 '나이초(내조)'라고 불리는 내각 정보 조사실을 주로 벤치 마킹한 것"이라고 말했다. 나이초는 정보 수집 인력이 160여 명으로 해외 정보를 각국에 상주하는 언론인, 기업인, 유학생 등에 의존하고 있다. 나이초는 외국 정보를 자체 정보요원들에게 의존하지 않지만 정보 수준에서는 국정원이나 미국 중앙정보국(CIA)에 뒤지지 않는다는 평가를 받고 있다.

한국에 관한 정보의 경우, 나이초는 주한 일본대사관으로부터 받고 있는데 주로 일본대사관이 주재하는 일본 언론사 서울지국장 모임(목요일)이나 일본 증권사 서울지점장 모임(화요일) 등에서 정보를 취합하고 있는 것으로 알려졌다. 일본 육상자위대의 조사 2국인 '니베쓰'는 각국 일본대사관으로부터 군사 정보를 제공받고 있기도 하다.

국정원이 이 같은 개혁을 처음 구상하기 시작한 시점은 1999년 3월경이다. 당시 이종찬 신임 안기부장과 나종일 제1차장이 21세기의 정보전에서 살아남기 위해서는 새로운 정보 수집 시스템을 개발하는 것이 시급하다고 인식했기 때문이다. 이에 따라 국정원은 1999년 초 대북전략국, 대북공작국, 대공수사국 등의 관계자들을 모아 태스크 포스팀을 구성, 일본식 나이초 시스템의 장점을 토대로 새로운 정보 수집 시스템을 개발하는 프로젝트를 추진하기 시작했던 것이다.

이 관계자는 국정원이 나이초의 정보 수집 시스템에 애착을 갖는 것은 아무리 유능한 훈련 요원들이라 해도 해외에서 유학생이나 학자, 상사원들보다 나은 정보를 수집하기가 힘든 현실 때문이라고 지적했다. 이 관계자는 "새로운 정보 수집 시스템을 구축하기 위해 외교통상부와의 긴밀한 협력관계를 다질 필요가 있다"고 밝혔다. '나이초'가 각국의 일본 대사관들로부터 정보를 제공받기 위해 외무성과 긴밀한 유대관계를 맺고 있는 것과 비슷하다.

이 프로젝트에 깊이 관여하고 있는 여권의 한 핵심 인사에 따르면 새로운 정보 수집 시스템은 교수, 언론인, 기업인 등 민간에서 보유한 국내외 정보를 최대한 활용하기 위한 방안도 포함하고 있다고 한다.

이 같은 정보 수집 시스템의 개혁과 함께 국정원은 정보요원 선발방식을 공채방식에서 MI6 및 MI5 등 영국 첩보기관들이 각계각층의 유력인사들로부터 유능한 인력을 추천받아 정예화하는 방식처럼 전환하는 것을 고려하기도 했다.

4. 올브라이트의 전격 방한(訪韓), 리무진 대화 때문인가

남북정상회담을 계기로 한미 관계가 마침내 루비콘을 건넜음을 보여주는 가장 상징적인 사건은 2000년 6월 23일 메들린 올브라이트 미국 국무장관의 전격적인 방한이었다.

올브라이트의 방한은 당시 황원탁 청와대 외교안보수석이 대통령 특사 자격으로 6월 16일 방미, 클린턴 대통령 등 미국의 주요 대북정책결정자들에게 남북정상회담의 결과를 설명하고 돌아온 지 일주일 만에 이루어졌다.

외교 관례상 특사를 통해 전해들은 사안을 좀더 파악하기 위해, 그것도 특사가 돌아간 지 일주일도 안돼 해당 국가에 고위 외교사절을 파견하는 것은 좀체 없는 일이었다. 이 때문에 그녀의 방한은, 클린턴 행정부가 황 수석의 설명에도 불구하고 풀리지 않는 의문들을 갖게 되었고 이런 의문들을 푸는 길은 김대중 대통령으로부터 직접 확인하는 길밖에 없다고 판단한 결과 이루어졌을 것이란 추측을 낳기에 충분했다.

그렇다면 올브라이트가 웬디 셔먼 대북정책 조정관과 스탠리 로스 국무부 차관보 등을 대동하고 방한한 실제 목적은 무엇이었을까?

양국 정보 당국 소식통들에 의하면 앞서의 추측 그대로였다.

그러나 방한한 올브라이트 일행이나 이들을 맞는 김대중 정부나 공식적으로는 앞서의 추측, 즉 클린턴 행정부가 남북정상회담과 관련해 주한미군 문제와 북한의 핵 미사일 문제 등에 대해 김대중 정부에 석연치 않은 의문들을 갖고 있고 이에 대해 김대중 정부도 불편해하고 있다는 것을 드러내지는 않았다.

특히 올브라이트의 공식적인 수사(修辭)는 은유적이었다. 그녀는 6월 23일 도착 직후 당시 이정빈 외교통상부 장관과 회담을 갖고 나서 김 대통령을 예방, "남북정상회담은 매우 흥미로운(exciting) 일로서 미국뿐 아니라 전세계가 놀랐다"고 평가했다. 이 같은 수사가 은유적인 까닭은, 이 문장 안에 미국이 남북정상회담을 어떻게 평가하는지에 대한 속내가 외교적 표현이라는 옷을 입고 고스란히 숨어 있기 때문이다. 즉, '매우 흥미로운'이나 '미국뿐 아니라 전세계가 놀랐다'는 등의 표현은 클린턴 행정부로서는 김대중 정부가 미국과 상의도 않고 전격적으로 '저지른' 남북정상회담 결과 동북아시아에서의 미국의 이해가 어떻게 될지 매우 우려하며 지켜보고 있다는 것을 의미했다.

물론 김대중 정부의 외교 당국도 마찬가지로 은유적인 수사로 대응했다. 당시 외교통상부의 한 관계자는 "현시점에서 올브라이트 국무장관의 방한은 한미 공조가 잘되고 있다는 것을 의미하는 반면에, 그만큼 양국이 신경 쓰고 조정해야 할 점이 많다는 것을 시사한다"고 말했다.

그러나 이런 수사들만으로는 올브라이트 일행과 김 대통령 간에 남북정상회담의 진실을 둘러싸고 어떤 질문과 답변이 오갔는지 가늠할 수 없다.

대체 미국이 김 대통령에게서 직접 듣고 싶어했던 의문은 무엇이었을까?

한미 양국 정보 소식통들에 의하면 클린턴 행정부가 올브라이트 국무장관과 김 대통령의 면담을 통해 가장 확인하고 싶어했던 것은 6월 13일 평양 순안공항 도착 직후 김 대통령이 김정일 북한 국방위원장과 단둘이 리무진을 타고 백화원 초대소로 가는 45분 동안 나눈 이른바 '리무진 대화'의 내용이었던 것으로 전해졌다.

남북정상회담 직후 국정원 관계자들은 남북한 당국은 김 대통령과 김정일 위원장을 리무진에 동승케 해 대화를 나누게 함으로써 미국의 감청을 차단하는 데 완벽하게 성공했다고 밝혔다. 남북한으로선 미국이 어떤 곳이든 위성을 통해 자유자재로 감청할 수 있기 때문에 움직이는 리무진의 경우 그 같은 감청이 힘들다고 판단하고 '리무진 대화'를 생각해냈는데 그게 성공을 거두었다고 자체 평가를 내렸다는 것이다.

국정원의 이 같은 평가대로라면 김대중 정부로선 '리무진 대화'의 내용을 궁금해하는 클린턴 행정부에 적당하게 둘러대도 그만이다.

그러나 그게 반드시 그렇지만은 않을 수도 있다는 지적이 있다. 앞서의 양국 정보 소식통들에 의하면 미국은 국정원의 평가와 달리 문제의 리무진 대화를 감청하는 데 성공했고 올브라이트 국무장관이 6월 23일 김 대통령을 면담하기 위해 방한하기에 앞서 미국 정보기관이 확보한 리무진 대화록의 영어 번역본을 확인했다는 것이다.

김 대통령과 올브라이트 장관 간에 오간 대화는 훗날 자세하게 밝혀지겠지만 리무진 대화를 비롯한 여러 의문과 관련해 올브라이트 장관이 김 대통령으로부터 만족할 만한 답변을 듣지 못한 것은 사실인 것으로 보인다.
　실제 두 사람간의 면담 분위기가 청와대의 공식 발표와는 달리 그다지 유쾌하지 않았다는 증언이 있다. 김영삼 정부 때 고위직을 지낸 한 인사에 의하면 당시 면담이 끝난 뒤 청와대 관계자가 '분위기가 좋았다'고 발표했는데 나중에 이를 전해들은 올브라이트 장관이 꽤나 불쾌하다는 반응을 내비쳤다는 것이다.

5. 부시가 한국의 대북 라인 교체를 요구한 까닭

루비콘을 건너기 시작한 한미 관계는 미 대선에서 부시 공화당 후보가 당선되면서 클린턴 행정부 때보다 훨씬 심각해질 것이란 예상이 높았는데 이 같은 예상은 의외로 빨리 들어맞았다. 2001년 1월 중순 부시 대통령의 취임식 직후 미국은 한국에 대북 라인 교체 요구 메시지를 전달, 자국과 긴밀한 협조 없이 일방적으로 대북 포용정책을 펴온 김대중 정부를 사실상 불신한다는 입장을 밝힌 사태가 발생한 것이다.

한국 정부의 한 관계자는 "2001년 1월 19일 당시 국무부 부장관으로 내정돼 있던 리처드 아미티지 국무부 부장관 내정자(현 국무부 부장관)가 부시 대통령의 취임식 참석차 방미중이던 집권 여당의 한 고위 관계자를 만난 자리에서 '한국 정부의 현 대북 라인이 교체될 때가 온 게 아니냐'고 말했다"고 밝혔다. 이 관계자는 "당시 아미티지 지명자는 우리 정부의 대북 라인이 누구인지를 구체적으로 언급하지 않았다"면서 "그러나 '대북 라인'이란 용어는 '대북정책 결정자들'이란 의미로 당시 임동원 국가정보원장(현 대통령 통일외교안보 특보)과 박재규 통일부 장관을 지칭했다"고 전했다.

이 같은 사실은 며칠 지나지 않아 즉각 우리 정부의 대북정책 당국에 의해 파악됐다. 앞서의 정부 관계자는 "당시 임동원 국정원장이 이정빈 외교통상부 장관이 미국을 다녀온 다음날인 지난 2월 11일 방미했는데, 그가 모양새가 좋지 않은 데도 이 같은 미국 방문을 강행한 데는 이런 배경이 작용했다고 본다"고 말했다. 임 원장이 이 장관이 방미를 마치고 돌아오자마자 워싱턴 방문에 나선 것은 이 장관이 방미중에 부시 행정부 관계자들로부터 김대중 정부의 대북정책과 관련 임 원장만이 답할 수 있는 질문을 받았기 때문이기도 하지만 아미티지 내정자의 메시지도 그의 방미를 재촉했다는 것이다.

당시 임 원장측은 방미 성과는 좋았다고 자체 평가했다. 정부 관계자들에 의하면 임 원장은 2월 17일 귀국 즉시 청와대로 가 김대중 대통령에게 부시 행정부의 고위 당국자들과 조지 테닛 CIA 국장 등과의 면담 결과가 좋았다고 보고했다.

이는 김대중 정부가 임 원장과 박 장관을 비롯한 대북 라인을 교체하지 않았다는 데서 간접적으로 확인됐다. 물론 김 대통령은 3월에 박 장관을 경질하고 임 원장을 통일부 장관으로 재기용했으나 대북 라인의 핵심인 임 원장은 건재한 것이다.

그러나 미국의 대북 정보 관계자들과 밀접한 관계를 맺고 있는 한 소식통은 "임 원장의 방미에도 불구하고 부시 행정부의 대북정책 결정자들은 임 원장 등 김대중 정부의 대북 라인에 대한 불신을 털어버리지 못했다"고 말했다. 이와 관련, 임 원장도 지난 2월 20일 국회정보위에 출석, "(테닛 국장 등과 만나보니) 미국이 북한의 미사일 문제에 대해선 검증이 쉽지 않은 점을 지적하는 등 심각하고 강경한 입장이었으며 북한에 끌려가선 안된다는 입장을 보이는 등 한미 정보 당국간 대북 문제에 대한 시각 차가 있었다"고 밝힌 것으로 언론에 보도됐다.

부시 대통령의 취임식 직후 아미티지는 한화갑 민주당 의원(현 민주당 대표)과 미팅을 가졌는데 당시 국내 일부 언론은 아미티지가 이 미팅에서 "한국 정부가 '햇볕정책(sunshine policy)'이라는 용어를 쓰지 않았으면 좋겠다"면서 "김대중 정부가 지금까지 남북 관계에 정권의 운명을 걸고 있어 (햇볕정책이) 실패했을 때의 부담이 크다"는 등의 발언을 했다고 보도하여 파문을 일으켰다.

클린턴 행정부 때와 마찬가지로 부시 행정부 들어서 미국은 김대중 정부의 대북정책에 대한 의혹의 눈길을 거두지 않았다. 아니 오히려 경계를 더욱 강화하기 시작했다. 김대중 정부가 지난 1998년 11월 현대의 금강산 관광사업을 허용한 데 이어 2000년 6월 남북정상회담을 전후로 대북 경제지원을 서두르자, 미국이 북한의 핵 미사일 개발을 막기 위해 반드시 필요하다고 본 경제제재라는 지렛대(leverage)의 힘을 한국이 빼버리고 있다고 판단했기 때문이다.

그나마 클린턴 행정부 때는 대북 포용이라는 공동 목표 때문에 김대중 정부의 이 같은 행태를 참아 넘겼다. 그러나 부시 행정부 들어 파월 국무장관이나 럼스펠드 국방장관 등은 북한이 핵 미사일 개발을 중단하고 개혁·개방으로 나아간다는 것이 명확해지지 않으면 어떠한 대북 지원도 해서는 안된다는 입장을 표명하기 시작했다.

실제 김대중 정부는 대북 라인 교체 요구를 피하는 데 성공했으나 부시 행정부의 이 같은 뿌리깊은 불신으로 인한 '화(禍)'로부터 벗어나진 못했다. 2001년 3월 7일 워싱턴에서 개최된 한미정상회담에서 김대중 대통령은 부시 대통령으로부터 "북한을 포용해야 한다는 데는 입장을 같이하지만 북한이 핵 미사일 개발 계획을 포기하고 휴전선에 집중 배치한 병력과 재래식 무기를 감축하는 등 변화를 하지 않으면 대북 지원은 절대 불가하다"는 사실상 김대중 정부의 대북정책을 비판하는 말을 들어야 했던 것이다.

 김 대통령은 또, 방미 자격에서도 설움을 톡톡히 당했다. 당초 한국 정부는 김 대통령의 방미를 국빈 방문(state visit)으로 하고자 했으나 부시 행정부는 실무 방문으로 하자고 고집했던 것이다.

6. 한국과 미국의 대북정책, 무엇이 다른가

한미 관계가 2001년 3월 7일 워싱턴에서 개최된 한미정상회담을 계기로 남북정상회담 전후로 이미 루비콘을 건너버렸다는 사실은 불문가지(不問可知)가 되었다.

한미정상회담에서 대북 포용정책의 필요성을 역설하는 김대중 대통령에게 부시 미 대통령이 "북한이 변화하고 있는지에 대해선 회의적"이라며 "북한이 핵 미사일 개발을 중단하더라도 이를 검증할 때까지 어떠한 대북 지원도 해서는 안 된다"고 말해 김 대통령의 햇볕정책을 비판한 마당에 양국 정부는 더 이상 대북정책에 있어서 파탄지경에 이른 양국 관계의 실상을 감출 수가 없었던 것이다.

그러나 한미 관계의 이 같은 실상은 양국의 대북정책 명칭에는 반영되지 않아 적지 않은 혼란을 초래했다.

김대중 정부는 대북정책의 기조로 삼아온 '햇볕정책(sunshine policy)'을 '대북 포용정책'으로 호칭하면서 미국의 대북정책도 '포용정책'이라고 부르고 있는 데 대해, 대북 인식에 있어 현격한 차이를 보이는 양국의 대북정책 명칭이 어떻게 똑같을 수 있느냐는 비판이 제기되기 시작했던 것이다. 햇볕정책이 북한의 김정일 정권에 경제적 지원을 제공해 그 대가로 전쟁을 억제하는 것을 의미한다는 점에서 김대중 정부의 대북정책을 포용정책(embracement policy)이라고 할 수 있으나, 북한이 핵과 미사일 개발 계획을 포기하지 않는 한 어떠한 지원도 할 수 없다는 입장을 고수하고 있는 부시 미 행정부의 대북정책은 대북 포용정책이라고 할 수 없는 것이다. 그렇다고 해서 부시 행정부의 대북정책을 클린턴 행정부 때부터 미국의 대북정책 명칭으로 사용해온 'engagement policy'대로 '개입(介入)정책'이라고 부르는 것도 정확하지 않다.

당시 부시 미 행정부의 대북정책의 우리식 표현이 정확하게 무엇인지에 대한 의문이 제기된 것은 이 때문이다.

이에 대한 답은 한미정상회담이 끝난 지 20여 일 만인 3월 26일 미국 고위 관리가 내놓았다. 이날 한·미·일 대북정책 감독조정회의(TCOG) 참석차 한국을 방문한 토머스 허바드 당시 미 국무부 동아태 담당 부차관보(현재 주한 미 대사)는 부시 행정부가 현재 대북정책 용어로 사용하고 있는 '개입 또는 관여(關與)정책'이란 의미를 지닌 'engagement policy'의 한국어 표현은 '포용정책'이 아닌 '접근(接近)정책(apporoach policy)'이라고 밝힌 것이다.

이 같은 사실은 당시 허바드 부차관보가 정재문 한나라당 국제위원장과 가진 회동에서 밝혀졌다. 정 의원에 따르면 허바드 부차관보는 "클린턴 행정부에 이어 부시 행정부의 대북정책 용어로 쓰이는 'engagement policy'가 한국에서 '포용정책'으로 옮겨지는 데 대해 논란이 많은데 이의 정확한 한국어 표현은 무엇인가?"란 질문에 "우린 '접근정책'이라고 본다"고 대답했다. 그후 허바드 부차관보는 주한 미 대사로 부임했다.

그 같이 보고 있는 근거와 관련 당시 허바드 부차관보는 "아직 검토중이긴 하지만 부시 행정부의 대북정책 기조는 북한을 고립시키지 않는다는 것과 북한이 협상을 제의하면 응한다는 것 등 두 가지"라고 말했다고 한다. 미국의 대북정책은 이처럼 북한에 한번 접근해보겠다는 것인 만큼 부시 행정부의 대북정책은 한국어로는 접근정책이라고 표현하는 것이 맞다는 것이다.

당시 이 자리에 동석했던 한 인사는 "허바드 부차관보의 말을 들으면서 부시 행정부가 자신들의 대북정책을 김대중 정부가 영어로 'embracement policy'란 의미의 '포용정책'으로 옮기고 있는 데 대해 불만을 갖고 있다는 느낌을 가졌다"고 말했다. 허바드 부차관보와 동행한 주한 미대사관 고위 관계자에게서 북한의 핵 미사일 개발 포기 여부에 대한 확인도 없이 대북 지원을 하고 있는 김대중 정부의 대북정책이야 '포용정책'이라고 부를 수 있어도, 북한의 핵 미사일 개발 포기 여부에 대한 확인 절차 없이는 어떤 대북 지원도 할 수 없다는 부시 행정부의 대북정책을 '포용정책'으로 호칭할 수는 없다는 입장이 읽혀지더라는 것이다. 대북정책을 둘러싸고 한미간 갈등이 처음으로, 그것도 분명하게 노정된 2001년 3월 7일 워싱턴에서 개최된 한미정상회담 직후 발표된 공동선언문의 한국측 발표문엔 부시 행정부의 대북정책을 지칭한 'engagement policy'가 '포용정책'으로 옮겨져 있다.

대북정책 용어를 둘러싼 한미 간 이견은 리처드 아미티지 현 미 국무부 부장관이 2001년 1월 19일 부시 대통령 취임식 참석차 방미중인 한화갑 민주당 의원을 만난 자리에서 "김대중 정부의 대북정책 명칭은 '햇볕정책'이 아니라 'engagement policy'가 맞다"고 말한 것이 알려지면서 불거지기 시작했다. 아미티지 부장관은 지난 해 3월 발표한 자신의 대북정책 보고서인 이른바 「아미티지 보고서」에서 김대중 정부의 햇볕정책(sunshine policy)에 대해 "지금은 'engagement policy'로 알려진 것"이라고 설명한 뒤 김대중 정부의 대북정책을 'engagement policy'로 계속 불렀다.

7. '페리 보고서'와 '아미티지 보고서'에 담긴 대북전략

"나는 당신 말을 믿지 않는다(I don't believe you)."

이 말은 2001년 3월 7일 워싱턴에서 열린 한미정상회담 도중 나온 것으로 알려졌다. 당시 이 회담에 배석했던 한 소식통에 의하면 이 말을 한 쪽은 조지 W. 부시 미국 대통령이고 들은 쪽은 김대중 대통령이라고 한다. 혈맹이라던 한국과 미국 정상 사이에서 신뢰가 무너진 인간관계나 국가관계에서나 쓰이는 표현을 주고받은 것이다.

당시 부시 대통령이 이 같은 말을 한 때는 남북정상회담 이후 김대중 대통령이 북한의 김정일 정권이 긍정적인 방향으로 변화하고 있다는 견해를 밝히고 있었던 때였던 것으로 전해졌다. 문제는 이 말 한마디가 부시 대통령이 북한의 변화 가능성을 믿지 못하겠다는 것을 의미했고 그 순간 김 대통령의 방미 목적은 수포로 돌아갔다는 사실이다. 즉, 김 대통령은 클린턴 전 대통령의 후임으로 취임한 지 달포 정도 지나는 동안 북한에 대해 강경한 입장을 취할 것으로 알려진 부시 대통령을 설득하면 햇볕정책에 대한 지지를 얻을 수 있을 테고 그렇다면 김정일의 서울 답방을 그해 상반기에 성사시킬 수 있을 것이라고 기대했었으나 그 기대가 무산된 것이다.

2000년 6월 13일 평양 남북정상회담을 계기로 대북정책을 둘러싼 갈등으로 인해 사실상 '루비콘을 건넜다'는 평가를 받아오던 한미 관계에 아예 '관 뚜껑에 못을 박게'된 것은 이처럼 김대중 대통령과 부시 대통령 간에 개최된 한미정상회담에서였다.

'마지막 못질'은 회담 직후 백악관 뜰에서 열린 공동 기자회견에서 이루어졌다. 여기서 부시 대통령은 공개적으로 이견(異見)을 표명하고 나섰던 것이다. 당시 부시 대통령은 김 대통령을 곁에 두고 "북한의 지도자(김정일 국방위원장)에 대해 조금의 회의감(some scepticism)을 갖고 있다"고 밝혔다. 그는 이어 "북한을 다루는 데 있어 문제는 투명성이 없다는 것"이라면서 "우리가 (북한과) 어떤 합의를 이뤄도 한반도 평화 보장을 위한 검증이 있어야 한다는 점을 (한미정상회담에서) 논의했고, 우려를 표명했다"고 덧붙였다. 요컨대 부시 대통령의 메시지는 '김정일 위원장이 과연 진심으로 한반도 평화 정착을 원하는지 회의적이기 때문에 북한과의 모든 합의는 검증되어야 하며 현재 검증 절차 없이 이루어지고 있는 남북 대화나 접촉에 대해 우려한다'는 경고였다.

사실 한미정상회담이 개최되기 전에 이미 한미 관계가 루비콘을 건너는 것을 면밀하게 주시해온 국내외 전문가들간엔 회담 결과가 이처럼 나타날 것이라는 예측이 지배적이었다. 단지 김대중 정부의 외교안보팀 관계자들만이 근거 없는 낙관을 했을 뿐이었다. 당시 한 소식통은 "회담 며칠 전 외교 당국의 한 고위 관계자를 만났더니 부시 행정부가 북한을 불신해 우리 정부의 햇볕정책에 대해서도 부정적인 것으로 보이지만 이는 김 대통령이 설득하면 해결될 수 있다고 말해 솔직히 어이가 없었다"고 했다.

그러나 3·7 한미정상회담은 내용적으론 한미 관계가 대북정책과 관련해 돌이킬 수 없는 상태라는 것을 확인했으나 양국의 동맹(同盟) 관계가 그 수명을 다했다는 것을 공식화하지는 않았다. 김 대통령과 부시 대통령은 서로에 대해 가진 불만과 불신에도 불구하고 '미국은 한국의 대북 포용정책과 김 대통령의 주도적인 역할에 대해 지지하고 한미는 양국간 동맹 관계의 중요성을 재확인한다'는 내용의 공동 발표문을 채택한 것이다. 미국은 부시 대통령이 3·7 회담에서뿐만 아니라 그 직후 열린 기자 회견을 통해서도 김정일에 대한 불신을 표명하면서 김대중 정부의 햇볕정책에 대해 우회적으로 비판했지만 이를 행동으로 보이진 않았다. 공동 발표로만 보면 대북정책에 관한 한 한미 관계는 아무런 문제가 없다는 것으로 비쳐지기에 충분했다.

사실 이 같은 공동 발표문은 김대중 정부의 햇볕정책에 비판적인 상당수 전문가들과 일반인들에게 의외로 받아들여졌다. 적어도 부시 공화당 행정부는 클린턴 민주당 행정부 때보다는 훨씬 강경한 대북정책을 추진할 것으로 기대됐기 때문이다.

당시 부시 행정부가 그럴 것이라는 예측을 뒷받침한 논리는 간단하다. 미국에서 민주당보다 공화당이 훨씬 더, 북한이 주한미군 철수와 경제제재 조치 해제 등의 대미 목표를 위해 미국의 세계 지배에 필수적인 비확산조약(NPT)과 미사일기술수출통제체제(MTCR)를 위협한다고 인식하고 있다는 것이다. 게다가 전임 클린턴 행정부가 이 같은 위협을 대화로써 해결하려다가 실패했다는 사실을 부시 행정부가 너무나 잘 알고 있다는 점도 그 같은 예측을 가능하게 했다. 물론 남한의 김대중 정부가 1998년, 현대그룹에 2005년까지 사업

대가로 9억 4,200만 달러를 북한에 지불해야 하는 금강산 관광사업을 승인한 것도 부시 행정부가 강경한 대북정책을 채택하게 한 요인이었다. 미국으로선 금강산 관광사업이 북한의 미사일 개발을 중단시키기 위한 '경제제재 조치'라는 지렛대(leverage)의 힘을 확 빼버리는 것이라고 인식하기 때문이다.

실제 부시 행정부가 출범한 지 한 달 정도 지난 2001년 2월 미국 중앙정보국(CIA)은 북한이 해외에서 무기를 구입한 사례들과 그 자금 출처를 담은 비밀 보고서를 한국 정부에 전달한 것으로 알려졌다. 당시 CIA는 금강산 관광 대금을 비롯한 한국의 대북 경제 지원이 북한에 의해 군사적으로 전용됐을지도 모른다는 우려를 표명했다고 한다.

그런데 3·7 한미정상회담은 양국간에 어떤 갈등도 없는 듯한 내용의 공동 발표문을 채택하고 만 것이다. 이 때문에 부시 행정부는 클린턴 행정부와는 달리 남북한에 대해 단호한 입장을 표명할 것으로 예상했거나 기대했던 국내·외 전문가들과 일반인들을 의아스럽게 했다. 이에 대해 당시 일각에선 부시 행정부가 출범한 지 얼마 되지 않아 아직 대북정책의 기조가 확정되지 않았기 때문이라는 분석이 유력했다.

그러나 결과적으로 보면 이 같은 분석은 빗나가고 말았다. 부시 대통령은 3·7 한미정상회담으로부터 3개월이 지난 2001년 6월 6일 발표한 성명에서 '정중하게' 북한에 대화를 요청하고 나선 것이다. 이 성명에서 부시 대통령은 "북한과 협의할 내용은 핵 계획 동결에 관한 기본 합의의 이행을 개선하는 문제를 포함해 미사일 계획의 검증 가능한 억제, 미사일 수출 금지, 재래식 군사력 태세

등이 될 것"이라고 지적하면서 "우리의 접근은 북한측에 관계 개선을 진지하게 갈망하고 있다는 것을 과시할 수 있는 기회를 제공할 것"이라고 말했다. 그는 이어 "만약 북한이 이에 대해 긍정적으로 응해 적절한 조치를 취한다면 북한 인민들을 돕고 대북 제재를 완화하는 한편 기타 정치적인 조치를 취하기 위한 노력을 확대해나갈 것"이라고 덧붙였다. 요컨대 부시 대통령은 미국에 보수적인 공화당 행정부가 들어서면 1990년대에 핵 미사일 카드로 NPT와 MTCR을 위협해온 북한에 군사적 수단을 핵심으로 한 강경한 정책을 취할 가능성이 높을 것이라는 기대와 달리, 북한에 대화를 통해 문제를 해결하자고 '정중하게' 제안하고 나선 것이다. 문제는 부시 대통령의 이 같은 제의가 공화당 행정부도 전임 민주당 행정부와 마찬가지로 대화를 통해 북한을 국제 사회의 책임 있는 일원으로 변화시키려는 개입정책(engagement policy) 외엔 다른 대안이 없다는 것을 인정했다는 것을 의미한다는 사실이다.

그렇다면 미국은 왜 민주당과 공화당 할 것 없이 한결같이 북한이 NPT 및 MTCR 체제를 위협해온 데 대한 대가로 경제제재 강화나 외교적 고립, 군사적 제재와 같은 강경한 정책을 취하지 않고 대화를 통한 개입정책을 채택했을까? 바로 이 의문이 미국의 대북정책의 본질이 무엇이냐는 것을 가늠하게 하는 핵심 퍼즐이다.

해답은 미국 공화·민주 양당 소속 대북전략가들 모두 미국으로선 대북정책의 목표가 북한의 핵 미사일 개발 및 수출을 저지하는 것이긴 하지만 그렇다고 해서 북한을 붕괴시키거나 무력을 행사하는 등의 강경한 정책을 채택하기는 어려운 처지라는 것을 인식하고 있다는 데서 찾을 수 있다. 다시 말해서 미국의 대북전략가들은 비록 미국의 대북정책 목표가 북한의 핵 미사일 개발을 중단시키는 것이긴 하지만 북한은 이라크나 리비아와 달리 군사력이 간단치 않기 때문에 무력 제재와 같은 강경한 정책을 채택하기 어렵다는 것을 인정하고 있는 것이다.

실제 이 같은 인식을 처음으로 정책화한 것은 클린턴 행정부의 위임에 따라 윌리엄 페리(William Perry) 전 국방부 장관이 1999년 10월 작성, 의회에 제출한 미국의 대북전략 보고서인 이른바 '페리 보고서(Perry Process)'에서이다. 2001년 부시 공화당 행정부의 출범과 함께 국무부 부장관에 기용된 리처드 아미티지(Richard Armitage)가 2000년 3월에 공화당의 대북전략 보고서로 내놓은 이른바 '아미티지 보고서'도 역시 마찬가지 인식에 기초해 작성됐다. 즉, 이들 두 보고서 모두 북한의 핵 미사일 위협이 심각한 만큼 북한과 외교적 협상을 벌이는 등의 개입정책을 추진해 북한이 핵 미사일 개발 프로그램을 중단하도록 만들어야 한다고 권고할 뿐, 북한을 이라크처럼 무력으로 응징해서라도 그 같은 목표를 관철해야 한다는 견해를 제시하지는 않았던 것이다.

이들 두 보고서에 차이가 나는 것은 단 하나, 바로 대북 외교 협상력을 제고시키기 위한 방안과 관련된 것이다. 페리 보고서는 외교 협상을 통해 북한이 핵 미사일 개발 프로그램을 포기하도록 설득하고 만약 북한이 이를 수용하면 수교 등 관계 개선과 경제적 보상을 하도록 권고한다는 내용을 담고 있다. 그러나 아미티지 보고서는 외교 협상력을 높이기 위해서는 북한의 미사일 수출 선박을 해상에서 나포하는 등 북한이 말을 듣지 않을 경우 무력을 행사할 수 있다는 의지를 보여야 한다고 지적하고 있는 것이다.

미국 공화·민주 양당의 대북전략가들이 이 같은 제한된 전략을 권고하게 된 결정적인 계기는 북한이 1998년 8월 31일 시험 발사한 사거리 1,300km에 달하는 탄도미사일인 대포동 1호(북한은 인공위성인 광명성 1호라고 주장)였다. 대포동 1호가 일본 열도를 넘어 태평양 한가운데까지 날아간 것으로 밝혀지자 미국은 경악을 금치 못했다. 그전까지 러시아와 중국만이 미국 본토를 미사일로 위협할 수 있다고 알았던 미국은 이 사태를 계기로 북한도 러시아와 중국에 이어 그 같은 위협을 가할 수 있는 능력을 보유했다는 것을 인정할 수밖에 없는 처지에 놓이게 된 것이다. 미국이 미사일방어(MD) 체제를 구축하겠다고 나선 이유도 바로 북한의 이 같은 미사일 위협 때문이다.

사실 클린턴 행정부의 대북전략은 임기 전반기와 후반기가 다르다. 전반기에는 경제난과 식량난에 허덕이는 북한을 고사시키자는 붕괴 전략이었다. 이는 1990년대 말 미국에서 열린 한 대북정책 포럼에서 로버트 갈루치 전 미국 핵 담당 특별 대사가 한 말에서도 엿보인다. 당시 갈루치 대사는 "(미북) 제네바 핵 합의(the Agreed Framework)대로라면 2003년까지는 북한에 경수로 2기를 지어주어야 하는데 그럴 가능성이 없다. 왜 그렇게 됐는가?"라는 포럼 참석자들의 질문에 다음과 같은 대답을 한 것으로 전해졌다. "그게 다 대북 전문가들이라고 하는 당신들이 1994년 제네바 핵 합의를 할 때 북한이 조만간 붕괴될 것이라고 예측했기 때문이 아니냐?"

이는 미국이 제네바 핵 합의를 통해 북한에 핵 개발을 포기하는 조건으로 경수로 2기를 지어주기로 약속했던 것은 당시 미국과 한국 내 대북 전문가들 사이에 지배적이었던 '북한 조기 붕괴론' 대로 북한이 몇 년 못 가 붕괴할 가능성이 높다고 판단했기 때문임을 뒷받침한다. 즉, 당시 미국으로선 북한이 조기 붕괴할 가능성이 높은 만큼 경수로 2기든 뭐든 어떤 약속도 지킬 필요가 없을 것이라고 봤던 것이다. 그러나 김정일 정권은 1997년 사상 최악의 식량난 등 극심한 경제난에도 불구하고 '조기 붕괴론'을 비웃듯 체제 유지에 성공했다. 문제는 미국이 '조기 붕괴론'에 베팅한 것이 실패로 돌아가면서 치러야 할 대가가 만만치 않을 것이라는 데 있다. 북한은 이미 미국에 왜 2003년까지 경수로 2기를 지어주기로 했으면서 약속을 안 지키느냐며 이에 상응하는 보상을 하라고 협박하고 나오고 있다. 그러나 미국으로선 마땅한 논리나 대응책을 내놓지 못하고 있는 형편이다. 어쨌든 이 문제는 2003년이 다가올수록 미북 관계의 최대 현안으로 떠오를 가능성이 높다.

그러나 클린턴 행정부의 후반기 대북전략은 철저한 개입정책으로 일관했다. 그 계기가 바로 앞서 지적한 대로 북한의 대포동 1호 시험 발사였다. 경제난이다 식량난이다 해서 곧 붕괴될 것으로 믿었던 북한이 조금만 더 개발하면 미 본토까지 위협할 수 있는 탄도미사일 기술을 보유하고 있다는 것을 깨달은 클린턴 행정부로서는 어떻게든 대화를 통한 개입정책을 펼 수밖에 없었던 것이다. 그 결과가 페리 보고서였다. 김대중 정부가 아전인수 격으로 포용정책이라고 불러온 미국의 개입정책을 사실은 '평화공존정책(coexistence policy)'이라고 표현해야 하는 것은 이 때문이다.

공화당의 대북전략가들의 대북 인식도 이와 다르지 않다. 이는 앞서 언급한 아미티지 보고서에서 확인된다. 특히 아미티지 보고서가 북한이 대륙간탄도미사일 기술을 보유하는 등 위협적이라는 점에서 "외교적 협상이 실패할 경우 두 가지 대안이 있는데 모두 매력적이지 못하다"면서 "하나는 핵탄두 운반 시스템을 갖춘 북한과 공존하는 것이고 다른 하나는 선제 공격인데 이는 성공이 불확실하다"고 지적하고 있다는 점에서 공화당도 북한과 평화공존하는 길밖에 없다는 것을 지적하고 있다.

결국 미국 공화·민주 양당의 대북정책은 부시 행정부 출범 직후 제기되어온 우려와 달리 북한의 핵 미사일 위협에 대한 인식에서뿐만 아니라 이 같은 인식에 기초한 대북전략 모두 크게 다르지 않다. 김대중 정부의 경우 북한의 핵 미사일 위협에 대한 인식에서는 모르지만 적어도 미국의 이 같은 초당적 대북전략과 동일하다고 할 수 있다. 2001년 3월 7일 워싱턴에서 개최된 한미정상회담에서 그동안 직·간접으로 노정되어왔던 양국간 갈등이 표면화하지 않은 데 이어 부시 행정부가 클린턴 행정부와 마찬가지로 대화를 통한 대북 개입정책을 채택한 배경은 여기에 있는 것이다.

그러나 북한의 미사일과 핵 개발 프로그램에 대한 미국의 이 같은 정책은 2001년 9월 11일 오사마 빈 라덴이 주도하는 이슬람 근본주의 무장 테러단체 '알카에다(al-Qaeda)'에 의해 자행된 것으로 확실시되는 뉴욕과 워싱턴에 대한 테러 사태로 인해 더욱 강경해졌다. 부시 행정부는 북한이 이라크와 이란 등 중동국가들에게 미사일 수출을 계속할 뿐만 아니라 중동의 테러조직들에게까지 지원할지도 모른다고 우려했던 것이다. 부시 대통령이 2002년 1월 29일 미국 상·하원 합동회의(the State of the Union)에서 "북한은 이라크, 이란과 함께 '악의 축(axis of evil)'을 형성하고 있다"고 말한 것은 이 때문이다.

부시 대통령의 이 같은 언급으로 인해 한국 내에서는 보수와 진보 등 모든 진영에서 한때 '미국이 북한을 무력 침공할지도 모른다'는 우려가 팽배했는데 이는 전적으로 '북한의 미사일과 핵 개발 프로그램을 중단시키기 위해선 가능한 외교적 수단을 동원해야 하고 이런 외교적 노력이 한계가 있을 경우 미사일 선적 선박에 대한 해상 봉쇄 정도의 군사적 과시만 고려해야지 전쟁은 상정할 수 없다'는 페리 보고서와 아미티지 보고서에 대한 무지에서 말미암는다.

부시 대통령의 '악의 축' 발언으로 인해 촉발된 미국에 의한 북한 침공 우려는 약 3주 만에 불식되었다. 부시 대통령이 2월 19일 방한해 김대중 대통령과 두번째 한미정상회담을 갖고 나서 열린 기자 회견에서 북한을 공격할 계획이 없다고 밝힌 것이다.

8. 9·11 테러 직후
상하이 한미정상회담에서 벌어진 일

조지 W. 부시 행정부 출범 이후 한미 관계가 도저히 회복 불능 상태로 빠져들고 있다는 것이 확인된 계기들이 몇 번 있었는데 아이러니컬하게도 이들 계기 대부분은 설령 그간 양국간에 갈등이 있었더라도 이를 외교적으로 수습할 절호의 기회인 양국 정상회담들이었다.

2001년 3월 7일 워싱턴에서 열린 한미정상회담에서 부시 대통령은 "북한이 미사일과 핵 개발 프로그램을 중단하고 이를 검증하기 전에는 어떠한 대북 지원도 할 수 없다"고 밝혀 김대중 대통령의 햇볕정책을 둘러싸고 한미 양국의 입장 차이가 크다는 것이 마침내 만천하에 공개됐다. 이 회담에 이어 다시금 한미 관계가 회복 불능의 상태에 있음이 확인된 것은 같은 해 10월 19일 아시아태평양경제협력체(APEC) 정상회담이 개최중이던 중국 상하이에서 약식으로 열린 한미정상회담에서였다.

당시 대외적으로 회담 내용에 대한 보안이 유지됐던 10·19 상하이 한미정상회담은 한미 관계가 이미 오래 전에 '루비콘'을 건넜다는 것을 보여준 가장 상징적인 회담으로 기록되기에 충분하다. 이 회담에서 김대중 대통령과 부시 대통령 간에 오간 대화에 밝은 대북 정보 소식통들에 의하면, 그 까닭은 김대중 대통령이 세 차례에 걸쳐 당시 미국이 9 · 11 테러 사태의 주범으로 확실시되는 오사마 빈 라덴과 그가 지휘하는 알카에다(al-Qaeda) 그리고 이들을 지원하고 있는 아프가니스탄 집권세력인 탈레반(Taliban)을 상대로 개시한 아프가니스탄 전쟁에 전투병을 파병(派兵), 돕겠다는 의사를 밝혔으나 부시 대통령이 이를 수용하지 않고 '고맙다'고만 하는 등 시큰둥한 반응을 보였기 때문이다. 이 사실은 당시 미국이 한국의 파병 제의를 달갑게 여기지 않았다는 것을 뒷받침해준다.

그렇다면 부시 대통령은 왜 김대중 대통령이 전투병을 파병해서 미국의 대(對)테러 전쟁을 돕겠다는데 들은 체도 하지 않았을까? 한국의 도움이 없더라도 충분히 전쟁을 치를 수 있기 때문일까 아니면 뭔가 사연이 있었던 것일까?

미국의 전투력은 기술적으로 유럽의 나토(Nato) 회원국 중 국방비를 가장 많이 쓰는 영국과 프랑스조차 미국이 주도하는 군사작전에 참가해 미국을 지원하기 어려울 정도로 앞서 있는 상황이다. 미국과 나토 국가들 간에 전투력 차이가 심화되고 있는 것이다. 이 점에서 보면 한국이 파병한다는 것이 미국의 입장에선 그다지 도움이 되지 않는다.

그러나 이 같은 분석은 미국의 전투력 측면 그 자체만을 고려했을 때의 이야기에 불과하다. 미국이 9 · 11 이후 최고의 국가 과제로 설정한 테러와의 전쟁을 성공적으로 수행하기 위해선 국제적으로 미국을 지지하는 국가들이 많은 것이 훨씬 유리한 만큼 파병해주는 국가가 많다고 해서 마다할 상황이 아니었다.

사정이 이러한 데도 미국이 한국의 파병 제의를, 그것도 대통령이 직접 한 제의를 일축했다는 것은 대체 무엇을 의미하는 것이냐는 게 이 퍼즐의 핵심인 것이다.

이와 관련, 먼저 살펴봐야 하는 것은 같은 해 10월 8일 미국의 전격적인 공습으로 아프가니스탄 전쟁이 개시된 직후 한국 정부에서 나온 '비전투병 파병 검토' 방침에 대해 미국이 어떤 반응을 보였느냐는 것이다. 이날 한국 정부는 9월 24일 천명한 대로 이동 외과 병원 수준의 의료 지원단 파견, 수송 자산 제공, 연락 장교단 파견, 미국과의 테러 관련 정보 협조 등 자발적인 지원 방침의 시행 준비에 돌입했고 동시에 미국의 지원 요청이 올 경우에 대비해 의료 및 수송 등 비전투병 파병을 위한 국회 동의안 제출 등 사전 준비에 착수했다. 이로부터 사흘 뒤인 10월 11일 당시 임성준 외교부 차관보는 상하이 한미정상회담 의제 협의차 방한중이던 제임스 켈리 미 국무부 동아시아 담당 차관보에게 비전투병 파병 용의를 밝힌 것으로 보도됐다.

이 같은 한국 정부의 비전투병 파병 방침과 이와 관련한 비공식 제의에 대한 미국의 반응은, 겉으로 드러난 것만 보면 딱 부러지게 입장을 표명한 것이 아니라는 점에서 '가치 중립적(value free)'인 그 무엇이라고 표현하는 것이 적절할 듯싶다. 특히 제임스 켈리 차관보의 언급을 그렇게 볼 수 있는데 그는 임성준 차관보(현재 청와대 외교안보수석)의 제의를 받고 "앞으로 검토 후 필요할 경우 한국과 협의하겠다"고 말한 것으로 보도됐다.

그러나 미국 정보기관의 사정에 밝은 정보 소식통들에 의하면, 당시 미국은 한국의 파병 제의를 내부적으로 깊이 검토한 끝에 거부하기로 했는데 그 직접적인 이유는 미국 정보기관들이 북한과 오사마 빈 라덴이 뭔가 연계되어 있지 않느냐는 의혹을 갖고 있었기 때문이었다고 한다. 북한과 빈 라덴 간의 밝혀지지 않는 관계가 미국에게 한국의 파병 제의를 거부하게 만들었다는 것은 대체 무슨 뜻인가?

그것은 한마디로 미국이 한국과 북한 간의 관계를 믿지 못하겠다는 것을 의미했다. 즉, 이들 정보 소식통의 증언은 미국이 2000년 6월 13일 남북정상회담 이후 줄곧 의혹을 두어왔던 남북한 관계가 겉으로는 여전히 체제와 사상이 다른 적대 국가이지만 속으로는 서로 '내통'하는 사이일 수도 있다고 의심하고 있다는 것을 뒷받침했다. 실제 앞서의 한 소식통은 "당시 미국 정보기관 관계자들은 '한국의 파병을 수용하게 되면 한국은 아프가니스탄에서 이루어지고 있는 미국의 대(對)오사마 빈 라덴 전략과 전술을 파악할 수 있게 된다'며 '이런 상황에서 만약 한국이 북한과 서로 내통하는 관계일 경우 미국의 전략과 전술이 모두 북한을 통해 빈 라덴에게 넘어갈 수 있다'고 우려했다"고 밝혔다.

이로써 부시 대통령이 2001년 10월 19일 김대중 대통령의 파병 제의를 침묵으로 거부한 배경이 무엇이냐는 퍼즐이 풀렸다.

그러나 문제는 끝난 것이 아니다. 김대중 정부는 동맹국가로서 파병 제의를 했다가 미국에 의해 거절당한 것도 '억울'한데 파병 대신 미국의 아프가니스탄 침공을 위한 거점 기지인 파키스탄의 무샤라프 정권이 파키스탄 내 이슬람 근본주의자들에 의해 전복되지 않도록 막대한 자금 지원을 하겠노라고 미국에 약속해야만 했던 것이다.

2001년 10월 19일 상하이 한미정상회담 내용에 정통한 한 대북

정보 당국 관계자에 의하면 당시 부시 대통령은 김대중 대통령의 파병 제의에 대해 침묵으로 거부 의사를 밝힌 뒤, "대신 파키스탄 무샤라프 정부가 미국의 아프가니스탄 공격을 지원하자 국내 회교도들의 항의로 전복될 위기에 처했으니 한국이 엄청난 규모의 재정 지원을 파키스탄에 해주었으면 좋겠다"고 했다고 한다. 김대중 대통령은 부시 대통령의 이 같은 역제의를 받고 그 자리에서 수락했다고 이 관계자는 전했다.

이 같은 재정 지원 약속은 그렇지 않아도 국제통화기금(IMF) 관리체제하에서 금융 및 기업 구조조정 과정에서 천문학적인 공적 자금을 날려 버린 탓에 악화하고 있던 한국 정부의 재정 상태에 적지 않은 타격을 줄 것이란 점에서 정부 내에서 비판이 많았다.

그러나 김대중 정부로서는 미국으로부터 신뢰를 얻어 김정일 답방 등을 실현시켜 남북한 관계를 한 단계 높이 발전시키는 것을 최대 목표로 잡고 있었기 때문에 이 같은 재정 지원이야 불가피한 비용 정도로만 인식했을지도 모를 일이었다.

부시 대통령은 한국 정부로부터 '돈 안되는' 파병 지원보다 '새로운 동맹국'인 파키스탄에 대한 재정 지원을 끌어내는 데 성공했다는 점에서 남는 장사를 했다는 데 매우 만족했다. 이는 부시 대통령이 상하이 정상회담으로부터 3주가 지난 11월 10일 유엔 총회에 참석, 의장이던 한승수 당시 외교통상부 장관을 만난 자리에서 김대중 대통령이 파키스탄에 대한 재정 지원을 약속해준 데 대해 고맙다는 뜻을 전했다는 데서 엿볼 수 있다.

그러나 돈으로는 이미 수명을 다한 동맹관계를 되살릴 수 없는 법. 김대중 정부의 '비극'은 그것을 몰랐다는 데 있는지 모른다.

김대중 정부 외교 당국자들로선 대(對)테러 전쟁에 골몰하고 있는 미국을 위해 파키스탄에 막대한 재정 지원까지 약속한 만큼 부시 미국 행정부가 설마 김대중 정부의 대북 포용정책에 대해 지지하지는 않을지언정 적어도 노골적으로 방해하지는 않을 것이라고 믿었을 개연성이 높지만, 현실은 그 같은 믿음을 배신했다. 부시 대통령은 상하이 한미정상회담으로부터 3개월이 지난 2002년 1월 29일 북한을 이라크, 이란 등과 함께 '악의 축(axis of evil)'으로 규정, 햇볕정책으로 알려진 김대중 정부의 대북 포용정책을 다시금 견제하고 나섰던 것이다.

9. 부시의 '악의 축' 발언과 '서울 독트린', 그리고 한미 동맹의 파국

조지 W. 부시 미국 대통령은 2002년 1월 29일 미국 상·하원 합동회의에서 행한 연두 국정 연설에서 북한을 이라크, 이란과 함께 '악의 축(axis of evil)'을 형성하고 있는 국가로 규정함으로써 다시금 '공'을 '북한 코트'로 넘겼다.

그러나 이때 미국이 북한에 넘긴 공의 의미는 예전과 같지 않았다. 미국은 2002년 들어서자마자 이 해 최대의 국가적 과제로 '테러와의 전쟁'을 천명하고 이 과제의 2대 목표로서 '전세계 테러조직 소탕'과 '대량살상무기(WMD) 개발 국가들로부터의 위협 방지'를 설정해 놓았다. 이런 상황에서 미국이 북한을 '악'으로 규정했다는 것은 북한에게 '공'을 다시 '미국 코트'로 넘길 생각이면 테러 지원과 미사일, 핵 개발을 근본적으로 막으려는 미국의 대북정책에 대해 확실한 입장을 표명할 것을 사실상 강요한 것을 의미했다.

북한은 2001년 9월 11일 미국 뉴욕과 워싱턴 테러 사태 이후 국제 질서가 미국과 영국이 주도한 반테러 연대를 중심으로 급격하게 바뀌자, 미국의 아프가니스탄 침공이 시작된 지 약 한 달도 채 되지 않은 2001년 11월 반테러 국제협약 2개에 가입했다. 그리고 그 다음달엔 12개 반테러 국제협약 중 가입하지 않고 있던 나머지 5개 협약에도 가입할 의사를 표명한 것으로 보도되기도 했었다. 북한이 이처럼 비교적 기민하게 반테러 국제협약에 가입하기로 한 조치에는 북한이 미북 관계와 관련해 공을 미국에 넘겼다는 의미가 담겨 있었다. 다시 말해서 북한은 이 조치를 통해 '미국 너희들이 요구하지 않았는데도 자발적으로 반테러 협약에 가입했으니 우리에 대해 지나친 강경정책은 취하지 않길 바란다'는 메시지를 전달한 것이나 마찬가지였던 것이다.

그런데 북한의 이 같은 기대는 그야말로 희망 사항에 불과했다. 부시 대통령이 1월 29일 국정 연설에서 "북한이 세계평화를 위협하기 위해 무장하면서 악의 한 축을 형성하고, 대량살상무기를 추구함으로써 중대하고도 점증하는 위험이 되고 있다"고 밝힘으로써, 북한은 2001년 반테러 국제 협약 가입 조치를 통해 미국에 관계를 개선하고 싶다는 메시지를 보내는 등의 노력이 물거품이 되고 말았던 것이다.

북한은 이미 이 같은 상황을 예견했었던 것으로 알려졌다. 북한이 2001년 11월과 12월에 걸쳐 두 번이나 반테러 협약에 가입했거나 의사를 밝혔는데도 미국은 2001년 말부터 북한의 테러 지원 가능성을 근본적으로 차단하기 위한 조치로서 직·간접으로 여러 가지 압박 조치를 취했었기 때문이다. 이는 2001년 12월 일본이 조총련 대북 송금 수사를 개시한 것이나 북한 공작선으로 확실시되는 '괴선박'을 중국 경제 수역까지 추격해 격침한 배경에는 미국의 요구가 크게 작용했다는 지적들이 적지 않다는 데서 엿볼 수 있다.

실제로 북한은 미국의 이 같은 압박이 단순히 엄포 차원에서 끝나지 않을 것이라는 점을 예상한 것으로 파악된다. 김대중 정부가 2002년 들어서면서부터 김정일 북한 국방위원장이 미국의 대북 압박 등에 대한 대책 논의를 위해 1~2월께 중국을 방문, 장쩌민 중국 국가 주석과 정상회담을 가지려 한다는 첩보를 입수하고 김정일의 방중 여부에 촉각을 곤두세우기도 했었다는 것이 이를 반증한다. 이와 관련, 북한은 실제 9·11 테러 사태로 인해 미국의 대북정책이 전례 없이 강경해질 것으로 예상하고 이에 대해 대비를 해놓았던 것으로도 알려졌다.

이에 따라 북한이 미국으로부터 '악의 국가'라는 소리까지 들어가면서 넘겨받은 공을 어떻게 처리할 것인가에 관심이 쏠렸으나 ≪노동신문≫ 등 국영 매체들을 통해 비난하고 나섰을 뿐 외무성 대변인 성명 등의 최종 대응은 하지 않았다. 이는 북한 정권이 부시 대통령이 '악의 축' 발언 후 약 3주 후인 2월 19일 서울을 방문, 김대중 대통령과 가질 2차 한미정상회담의 결과를 지켜본 뒤 입장을 정리하려고 했었기 때문이다.

사실 당시 부시의 '악의 축' 발언으로 인해 가장 충격에 휩싸인 것은 김정일 정권보다 김대중 정부였다. 김정일 정권으로선 이미 9·11 테러 사태로 인해 미국이 훨씬 강경하게 나올 것이라고 예상하고 있었으나 김대중 정부로선 그렇게까지 보지 않고 있었다. 당시 김대중 정부는 미국이 비록 북한이 미사일과 핵 개발 프로그램을 중단하고 그것을 검증하기 전에는 어떠한 경제적 지원도 해서는 안된다는 입장에서 햇볕정책으로 대표되는 한국의 대북 포용정책에 비판적이라고 보긴 했으나 설마 북한을 '악의 축'으로 '매도'하면서까지 남북 관계 개선에 찬물을 끼얹을 줄은 꿈에도 몰랐던 것이다. 김대중 정부가 받은 충격이 더욱 큰 것은 그토록 원하던 김정일 서울 답방이 '악의 축' 발언으로 인해 사실상 무산되거나 그렇게 될 가능성이 높아졌다고 판단했기 때문이다.

이 때문에 김대중 정부가 2월 20일 개최될 2차 한미정상회담에서 관철하고자 했던 외교적 목표는, 일차적으로는 '악의 축' 발언으로 야기된 대북정책을 놓고 심화하고 있는 것으로 비쳐진 한미간 갈등상을 수습하는 것이었으나 최종적으로는 부시 대통령에게 정상회담 직후 열릴 기자 회견에서 '악의 축' 발언을 되풀이하지 않게 만드는 것이었다.

김대중 대통령이 2002년 2월 20일 청와대에서 개최된 부시 대통령과의 2차 한미정상회담에서 양국의 대북정책과 인식 차이를 좁혔는지 여부는 정확하게 파악되지 않았다. 그러나 두 사람은 회담 직후 전통적 한미 동맹관계를 재확인하고 북한 대량살상무기 해결의 절실함에 공감하면서 이 문제를 북한과 대화를 통해 풀어나가기로 합의했다고 발표했다. 이 때문에 김대중 정부는 '악의 축' 발언 이후 '한미간 대북 공조가 이루어지지 않는 등 한미간 갈등이 심각한 것이 아니냐'는 비판이나 '미국이 북한을 무력 침공하는 것이 아니냐'는 우려 등을 수습했다고 자위했다. 대다수 언론의 논조도 이와 같았다. 이와 함께, 김대중 정부의 외교 당국은 한미정상회담 직후 열린 기자회견에서 부시 대통령이 '악의 축' 발언을 되풀이하지 않은 것도 외교적 성과로 여기는 듯한 모습을 보였다.

그러나 이는 김대중 정부의 명백한 오해였다. 부시 대통령은 이날 기자회견에서 북한 당국에 대해 대화하자고 제의하면서도 김정일 정권과 북한 주민들을 분리해서 다루겠다는 입장을 천명했던 것이다. 부시는 이날 "북한 정권은 투명하지 않고 주민들의 굶주림을 방치하고 있으며 대량살상무기를 계속 만들고 있다"고 하여 김정일 국방위원장에 대해 비판적 시각을 노골적으로 드러낸 데 이어, "북한이 미국의 대화 제안을 수용하고 전세계를 상대로 북한 주민들에게 애정을 갖고 있다고 표현하기 전에는 김정일 위원장에 대한 의견을 바꾸지 않을 것"이라는 점을 강조했다.

부시 대통령의 이 같은 언급은 미국의 대북정책 기조를 외교적 수사를 빌려 에둘러 표현한 것이 아니라 김정일 정권의 가장 핵심적인 모순을 비외교적 수사를 통해 적나라하게 밝혔다는 의미를 갖는다. 즉, 미국은 김정일 정권이 오늘날 한반도와 세계 질서 차원에서 북한이 안고 있는 주민들을 굶주리게 하고 있고, 대남적화통일을 위해 재래식 무기를 휴전선에 집중 배치하고 있고, 북미 평화협정체결과 같은 대미 전략적 목표의 관철과 외화 획득을 위해 미사일과 핵 개발을 지속하고 있다는 등의 문제점들을 해결하기 전에는, 대화나 굶주리는 주민들에게 식량 지원은 할 수 있을지언정 수교 등의 관계 개선이나 경제 지원은 없다는 것을 분명히 한 것이다. 부시 대통령의 이 같은 언급은 미국의 향후 대북정책의 기조가 될 것이라는 점에서 '부시 독트린'으로까지 규정할 수 있다.

김대중 정부가 스스로 한미정상회담과 그 직후 열린 기자회견의 결과를 한미 관계와 남북 관계 측면에서 그나마 긍정적으로 평가할 수 있다고 자위한 것이 명백한 오해였다는 것을 깨닫는 데는 무려 이틀이나 걸렸다. 한미정상회담이 끝난 지 이틀 만인 2002년 2월 22일 북한이 부시 대통령의 대화 제의를 거부한다는 뜻을 외무성 대변인 담화를 통해 발표한 것이다. 김대중 정부로서는 한미정상회담을 통해 미국의 대북 대화 제의를 이끌어냈을 뿐만 아니라 부시 대통령이 '악의 축' 발언을 되풀이하지 않게 함으로써 김정일 정권의 불만을 어느 정도 무마했을 것으로 기대했으나 그 같은 기대가 여지없이 깨지고 만 것이다.

북한은 이날 외무성 대변인 담화에서 "부시 대통령이 '최고수뇌부(김정일 위원장)'와 북한 체제를 악랄하게 중상 모독했다"고 밝힌 뒤 "우리 체제에 대한 부시의 망발은 그 체제의 바탕을 이루고 있는 우리 인민의 민족적 감정에 대한 모독이며, 우리와의 대화 부정 선언이나 같다"고 주장하고 나섰다. 이 담화는 "미국이 우리 제도를 인정하려 하지 않으면서 침공의 구실만을 찾기 위해 제창하고 있는 그런 대화는 필요 없다"며 "우리는 우리 제도를 힘으로 변경시켜보려고 망상하고 있는 부시 패거리와는 상종할 생각이 없다"고 강조했다. 담화는 또 "부시가 줴치기(말하기) 좋아하는 대량살륙무기(대량살상무기)요, 기아요 하는 문제들도 다 다름아닌 미국이 대조선 적대시 정책을 추구하며 반세기 이상 우리를 군사적으로 위협하고 경제적으로 봉쇄해온 결과로 산생된 문제들"이라고 반박했다.

북한이 이처럼 대화 제의를 단호하게 거부하고 나선 데는 김정일 정권과 주민을 분리해 다루겠다는 '부시 독트린'에 모욕감을 느꼈기 때문이다. 그러나 당시 북한은 미국의 압박에 당장 굴복하고 나오지는 않았으나 그렇다고 해서 미국을 상대로 긴장 국면을 조성할 처지는 아니었다.

이렇게 볼 수 있는 것은 무엇보다도 북한이 2002년 2월 현재, 미국이 드러내놓고 북한을 '악의 국가'라고 규정할 만큼 9·11 테러 이후 국제질서의 중심축이 미국이 주도하는 반테러 연대에 의해 장악되고 있다는 냉혹한 현실을 외면할 수 없었기 때문이다.

북한의 경제사정이 악화하고 있다는 것도 대미 대화를 마냥 거부할 수 없는 요인 중의 하나로 꼽혔다. 실제 당시 북한의 경화 부족 사태는 심각한 상황이었다. 북한은 9·11 이후에도 체제 유지를 위한 자금을 동원하기 위해 계속해왔던 미사일 수출이 '악의 축' 발언 사태로 사실상 막히게 된 상황에다 그나마 기대를 걸었던 조총련으로부터의 송금도 2001년 12월 일본 수사 당국의 수사를 계기로 어려워졌고 금강산 관광 대금 미납금은 언제 받을 수 있는지 오리무중이었다.

여기에다 중국이 2001년 11월 WTO(세계무역기구)에 가입함으로써 그동안 북한이 체제 유지를 위해 그토록 극력 거부해온 자본주의적 시장경제로부터의 영향을 몇 년 지나면 압록강의 좁은 폭으로는 차단하기 힘들게 되어 뭔가 변화하지 않으면 안되는 절박한 시점에 놓여 있다는 것도 대미 관계를 긴장시키기 어려운 요인이었다.

실제 북한은 2002년 4월 3일 특사자격으로 방북한 임동원 대통령 통일외교안보 특보를 통해 잭 프리처드 미국 한반도 담당 특사의 방북을 수용하겠다는 의사를 밝힘으로써 대미 대화 재개에 나섰다.

문제는 북한의 대미 대화 재개 여부보다는 '악의 축'이나 '김정일 정권과 주민 분리 대응' 등의 부시 발언이 한반도의 긴장을 조성시켰다는 점에서 무작정 부정시되어야 하느냐는 것이었다.

이와 관련해 눈여겨볼 사람은 부시 대통령의 '악의 축' 발언을 계기로 이미 오래 전에 역사의 뒤안길로 퇴장했다가 다시금 당대의 각국 지식인들 사이에서 그 이름이 회자되는 '행운'을 누린 로널

드 레이건 전 미국 대통령이다.

레이건 전 대통령이 '커튼 콜(박수 갈채로 출연자를 다시 무대에 불러내는 것)'을 받게 된 것은 다름아닌 그가 1983년 미국 올랜도에서 소련(the Soviet Union)을 지칭해서 사용한 '악의 제국(empire of evil)'이란 표현이 부시 대통령이 1월 29일 미 상·하원 합동회의에서 북한, 이라크 그리고 이란을 '악의 축을 형성하고 있는 국가들'로 규정한 것과 닮았기 때문이다.

1980년대 레이건 전 대통령이 주적인 소련을 향해 던진 발언들 중 '악의 제국'보다 더 소련을 자극했던 것은 1987년 베를린에서 당시 미하일 고르바초프 소련 공산당 서기장을 향해 '장벽을 당장 철거하라(tear down)'고 명령하다시피 요구했던 것이다. 그 까닭은 그 같은 요구는 기본적으로 비외교적인 것이었기 때문이다.

당시 레이건 전 대통령은 문제의 이 베를린 발언으로 인해 부시 대통령이 최근 '악의 축' 발언으로 유럽과 아시아 각국에서 갖은 우려와 비판에 직면했던 것과 똑같은 상황에 처했었다. 많은 사람들에 의해 평화에 대한 위협으로서 간주되었던 것이다. 심지어 당시 베를린 주재 미국 고위 외교관조차 레이건 대통령의 발언으로 동서독간의 화해 작업에 부정적인 영향을 미칠 수 있다고 우려했었던 것으로 알려졌다. 부시의 '악의 축' 발언이 한반도의 평화와 남북 관계를 해친다고 집권 여당인 민주당 의원들과 재야 관계자들, 운동권 학생들이 인식하고 있는 것과 마찬가지였던 것이다.

레이건의 베를린 발언은 더 많은 저항을 불러일으켰는데 북한이 부시의 악의 축 발언에 대해 노동당 기관지인 ≪노동신문≫ 등을 통해 비난한 것처럼 당시 소련은 공산당 기관지인 ≪프라우다≫

를 통해 레이건을 공격했다. 이와 함께 레이건의 발언은 자칫 유럽의 안보에 중대한 소련의 단거리 미사일 감축 협상에도 부정적인 영향을 미칠 수 있다는 보도들이 잇달아 나오기도 했다.

그러나 이 같은 우려는 전혀 현실화하지 않았다. 레이건의 베를린 발언은 서방 국가들의 외교관계를 훼손시키지 않았던 것이다. 오히려 2년도 안되어 베를린 장벽이 무너졌고 그로부터 1년도 안 지나 동서독 통일은 현실로 나타났다. 이는 무엇보다도 당시 고르바초프 소련 공산당 서기장이 레이건의 베를린 발언을 접하고 레이건의 의지가 심각하다고 판단, 개혁과 개방을 가속화시킨 결과였다는 분석이 유력하다. 더군다나 그 해 10월 무기 감축 협상도 타결되어 레이건의 발언이 무기 감축 협상도 훼손시키지 않았던 것으로 드러났다.

다시 말해서 레이건 전 미국 대통령이 정상적인 외교적 수사를 배제한 채 소련을 향해, '인민'들을 굶주리게 내버려두면서 오로지 일부 특권 계층만 살찌우고 무기 경쟁에만 골몰해왔다는 점에서 '악의 제국'이라고 규정한 데 이어 냉전의 상징인 베를린 장벽을 철거할 것을 소련 지도자에게 비외교적으로 요구한 것 등은 냉전체제의 종식을 앞당기는 데 일조했다는 평가를 받고 있다.

그렇다면 레이건 전 대통령의 베를린 발언과 그후 세계 질서의 변화는 부시의 '악의 축' 발언 직후 남북 관계에 어떠한 의미를 갖게 하는 것일까?

부시 대통령의 '악의 축' 발언이 남북 관계를 해쳐 한반도를 불안정하게 만든다고 보는 시각이 역사적으로 반드시 타당성을 얻는다고 볼 수만은 없다.

그렇다고 레이건의 앞서 발언들 이후 10년도 안되어 소련과 동구권의 붕괴로 서구에서 냉전체제가 해체된 것처럼 한반도의 냉전체제가 부시의 최근 발언들을 계기로 향후 10년 안에 해체될 것이라고 예상하는 것은 속단이다. 그러나 레이건 전 대통령이 대소 관계에서 외교적 관례에 얽매이지 않고 핵심 사안의 본질을 부각시켜 전 세계의 주의를 환기시켜 끝내 냉전체제의 종식을 가져올 수 있었던 것처럼 부시 대통령의 한 점 숨김없는 대북 인식은 한국 국민들을 비롯해 전세계에 북한 정권의 '전제주의적' 본질에 대해 다시금 주의를 환기시킬 것이다.

이와 관련, 김정일의 부시 발언에 대한 생각이 어떠했는지가 관심을 끄는데, 국정원의 고위 관계자는 이에 대해 "김정일이 겁을 먹은 것으로 파악됐다"고 말한 것으로 전해졌다. 한 전문가에 의하면 김정일은 부시 발언 직후 신의주 부근에서 한동안 '은신'했다고 한다.

사실 김대중 대통령의 임기 동안 남북정상회담과 일련의 장관급 회담이 개최되었음에도 남북 관계가 파행을 거듭한 것은, 일정 부분 한국 정부가 남북 관계의 가장 핵심적인 사안인 북한의 대남적화전략 곧, 재래식 무기 증강과 대량살상무기 개발 등 정치 및 군사적인 문제를 의제로 삼지 않고 '실현 가능한 것부터 먼저 다루자'는 모호한 논리에 의거해 사회 및 문화 부문의 협력을 먼저 추진한 데서도 말미암는다는 분석이 많다.

6장

김정일은 과연 서울을 답방할 것인가

1. 김정일 답방을 위한 밀사(密使) 회담의 내막
2. 김정일, 환영 인파 300만 명 요구
3. 김정일 답방, 2001년 9월 하순으로 잡혔다가 무산되다
4. 북한은 왜 극비리에 한국의 대북 라인 교체를 요구해왔는가
5. 김정일 답방과 대북 전력(電力) 지원 간 정치경제학적 함수 관계
6. 김대중, 월드컵 때 김정일 포함한 '2+4 정상회담' 제의

1. 김정일 답방을 위한 밀사(密使) 회담의 내막

남북한은 2001년 들어 김정일 위원장의 답방을 논의하기 위한 막후 접촉에 나서기 시작했다. 양측이 선택한 막후 접촉 방법은 밀사(密使) 교환이었다.

북한이 파견한 첫 밀사는 노동당 중앙위원회 대남 담당 비서 겸 조선아시아태평양평화위원회 위원장인 김용순이었다. 정보 소식통들에 의하면 김용순 비서는 설(1월 24일) 직전 극비리에 방한해 김정일 답방과 관련한 협의를 하고 돌아갔다고 한다. 그후 김대중 정부의 밀사로 대북정책 당국의 과장급 실무자가 후속 협의를 위해 메시지를 갖고 방북했다고 한다. 김정일 답방과 관련한 남북한간 접촉은 없다는 김대중 정부의 당시 주장과 달리 남북한간의 비밀 접촉이 활발하게 이루어지기 시작했던 것이다.

정부 관계자들과 소식통들에 의하면 김용순 북한측 '특사'가 서울을 극비 방문했을 때 임동원 국가정보원장(2001년 3월 통일부 장관으로 자리를 옮겼다가 8·15 평양 통일축전 행사 파문으로 사직했으나 곧바로 김대중 대통령에 의해 청와대 통일외교안보 담당 특보에 임명됐다) 등과 2차 남북정상회담의 정치, 경제, 군사 부문 의제들과 김 위원장에 대한 환영 및 경호 문제 등을 협의한 뒤 돌아갔다. 임동원 씨가 2000년 6월 13일 평양에서의 남북정상회담 직전 두 차례 극비 방북했을 때 김정일 위원장을 만났다는 점에서 김용순 비서도 특사로 극비리에 방한했을 때 김대중 대통령을 독대했을 가능성이 높은 것으로 알려졌다. 김용순 비서는 2001년 1월 15일 김정일의 중국 상하이 방문 때와 그 직후 신의주 현지 시찰(1월 21일) 때 수행단에서 빠졌다가, 1월 31일 평양에서 열린 김책 사망 50주년 추모회 때 모습을 나타내 그사이 서울에 다녀간 것이 간접적으로 확인되었다.

김대중 정부는 김용순 비서가 돌아간 뒤 김정일 위원장의 답방 전제조건들과 2차 남북정상회담 의제 등에 대한 입장을 대북정책 당국의 과장급 실무자를 통해 북한에 전달했다는 것이 정부 관계자들과 정보 소식통들의 증언이다.

이처럼 북한이 노동당 비서를 파견한 것과 달리 한국 정부가 실무자를 보낸 것과 관련, 당시 한 소식통은 "지금은 남북한이 서로 격을 맞출 필요가 없을 정도로 대화가 가능한 상황이기 때문에"라고 설명했다.

우리측 메신저인 통일부 실무자는 이 같은 극비 임무를 수행하기 위해 지난해 연말부터 일체의 모임에도 참석하지 않는 등 극도의 보안을 유지해온 것으로 알려졌다. 행정고시 출신인 이 실무자는 일본통으로서 남북 관계 문제로 석사 학위를 받는 등 대북정책 당국 내에서도 대북 전문가로 평가받고 있다. 한 정부 관계자는 "우리 정부가 통일부 실무자를 대북 메신저로 삼게 된 데는 그가 언론에 공개된 인물이 아니어서 보안 유지에 효과적이라는 점이 고려되었기 때문인 것으로 안다"고 말했다.

2001년 초 남북한이 이처럼 특사 교환을 통해 김정일 위원장의 답방과 관련해 협의를 하는 과정에서 북한이 한국 정부에 요구한 것 중 가장 곤혹스러운 것은 뒤에서 자세히 살펴보겠지만 '답방시 환영 인파가 300만 명 정도 되어야 한다'는 것이었다.

그러나 당시 한국 정부는 북한이 이같이 요구해온 것과 관련, 일단 '수용하기 힘들다'는 입장을 정리하고 "김 위원장이 극비리에 방한한 뒤 이를 전격 공개하면 환영 분위기를 더욱 조성할 수 있다"는 뜻을 북한에 전달한 것으로 알려졌다. 그러나 북한은 김 대통령이 평양에서 받은 환대만큼 김 위원장도 서울 답방 때 환대받아야 한다는 입장을 고수했었다고 정부의 한 관계자는 밝혔다.

당시 남북한은 또, 김정일 답방이 이루어지면 개최될 2차 정상회담 의제와 관련, 한반도 평화 선언을 채택하는 데까지는 합의했던 것으로 전해졌다. 정부의 한 관계자는 "한반도 평화 선언은 충격적인 내용으로 이루어질 가능성이 높다"고 말했다. 당시 검토되었던 내용은 김정일 위원장이 미국의 부시 행정부가 북한에 대해 미사일과 함께 문제삼아 오고 있는 재래식 무기를 전격 감축한다고 선언하거나 휴전선 일대에 집중 배치되어 있는 인민군을 후방으로 돌린다고 선언하는 것 등이라고 그는 지적했다.

정부 관계자들과 정보 소식통들에 의하면 북한은 당시 김정일 답방과 관련한 협의과정에서 김정일 위원장이 서울을 답방할 때 그를 수행할 인사 명단도 전해왔었다고 한다. 북한이 통보해왔던 수행인원은 김 위원장이 상하이를 방문할 때 공식 수행했던 당·정·군 핵심 인사 9명이었던 것으로 알려졌다. 이들은 김영춘 군총참모장, 연형묵 국방위원 겸 자강도당 책임 비서, 김국태 당 비서, 장하철

당 선전선동부장, 강석주 외무성 제1부상, 김양건 당 국제부장, 현철해, 박재경 군총정치국 부총국장 등이며, 박송봉 노동당 제1부 부장은 2001년 2월 20일 사망했다. 이들 외에 형식상 국가원수인 김영남 최고인민회의상임위원장과, 김정일 위원장이 신의주 현지 시찰 때 수행했던 장성택 노동당 조직지도부 제1부 부장, 김희택 노동당 중앙위 제1부 부장 등도 합류할 것이란 메시지를 북한이 전달해왔다는 것이 한 정보 소식통의 전언이다.

김정일 위원장의 서울 답방은 2001년 1월 출범한 부시 미 행정부의 대북 강경정책으로 인해 어려움을 겪기 시작하다가 급기야 같은 해 9월 11일 사우디 아라비아 출신의 이슬람 근본주의자인 오사마 빈 라덴이 이끄는 테러조직 '알카에다(al-Qaeda)'에 의해 자행된 것으로 확실시되는 뉴욕과 워싱턴에 대한 테러 사태가 발발하면서 무산되고 말았다. 9·11 테러 사건을 계기로 부시 행정부의 대북 인식은 더욱 강경해졌다. 미국은 북한이 그동안 미사일기술통제체제(MTCR)를 위반하면서 '불법으로' 중동 이슬람 국가들에 미사일을 수출해오면서 오사마 빈 라덴측과도 연계가 되지 않았겠느냐는 의혹을 가지게 되었고, 이 같은 인식은 부시 대통령이 2002년 1월 29일 미국 상·하원 합동회의에서 북한을 "이라크, 이란과 함께 악의 축을 형성하고 있다"고 규정짓는 데 기초가 되었다.

그러나 한국 정부 내부에선 2001년에 김정일의 답방이 실현될 가능성이 이처럼 부시 미 행정부의 대북 강경정책과 9·11 테러 사태로 완전히 사라질 운명인 줄도 모르고, 김정일의 답방 시기가 언제가 좋은지를 둘러싸고 대통령과 대북정책 당국자들 간에 의견 차이가 발생하기도 했다. 정부의 한 관계자에 의하면 2001년 초 김정일 답방과 관련해 남북한간에 극비리에 막후 협의가 이루어질 때 김대중 정부의 대북정책 및 정보 당국자들간에는 답방 시기가 언제가 좋을지를 둘러싸고 이견이 심했다고 한다. 이 관계자는 "당초 김대중 대통령은 국민들에게 김정일이 봄에 답방한다고 말한 만큼 3월을 고집했고 관계 부처 당국자들은 이왕이면 국내 정치 일정, 특히 2002년 대선에 유리한 시기가 아무래도 좋지 않겠느냐는 입장이었다"고 전했다.

당시 김대중 대통령의 의지에 따라 한국 정부는 2001년 3월 7일 워싱턴에서 개최될 예정이었던 한미정상회담에 앞서 전격적으로 김정일 답방을 추진했던 것으로 전해졌다. 김대중 정부는 미국 부시 행정부가 지난해 남북정상회담 개최에도 불구하고 김정일 정권이 과연 핵과 미사일 개발을 중단하고 진심으로 한반도 평화를 바라는지에 대해 불신을 갖고 있다고 판단, 김대중 대통령과 부시 대통령 간 회담에 앞서 김정일 답방을 추진, 국내외에 남북한의 평화 의지를 과시하려 했다는 것이다. 그러나 북한이 이 같은 제안의 효과 여부를 검토한 뒤 거절한 것으로 알려졌다.

북한이 당시 거절한 까닭과 관련해 한 대북 전문가는 이렇게 설명했다. "김대중 정부의 대북정책 당국자들은 북한의 대미 관계를 개선하기 위해선 남북 관계를 발전시켜야 한다고 설득했다. 그러나 김정일 위원장은 미국이 끈질기게 요구해오고 있는 핵과 미사일 개발을 중단하는 등의 양보를 하지 않고 서울 방문을 통해 남북 관계를 발전시켜봤자 부시 미 행정부가 믿지 않을 것이고 그렇게 되면 괜히 답방이라는 대남 카드만 날려버릴 뿐이라고 판단했던 것 같다"

그럼에도 불구하고 한국 정부는 같은 해, 북한이 김정일의 답방에

갈수록 소극적으로 나오자 이에 대해 북한이 2000년 12월 평양에서 열린 4차 남북장관급회담 때부터 요구한 전력 지원 등 경제적 '선물'을 제공해주지 않아서 그런 것으로 오해하기도 했다.

그러나 김대중 정부는 대북 전력 지원에 대한 국내 여론이 '또 퍼주기냐'는 식으로 나타나자 '이 문제는 답방 이후에 다루자'는 메시지를 북한에 전달했던 것으로 전해졌다. 정부의 한 관계자는 "정부는 북한에 현재 전력 50만kw 등 경제 지원을 당장 할 수 있는 여력도 없고 더군다나 여론이 성숙되지 않았다는 점에서 김정일 위원장이 답방해 분위기가 무르익어야 그 같은 지원이 가능하다는 의사를 전했다"고 밝혔다. 그러나 당시 북한이 김정일 답방과 관련해 고민했던 것이 미국의 강경정책이었다는 점에서 한국 정부의 이 같은 대응은 너무나 빗나간 것이었다.

2. 김정일, 환영 인파 300만 명 요구

남북한이 밀사 교환을 통해 김정일 답방과 관련한 실무 절차와 의제를 논의하기 시작한 지 얼마 지나지 않은 2001년 초 북한 당국은 고난도의 퍼즐을 던져와 김대중 정부를 아연 긴장시켰다.

문제의 퍼즐은 김정일 위원장의 답방시 환영 인파는 김대중 대통령이 평양을 방문했을 때 거리에 나온 환영 인파 정도는 되어야 한다는 요구였다. 당시 김정일 답방 논의 과정에 깊숙이 관여하던 한 정보 소식통에 따르면 북한은, 2000년 6월 13일 김 대통령의 평양 방문 당시 환영나왔던 60만 명이 평양시 인구(200만)의 30% 정도라는 점을 상기시키면서 김정일의 서울에서의 환영 인원도 이에 상응하는 규모가 되어야 한다는 요구를 전달해왔다. 즉, 서울시 인구(1,000만 명)의 30%, 즉 300만 명 정도는 되어야 한다는 요구였다는 것이다.

문제는 북한이 이 '황당한' 요구를 매우 정색하고 해왔다는 데 있었다. 이 소식통은 "북한이 단순히 희망 사항 차원에서 그렇게 얘기한 것은 아니었다"고 지적한 뒤 "그래서 당시 우리 정부로서는 김정일 답방시의 환영 계획을 북한에 전달해야만 했다"고 말했다.

지금까지 방한했던 어떤 외국 정상에게도 이 같은 대규모 인원을 동원해 환영해본 적이 없었던 만큼 한국 정부에겐 북한 당국만한 노하우가 없었다. 그러나 한국의 대북정책 및 정보 당국으로선 혹시나 이 같은 요구를 거절할 경우 김정일 답방이 무산될까 봐 유관 부처들과 협의해 환영 인파 동원방법 등 환영 계획을 강구하기도 했었다는 것이 앞서 소식통의 증언이다.

당시 김정일 답방 논의과정에서 김대중 정부를 신경 쓰게 만들었던 또 다른 대목은 답방 때 북한의 형식상 국가원수인 김영남 최고인민회의 상임위원장의 동행 여부였다. 대북정책 당국으로선 1차 남북정상회담 때처럼 김 대통령과 김정일 위원장 간의 회담은 '상봉'으로 하고, 김 대통령과 김영남 위원장 간 회담을 '정상회담'으로 하려는 북한의 의도가 있을 수 있다고 생각했기 때문이다.

북한은 1차 정상회담 준비 접촉 때 정상회담이 김 대통령과 김정일 위원장 간에 열리는 것인지 여부에 대해 분명한 입장을 밝히지 않아 김대중 정부의 애를 태웠었는데 이는 그대로 현실에서 반영되었다. 실제 정상회담 기간 동안 ≪노동신문≫과 조선중앙방송은 김 대통령과 김정일 위원장의 만남과 회담을 각각 '역사적 상봉'과 '단독 회담'이라고 불렀고, 김 대통령과 김영남 위원장의 회담을 '북남최고위급회담', 즉 남북정상회담이라고 호칭했다. 당시 김대중 정부는 김 대통령과 김영남 위원장의 회담을 '공식 면담'이라고 불렀다.

이와 관련, 당시 정부의 한 관계자는 "김영남 위원장이 김 대통령과 회담을 가질 경우 북한은 이를 '2차 북남최고위급회담'이라고 부를 공산이 크다"면서 "이는 북한이 김정일 위원장이 조선반도의 최고 지도자로서 김 대통령보다 위라는 점을 강조하려고 하는 것으로 봐야 한다"고 말하기도 했다.

그러나 이 문제에 대해서 별로 개의치 않는 의견도 정부 내에 적지 않았다. 또 다른 정부 관계자는 "김영남 위원장의 동행 여부는 아직 확정되지 않았다"며 "그가 동행하더라도 김 대통령과 김정일 위원장의 회담 성격은 문제 되지 않을 것"이라고 주장하기도 했던 것이다.

이밖에 당시 남북한 당국이 김정일 답방과 관련해 중요하게 다뤘던 사안은 김정일 위원장이 이용할 교통수단이었던 것으로 알려졌다. 정부 관계자들과 정보 소식통들에 의하면 김대중 정부로서는 김정일 위원장이 비행기를 잘 이용하지 않아 일단 자동차편으로 판문점을 통과할 가능성이 높다고 판단했으나, 2001년 9월까지 완공하기로 했던 경의선의 완공 시기를 앞당겨 기차를 이용하도록 하는 방안을 검토하기 시작했었다고 한다. 한국 정부가 김정일 위원장의 자동차 이용 가능성이 낮다고 본 것은 다름아닌 자동차로 판문점을 통과하면 자동차 행렬이 너무 길어 김 위원장의 경호가 쉽지 않기 때문이었다는 것이 정부 관계자들의 증언이다.

그러나 남북한은 2001년 3월 말 막후 접촉에서 김정일 위원장의 답방이 올해 안에 이루어질 경우 그때까지 경의선이 복원되지 않는다면 비행기를 타는 방안을 검토하기도 했다.

한 정보 소식통에 의하면 당시 남북한 당국은 일련의 비밀 접촉을 통해 김정일 위원장이 비행기로 답방하는 데 대해 어느 정도 의견 접근을 봤었다고 한다. 인원이 400명이 넘을 것으로 알려진 수행단이 자동차를 이용할 경우 그 행렬이 너무 길어 경호상의 문제

등이 발생할 수 있기 때문에 비행기를 이용할 수밖에 없고, 경의선도 완공하려면 시간이 걸린다는 데 남북한이 원칙적으로 합의했었다는 증언이다. 다만 김정일 위원장이 타고 올 '북한 1호기'인 구소련제 비행기 IL-62가 낡은 데다가 탑승 인원이 적다는 점에서 남북한 당국 모두 고민했었던 것으로 알려졌다.

이 때문에 한국 정부 내에선 국내 항공사 소속 보잉 747기 등을 빌려줄 경우 비판 여론에 직면할까 우려해 중국이나 일본의 비행기들을 빌려 김정일 위원장이 답방시 이용할 수 있게끔 하는 방안이 연구되기도 했었다고 앞서의 정보 소식통은 전했다.

정식 명칭이 '특별비행기'인 북한 1호기 IL-62는 김일성 전 주석이 생존해 있을 때부터 사용해왔다고 이 비행기를 타본 적이 있는 한 탈북자는 전했다. 이 비행기는 내부를 방 네 개로 특수하게 개조해 최대 탑승 인원이 원래의 186명에 훨씬 못미친다.

'특별비행기'를 탑승해본 적이 있는 사람들의 증언을 종합하면, 이 비행기는 입구가 가운데에 나 있고 들어가면 방이 기수쪽으로 하나가 있고 후미쪽으로 세 개가 있다. 김정일 위원장이 이용하는 기수쪽 방은 김일성 시절부터 일반 수행원들의 접근이 차단되어 왔으며 '날아다니는 집무실'답게 양탄자가 깔려 있고 소파와 탁자에 통신시설도 갖춰져 있는 것으로 알려졌다. 후미쪽의 방 세 개는 차례대로 수행단에서 지위가 높은 사람들부터 자리잡는다고 한다. 첫번째 방에는 양탄자가 깔려 있고 소파가 놓여져 있는데 대개 총리나 각료급이 사용하고, 두번째 방은 10여 석의 비지니스 클래스로 대개 당 부부장급이나 경호원들이 이용하며, 세번째는 몇십 석 남짓 되는 이코노미 클래스로 일반 수행원들 차지다.

북한 당국은 한때 낡은 데다 이착륙시 탑승감이 좋지 않은 IL-62를 미 보잉사의 747 기종으로 대체하려고 했던 적이 있었던 것으로 알려졌다. 그러나 북한 내부에서 왜 미국산을 쓰려 하느냐는 등 논란이 발생했고 김일성과 김정일도 반대해 무산되었다고 한다. 당시 북한이 보잉기를 도입하지 않은 실제 이유는 가격이 너무 비쌌기 때문인 것으로 알려졌다.

김일성·김정일 부자는 '특별비행기'를 실제 사용한 경우가 거의 알려져 있지 않으며 대신 1992년 인도네시아 비동맹회의 등 북한 고위 대표단이 해외에 나갈 때 가끔씩 사용토록 해온 것으로 알려졌다.

김정일 위원장이 2001년 1월 15일 중국 상하이 방문 때 기차를 이용하면서 그가 '비행기 공포증'이 있는 것 아니냐는 추측이 나돌았지만, 그가 비행기를 꺼리는 것은 경호상의 문제 때문이고 비행기 탑승 자체는 오히려 즐기는 편이라고 한다. 그는 30대 중반이던 1970년대 후반에 평양 순안비행장에 자주 나와 비행사 옆자리에 앉아 미그전투기를 자주 탔으며, 공군대학을 수시로 방문해 비행사를 가리켜 '위대한 수령을 공중에서 모시는 사람들'이라며 잘 대우해주라고 지시하기도 했다는 것이다.

3. 김정일 답방,
2001년 9월 하순으로 잡혔다가 무산되다

　김대중 정부가 2001년에 이루어지길 학수 고대했던 김정일의 서울 답방과 그에 따른 2차 남북정상회담은 부시 미국 행정부의 대북 강경정책에다 9 · 11 뉴욕과 워싱턴 테러 사태까지 겹치면서 물 건너가고 말았다.
　그러나 결과적으로 지켜지지는 않았으나 같은 해 중반에 북한 당국으로부터 김정일의 답방 시기가 한 번 통보되었던 것으로 알려졌다.
　김대중 정부의 대북정책 당국 관계자에 의하면 한국 정부는 2001년 6월 중순 북한 당국으로부터 조선민주주의인민공화국 창건일인 9월 9일과 노동당 창건일인 10월 10일 사이인 9월 하순에 김정일 위원장이 서울을 답방한다는 통보를 받았다고 한다. 김정일 위원장은 9 · 9절 행사와 그 직후로 예정된 장쩌민 중국 국가수석의 방북 일정을 치르고 나서야 답방할 수 있다는 것이 당시 북한 당국의 통보 내용이었다고 한다. 장쩌민 주석은 예정보다 빠른 9월 3일 방북했으나 김정일 위원장의 답방은 9 · 11 테러 사태가 발발하면서 무산되고 말았다.
　당시 남북한 당국은 김정일 위원장의 답방시 개최될 2차 남북정상회담에서 논의할 의제에 대한 협의도 어느 정도 마무리했었던 것으로 전해졌다. 또 다른 정부 관계자는 "당시 김정일의 답방 시기가 확정되기 전까지 북한 당국이 우리측과의 비공개 막후 접촉에서 집중적으로 문제삼은 것은 경호와 환영 문제였고 의제 부문은 거의 협의를 끝냈었다"고 털어놓았다.

이들 관계자에 의하면 당시 김정일 위원장의 답방 장소는 서울로 합의되긴 했었으나 북한이 마지막까지 경호상의 문제를 들어 장소를 제주도로 변경하자고 요구할 개연성은 남아 있었다고 한다. 우리측에서 이 같은 개연성을 높이 봤던 것은, 북한이 내부적으로 '백두에서 한라까지'를 강조하고 있었기 때문이라고 이들 관계자는 지적했다. 미국과 일본에서 활동중인 상당수 친북인사들도 당시 김정일 위원장이 답방할 경우 서울보다는 제주도가 더 가능성이 높은 것으로 예상했었던 것으로 알려졌다.

북한 당국은 김정일 답방 시기를 통보함과 아울러 김정일 위원장이 김대중 대통령에게 줄 선물이나 답방시 사용할 물품 등을 준비하는 데 박차를 가하고 있다는 것도 알려왔다고 정부의 한 관계자는 말했다.

비록 2001년 9월 하순 답방이 무산되기는 했으나 북한 당국은 당시 외국 지도자들을 위한 선물을 제작해온 평양시 소재 만수대창작사에 김정일 위원장의 답방시 김대중 대통령에게 전달할 선물을 답방 한 달 전인 8월 중순까지 제작 완료하라고 지시했던 것으로 파악되기도 했었다고 이 관계자는 전했다. 만수대창작사가 준비한 선물은 보석화(寶石畵)와 금속 공예 작품 각각 한 점씩인 것으로 알려졌다. 그러나 보석화와 금속 공예의 소재와 내용은 아직 확인되지 않았었다고 그는 덧붙였다.

한국 정부의 대북 정보 당국은 또, 당시 북한 당국이 김정일 위원장이 서울 답방시에 사용할 물품을 만드는 데 필요한 재료를 중국 주재 요원들을 통해 구입하고 있는 것도 포착했었다. 김 위원장의 전용 물품은 노동당 재정경리부 산하 금수산의사당 경리부에서 전담해 제작하고 있다.

이들 미술 작품의 제작 완료 시한이 8월 중순으로 정해졌었던 것과 관련, 한 소식통은 "이는 북한 당국이 김정일 위원장의 답방 시기가 9월 하순으로 정해진 만큼 적어도 답방 한 달 전까진 김대중 대통령의 선물을 마련하기로 내부 방침을 정해놓았기 때문인 것으로 파악되었다"고 전했다.

지난 1959년에 설립된 뒤 대외적으로 김일성·김정일 부자를 소재로 한 '혁명 미술작품' 창작에 주력하는 단체로 유명한 만수대창작사는 내부적으로는 외국 원수를 위한 선물을 제작하는 임무도 수행해 오고 있는 곳으로 북한에서 최고의 미술품 창작기관으로 평가받고 있다.

북한 당국은 김일성 전 주석 때와 마찬가지로 김정일 위원장이 외국을 방문할 때와 외국 원수가 방북할 때 어떤 선물을 마련할 것인지를 결정해 만수대창작사에 지시를 내리면 만수대창작사는 1,000여 명의 베테랑 작가들을 거느린 산하 창작단과 제작단들 중 결정된 선물의 장르를 맡고 있는 곳에 임무를 맡긴다고 한다.

이 같은 창작단은 조선화·유화·선전화·보석화·조각·도자기·수예 등 각 장르별로 한 개씩 모두 10여 개가 있는 것으로 알려졌다. 기념탑·기념비 등 북한이 자랑하는 조각작품을 만든 '조각창작단'과 '단풍든 칠보산'을 제작한 '수예창작단' 등이 유명하다.

만수대창작사의 제작단으로는 '김일성 배지'와 '김정일 배지'를 만들고 있는 '초상휘장 초상화 제작단'을 비롯해 모두 6개가 있다고 한다.

그러나 김일성 부자의 초상화 제작은 사실상 만수대창작사의 '전부'라고 해도 과언이 아닐 정도로 중요한 임무로 여겨지고 있는 것으로 알려졌다. 북한 당국은 김일성 전 주석이나 김정일 위원장의 초상화를 '용상화(龍像畵, 초상화)'라고 부르게 하면서 만수대창작사 화가들에게 이 용상화 그리는 것을 가장 중요한 임무로 여기도록 하고 있다는 것이 탈북 화가의 전언(傳言)이다.

만수대창작사에 들어가기 위해선 계급적 토대, 즉 출신 성분이 좋아야 하고, 반드시 평양미술대학을 졸업해야 하고, 용상화 자격증을 따야 하는 등 세 가지 조건을 갖춰야만 하는 것으로 전해졌다. 용상화 자격증 급수는 1~3급까지 있다.

만수대창작사에 소속된 용상화가들은 표를 끊지 않아도 기차를 탈 수 있을 뿐만 아니라 여행증 없이도 가고 싶은 지역을 다닐 수 있는 등 여러 특권을 누리고 있다고 앞서의 탈북 화가는 말했다.

그런데 북한은 왜 답방 선물로 보석화와 금속 공예품을 선택했을까? 이와 관련, 한 대북 전문가는 보석화는 각종 보석으로 그림을 만드는 것으로 북한에만 있는 미술양식이기 때문에 북한 당국으로선 이 보석화를 가치성과 희귀성 모든 면에서 가장 나은 선물이라고 판단했을 것이라고 분석했다.

보석화는 우리로 치면 동양화에 해당하는 조선화를 바탕 삼아 천연 보석 가루를 이용해 회화적 형상을 표현하는 장르로서 '조선보석화'라고 부르기도 한다. 북한의 주장에 따르면 보석화는 고구려 고분 벽화의 원리에 따라 고안되었다고 한다. 오랜 세월이 지나도록 탈색되지 않는 고구려 고분 벽화에서 힌트를 얻어 1988년 새로이 개발한 것이 바로 보석화라는 것이다. 이 명칭은 김정일 위원장이 1988년 8월 30일 한 미술가가 천연 돌가루를 이용해 형상화한 미술 작품을 보고 지어준 것으로 알려졌다. 김정일 위원장이 보석화란 이름을 창작했다는 사실도 북한이 답방 선물로 보석화를 선택한 사유가 되었을 개연성이 있다.

보석화의 제작방법은 천이나 판, 돌 등 평판 위에 조선화를 그린 다음 홍옥이나 청옥 등 천연 보석 가루를 뿌려 물감 대신 천연 보석의 색깔로 조선화의 모습을 재현하는 것이다. 보석화의 표현기법은 조선화의 전통적인 화법을 바탕으로 하여 이루어진다. 기법으로는 유화기법을 원용해 입체감을 살리는 방법, 공예처럼 특정 부위에 보석을 박아 생동감을 주는 기법 등이 있는 것으로 알려졌다.

그렇다면 북한의 만수대창작사가 김정일 답방시 김대중 대통령에게 줄 선물로 만들어놓았을 보석화의 내용은 무엇이고 여기에 사용된 보석은 어떤 것일까?

앞서의 정부 관계자에 의하면 북한이 보석화의 내용이나 보석 종류까지 알려오지 않았었기 때문에 알 길이 없다고 한다. 내용은 북한에서 그동안 제작된 대표적인 보석화들이 대부분 자연이나 문화적인 내용을 담았다는 점에서 '백두산 호랑이'나 '비둘기의 춤' 등 비정치적인 내용일 것이라고 한 전문가는 예상했다.

4. 북한은 왜 극비리에 한국의 대북 라인 교체를 요구해왔는가

남북한이 밀사 교환 등 막후 접촉을 통해 김정일 국방위원장의 서울 답방에 관한 논의를 본격적으로 하기 시작했던 2001년 초, 북한은 극비리에 대북 라인의 교체를 요구해왔다.

당시 남북 당국간 막후 접촉에 직·간접으로 관여했던 정보 소식통들에 의하면 북한은 김정일 답방 문제를 논의하던 2001년 1월 중순 한국 정부에 대북 라인을 교체해달라는 메시지를 전달해왔다고 한다.

문제는 북한 당국이 이 같은 요구를 담은 메시지를 한국 정부의 누구에게 전달했느냐는 것이다. 이와 관련, 한 소식통은 "사안의 성격상 이 메시지는 당시 임동원 국가정보원장이나 박재규 통일부 장관을 거치지 않고 곧바로 청와대에 전달된 것 같다"고 말했다.

당시 대북정책을 주도한 '투톱'이었던 임동원 국가정보원장과 박재규 통일부 장관은 이 같은 사실을 접하고 충격을 받았던 것으로 전해졌다.

이들 대북 라인보다 훨씬 당혹스러워했던 사람은 물론 김대중 대통령이었던 것으로 알려졌다. 김 대통령은 2000년 6월 13일 평양에서의 남북정상회담 전후 개최된 남북장관급회담 등 각종 대화를 맡아오면서 대북정책을 주도해온 임동원 국정원장과 박재규 통일부 장관 등을 교체하라면 그 자리에 도대체 누구를 기용할 것인지 혼란스러워할 수밖에 없었던 것이다. 그 같은 요구를 수용하지 않으면 반드시 성사시켜야 할 김정일 답방이 어려워지는 것은 아닌지 불확실한 점도 김 대통령의 혼란을 더욱 부채질했을 개연성이 높다.

그렇다면 북한은 당시 무슨 이유에서 임동원 원장과 박재규 장관의 교체를 요구해왔던 것일까?

당시 이 상황에 정통한 한 정보 소식통은 "북한이 김대중 정부의 대북 라인 교체를 요구해온 이유는 이들 모두 김정일 '장군님'을 독대한 만큼 이들과 무슨 협상을 벌이기가 부담스러웠기 때문이다"라고 전했다.

북한에선 '장군님'이라고 불리는 김정일 국방위원장과 독대하면 그것만으로도 엄청난 권위를 가지는 것으로 알려졌다. 이 때문에 북한 당국은 김정일의 답방 협의과정에서 중대한 사안과 관련해 한국 정부의 대북 라인이 김정일 위원장과 가진 독대 사실을 거론하면서, 수용하기 어려운 입장을 고집할 경우 어떻게 할 도리가 없다고 판단, 이들의 교체를 요구해왔다는 것이다.

북한이 특히 이들 대북 라인 중 부담스러워했던 인사는 박재규 장관이었다고 앞서의 소식통은 증언했다. 박재규 장관은 2000년 12월 12~15일 평양에서의 4차 남북장관급회담에서 김정일과의 독대 사실을 활용, 북한 수석 대표인 전금진 내각참사를 밀어부쳐 북한이 매우 곤혹스러워했던 것으로 알려졌다. 박재규 장관은 4차 장관급회담 때 전금진이 한국 국방부가 발간한 『국방백서』에 명시된 '주적(主敵)' 문제와 전력 50만kw 지원 요청 문제 등을 내걸며 투자보장 이중과세방지 등 경협 관련 4대 합의서에 서명을 못하겠다고 버티자 '장군님'과의 독대 사실을 거론하면서 브링크맨십(brinkmanship)을 구사, 합의서 서명을 이끌어내는 성과를 거두었던 것으로 알려졌다.

김대중 대통령은 북한의 이 같은 요구가 전해진 직후 임동원 원장과 박재규 장관의 거취에 대해 심각히 고려했었다고 한다. 임동원 원장은 청와대 '남북 관계 특보' 형태의 자리로 이동하고 박재규 장관도 다른 자리로 옮기는 등 여러 경우의 수가 검토되기도 했었으나 김대중 정부는 일단은 두 사람을 현직에 유임시키는 것으로 결정했었다는 것이 소식통들의 증언이다.

그러나 김대중 정부의 이 같은 결정은 두 달도 채 못 가 바뀌었다. 2001년 3월 중순 부분 개각이 단행됐는데 이때 대북 라인도 교체되었다. 임동원 원장은 통일부 장관에 재기용되었고 박재규 장관은 경질된 것이다. 국정원장에는 신건 전 법무부 차관이 임명되었다.

문제는 이 같은 대북 라인의 변화가 북한의 요구에 따른 것인지 여부였다.

정부의 한 관계자는 북한이 대북 라인 교체를 요구해왔을 때 이 문제의 판단 기준으로 삼을 만한 언급을 한 적이 있다. 이 관계자는 "북한이 한국 정부의 대북 라인에 대한 교체 요구를 철회했는지 여부는 3월 중순 서울에서 개최될 예정인 5차 남북장관급회담을 통해 확인할 수 있다"고 지적했었다. 즉, 김대중 정부가 대북 라인을 교체하지 않더라도 5차 장관급회담이 예정대로 개최될 경우 이는 북한이 교체 요구를 철회한 것을 의미하지만, 만약 이 회담이 무산되면 북한이 교체 요구를 계속 관철시키겠다는 의사를 표명했다는 것을 의미한다.

그런데 3월 13일로 예정되었던 5차 남북장관급회담이 북한의 일방적인 연기 주장으로 인해 무산되는 사태가 발생했다.

그렇다면 북한이 5차 장관급회담을 무산시킨 까닭은 무엇일까? 한국 정부가 대북 라인을 교체하지 않았기 때문일까?

당시 북한이 이 회담을 무기한 연기시킨 주요 원인은 부시 미국 행정부의 강경한 대북 인식이었다는 것이 대북 전문가들의 전반적인 분석이다. 그 계기는 5차 장관급회담에 일주일 앞서 미국 워싱턴에서 열렸던 한미정상회담에서 나온 부시 미국 대통령의 발언이다. 부시는 당시 "북한이 미사일과 핵 등 대량살상무기(weapons of mass destruction) 개발을 포기해야 할 뿐만 아니라 휴전선 근방에 집중 배치한 막대한 재래식 무기(conventional weapons)를 후방으로 철수시켜야 함과 동시에 이에 대한 검증이 이루어져야만 북한에 경제적 지원을 할 수 있다"며 "김정일 북한 정권에 의심의 여지가 있다"고 강조, 김대중 대통령의 대북 포용정책인 햇볕정책과 김정일 위원장을 동시에 비판했다. 부시의 이 같은 발언으로 인해 김대중 정부로서는 북한의 대량살상무기 개발 같은 사안을 남북대화의 주요 의제로 채택하지 않고 오로지 식량 등의 대북 지원을 통해 북한을 포용하고자 했던 햇볕정책을 예전처럼 추진하기 힘들어졌다.

그 결과 2001년 1월부터 상당한 진척을 보였던 김정일 위원장의 답방과 관련한 남북한간 협의가 타격을 받기 시작했다고 한다. 그 까닭은 북한의 처지에서 제아무리 김정일 답방 등을 통해 남북 관계를 개선하기 위해 노력한다 하더라도 미국이 대량살상무기 문제에 대해 강경한 입장을 고수할 경우 그 같은 노력은 결실을 맺기 어렵다는 것을 인식했기 때문이다. 그러나 김정일 답방이 2001년에 끝내 무산되고 만 데는 9·11 사태가 결정적인 영향을 미친 것으로 분석된다.

그러나 북한이 5차 남북장관급회담을 무산시킨 데는 김대중 정부가 대북 라인을 교체해달라는 자신들의 요구를 즉각 수용하지 않았다는 것도 한미정상회담에서 나온 부시의 발언 정도의 영향은 아니더라도 어느 정도 영향을 미쳤다는 것이 정부 관계자들의 전언이다.

이는 북한이 3월 13일 5차 남북장관급회담은 무산시켰으나 그후 김정일 답방과 관련해 남북 당국간 막후 협의를 지속시켰다는 점에서 엿보인다. 정부의 한 관계자에 의하면 북한이 5차 장관급회담은 연기시켰으면서도 김정일 답방과 관련한 협의는 계속 했다는 것은 어느 정도 김대중 정부의 대북 라인에 변화가 발생했다는 것을 긍정적으로 받아들였기 때문인 것으로 분석되었다고 한다.

5. 김정일 답방과 대북 전력(電力) 지원 간 정치경제학적 함수 관계

2001년 초부터 시작된 김정일 북한 국방위원장의 서울 답방과 관련된 남북한 막후 접촉에서 김대중 정부의 최대 고민은 대북 전력 지원 문제였다. 북한은 2000년 12월 4차 남북장관급회담에서 공식적으로는 처음 제기했던 전력 50만kw 지원 요구를 한국측과의 막후 접촉에서도 집요하게 해왔었기 때문이다.

정부 관계자들과 전문가들에 의하면 2001년 상반기부터 9월 11일 뉴욕 및 워싱턴 테러 사태 이전까지 남북 관계와 한미 관계를 관통했던 화두는 '전력(電力)'이었다. 실제 대북 전력 지원 여부 문제가 이 기간 동안 남북한과 미국 간에 벌어지고 있는 일련의 사안들과 어떤 형태로든 연결되어 있었다. 3월 13일 5차 남북장관급회담 연기 사태나 3월 7일 한미정상회담 전후로 대북정책을 둘러싸고 노정되고 있는 한미간 갈등 등을 초래하고 있는 여러 공통 변수 중 최대 변수는 대북 전력 지원 문제였던 것이다.

이는 북한이 한국의 전력 지원을 김정일 위원장 답방의 전제조건으로 내세워왔기 때문이라고 정부의 한 관계자는 증언했다. 그러나 한국 정부로서는 김정일 답방에 앞서 전력 지원을 보장하라는 북한의 요구에 대해 내심 수용하고 싶어했으나 '경제 침체 상황에서 무슨 전력 지원이냐'는 부정적인 여론 때문에 난색을 표할 수밖에 없었다. 이 때문에 이 해 초 한국 정부는 김정일 답방을 조속히 실현시키기 위해서라도 에너지난으로 인해 경제 회복에 어려움을 겪고 있는 북한에 전력을 지원하기 위한 '묘안'을 찾는 데 골몰했었다는 것이 정부 관계자의 전언이다.

사실 3월 13일 북한이 5차 남북장관급회담을 돌연 무기한 연기시킨 것도 대북 전력 지원 문제 때문이라는 분석이 지배적이다. 3월 7일 워싱턴에서 열린 한미정상회담을 통해 부시 미국 행정부가 북한이 핵 미사일 개발 프로그램을 포기했는지를 검증하겠다는 것을 강조하면서 그 같은 검증이 이루어지기 전에는 대북 전력 지원 등 어떤 지원도 해서는 안된다고 강조한 것을 지켜본 북한으로선 5차 장관급회담에서 남한 정부로부터 전력 지원을 약속받기가 어렵다고 보고 회담을 연기시켰을 개연성이 높다는 것이다. 북한은 남북장관급회담을 전력 지원을 얻기 위한 논의의 장으로 다뤄왔고 김정일 답방과 관련된 의제 등은 한국과 밀사 교환을 통해 논의해 왔다.

한국 정부의 고위 대북정책 결정자들이 미국의 반대와 국내의 부정적인 여론에도 불구하고 대북 전력 지원 문제를 적극적으로 풀려고 하는 '부담'을 가지게 된 근본적인 이유는, 북한이 2000년 6월 남북정상회담을 수용하는 '대가'로 전력을 지원하기로 했기 때문이라는 지적도 있다. 한국 정부가 2000년 3월과 6월 두 차례에 걸쳐 당시 클린턴 미국 행정부와 대북 전력 지원 문제를 협의한 배경도 이 때문인 것으로 알려졌다.

김대중 대통령은 2001년 중반 들어 무려 여덟 차례에 걸쳐 김정일 위원장의 답방을 공개적으로 요청하고 나섰다. 김 대통령이 이처럼 지나칠 정도로 김정일 답방에 안간힘을 쓰고 있다는 모습을 노골적으로 보인 것은 자신의 3단계 통일방안 중 1단계인 '남북연합'을 실현시키기 위해선 김정일 답방이 반드시 전제되어야 한다고 판단했기 때문이었을 것이라는 게 한 대북 전문가의 분석이다.

김 대통령의 의도가 무엇이었든 간에 국정원과 통일부 등 대북정책 당국은 당시 김정일 답방을 실현시키기 위해서라도 북한이 그토록 원하는 전력을 지원하고 싶어했다. 이는 이 무렵 임동원 장관 등 대북정책 부문 고위 당국자들이 공개 석상에서 언급한 내용들을 살펴보면 금세 읽을 수 있다.

특히 임동원 장관이 2001년 7월 22일에 언급한 것을 보면 당시 김대중 정부가 대북 전력 지원 문제를 얼마나 심각하게 고민하고 있었는지 보여준다. 임 장관은 이날 제주도 호텔신라에서 열린 대한상의 최고경영자대학 초청 강연에서 "1단계로 100만 평이 개발되는 개성산업단지에 150개 기업을 입주시켜 연간 20억 달러의 수출을 기대하고 있다"면 "개성산업단지에는 문산에서 개성까지 선로를 연결해 우리의 전기는 물론 가스를 공급하고 인천항을 통한 교통망도 갖추게 될 것"이라고 밝힌 것이다. 그는 또, "현재 북한의 전력 사정은 수요의 절반밖에 공급하지 못할 정도로 어려워 작년 국민소득은 500달러 밑으로 내려갔고, 수출은 5억 달러 등으로 지난 1990년의 절반 수준에 그쳤다"고 설명했다.

임동원 장관이 국정원장으로 재직할 때 그에게서 대북 전력 지원을 위한 청사진을 직접 들은 적이 있는 소식통들에 의하면, 그의 복안은 북한이 2000년에 현대와 합의한 개성공단에 전력을 공급하고 이 공단에서 생산된 물품은 개성과 인천 간에 고속도로를 건설해 인천항이나 영종도 신공항을 통해 수출될 수 있도록 하는 것이었다고 한다. 임씨는 한때 개성과 인천 간 거리가 3시간이나 걸린다는 점을 고려, 임진강에 항만을 건설하는 문제도 검토했는데 임진강의 조수간만의 차가 일정치 않아 개성과 인천 간 고속도로를 건설하기로 결론을 내린 것으로 알려졌다.

임씨의 이 같은 발언은 상당한 비판을 불러일으켰다. 비판 내용을 요약하자면 '김대중 정부로서는 김정일 답방을 성사시키기 위해서라도 어떻게든 북한에 전력을 지원하고 싶은데 국내 여론도 좋지 않고 미국도 반대하자 임 장관이 대북 전력 지원은 결코 일방적인 지원이 아니라 남북경협을 위한 것임을 강조해 국내의 비판적 여론과 미국의 반대를 누그러트리려 한 것이 아니냐'는 것이었다.

이 같은 비판이 옳든 그르든 간에 김대중 정부는 2001년 7월 하순 무렵 국내의 부정적인 여론을 무시하고 북한에 전력을 지원하고 싶어도 할 수 없게 되었는데, 그것은 미국이 반대 의사를 전해왔기 때문이다. 당시 미국은 "전력은 미북간 제네바 핵 합의(The Agreed Framework)와 관련된 것으로 한국이 관여하지 말라"며 최종적으로 반대했기 때문이라는 것이다. 사실 그동안 김대중 정부가 대북 전력 지원을 추진하는 데 있어 가장 큰 걸림돌은 미국의 반대였다. 그 이유는 1994년 10월 미국이 제네바에서 북한과 체결한 '제네바 핵 합의'의 체결 목적과 관련되어 있기 때문이다.

미국이 이 합의를 통해 북한에 경수로 2기를 지어주기로 약속했던 까닭은 북한이 부족한 전력을 생산한다는 명분으로 건설한 영변의 흑연감속로에서 나오는 플루토늄으로 핵무기를 대량 개발할까 우려했기 때문이다. 즉, 미국이 핵무기 제조에 쓰일 만큼의 플루토늄이 나오지 않는 것으로 알려진 경수로 2기를 건설해주어 북한이 거기서 나오는 전력으로 전력난을 해결할 수 있게 해주는 대신 북한에게 영변 원자로에서 플루토늄을 추출하는 데 사용한 연료봉(fuel rods) 등 이른바 '과거 핵'에 대한 국제원자력기구(IAEA)의 사찰을 받게 함으로써 북한의 핵 개발 프로그램을 완전히 동결시키겠다는 것이 제네바 핵 합의의 핵심이다. 한마디로 경수로 건설은 전력 부족난을 겪는 북한에게 핵무기를 개발하지 못하게 막기 위한 미국의 지렛대인 셈이다. 따라서 미국의 입장에서 보면 김대중 정부가 북한에 전력을 지원하려는 움직임을 보이는 것은 그 같은 지렛대의 힘을 확 빼버리는 것과 다르지 않은 것이다.

더군다나 IAEA가 북한이 핵비확산협정(NPT) 관련 의무조항들을 성실하게 이행하고 있지 않다고 비판해왔기 때문에 부시 미국 공화당 행정부로선 더욱 김대중 정부의 대북 전력 지원을 탐탁지 않게 여겼다. 클린턴 전 민주당 행정부도 마찬가지였던 것으로 알려졌다. 클린턴 행정부는 2000년에 개최된 한·미·일간 대북정책 공조를 위한 대북정책감독그룹(TCOG) 회의를 통해 한국 정부에 대북 전력 지원을 반대한다는 메시지를 전달했다는 것이다. 당시 클린턴 행정부로서는 김대중 정부가 1998년 말 금강산 관광사업을 허용, 북한에 막대한 경화(硬貨)가 유입되도록 함으로써 미국이 전가(傳家)의 보도(寶刀)처럼 의지해온 대북 '경제제재(economic sanctions)'라는 지렛대를 사실상 무용지물로 만든 '전과(前科)'를 잊지 않고 있었기 때문에 더욱 한국이 북한에 전력을 지원할까 우려했었다고 한다.

김대중 정부의 대북 전력 지원이 사실상 불가능한 것으로 확인된 시점은 2001년 7월 25일이다. 이날 잭 프리처드 미국 한반도 담당 특사는 미국 하원 국제관계위원회 아태 소위에 출석해 "북한은 IAEA가 명시한 NPT 의무조항들을 완벽하게 준수해야 한다"며 "북한이 그 같은 의무를 완벽하게 준수할 때까지 경수로 건설 계획은 중단될 것"이라고 말했다. 이런 상황에서, 즉 미국이 경수로 건설을 중단할 수 있다고 경고하면서까지 북한이 IAEA에 의한 핵사찰 등 NPT 의무조항을 준수하게끔 만들기 위한 강경 드라이브를 걸고 있는 마당에, 명색이 동맹국인 한국이 이 같은 미국의 대북 전략을 훼손시킬 수 있는 대북 전력 지원을 추진할 수는 없는 노릇이었던 것이다.

김대중 정부는 이처럼 미국에 의해 대북 전력 지원 '불가(不可)' 판정을 받는 국면에 직면하자 단기적으로 김정일 답방을 실현시키는 데 효과가 좋은 품목을 찾기 시작했는데, 당시 통일부 등 대북정책 당국에 의해 가장 유력하게 거론되었던 '선물'은 쌀이었다.

당시 김대중 정부가 전력 대신 쌀을 지원하는 것을 고려하게 된 것은 북한이 같은 해 5~6월부터 1997년 이래 최악의 식량난을 겪고 있기 때문이었다. 2001년 4월 데이비드 모턴(David Morton) 세계식량계획(WFP) 평양사무소장은 "한국을 비롯한 외부에서 지원된 식량이 5월부터 거의 바닥날 것이며 이 때문에 북한 주민들은 벌써 소화 문제를 야기하는 '대체 식량' 개발에 나섰다"고 밝히기도 했다.

실제 이 무렵 북한은 어떻게든 시급히 외부로부터 식량을 동원하지 않으면 안되는 상황에 몰려 있었다. 그러나 경화가 부족한 북한으로선 태국이나 베트남 등 재고 식량이 넉넉한 동남아 국가들에게서 쌀을 비롯한 식량을 구입하기도 어려웠다. 그렇다고 외상도 불가능한 실정이었다. 태국은 2000년에 이미 쌀을 외상으로 달라는 북한을 향해 그전의 외상을 갚기 전엔 절대 안된다고 거절한 적이 있고, 베트남도 2001년 7월 11일 김영남 북한 최고인민회의 상임위원장이 방문하기 전에 그가 쌀을 외상으로 달라고 할까 봐 미리 외상은 안된다는 얘기를 흘려 그 이야기가 기삿거리가 되기도 했었다. 이런 상황에서 북한은 일본에서 들어오고 있는 50만 톤의 식량만으로는 버티기 어려운 실정이었다.

바로 이 점에서 북한이 하반기 식량난을 돌파하는 데 필요하다고 보는 100만 톤의 쌀을 김대중 정부에게 요청할 가능성이 제기되었다. 우리 대북정책 당국도 그 가능성에 대비, 쌀을 전력 대신 지원하는 방안을 고려했었던 것이다. 말하자면 남북 관계에서 쌀은 전력의 '대체재'가 될 가능성이 높았던 것이다. 이와 관련, 태국의 쌀 상인들은 한국 정부가 한 해 전에 그랬던 것처럼 수십만 톤의 쌀을 구입해 북한에 지원할 것이라고 보고 바쁘게 움직였다.

이 해 10월 들어 김대중 정부는 쌀을 지원하기로 방침을 정했다. 당시 통일부는 북한에 쌀 30만 톤을 지원하기 위한 재원 마련에 착수했다. 이로써 미국이 전력 지원을 봉쇄한 탓에 대체재로서 검토되었던 쌀 지원 문제가 전격 부상한 것이다.

김대중 정부로서는 다행스럽게도 제1야당이자 원내 제1당인 한나라당 역시 대북 쌀 지원에 적극 동의했다. 그전까지 정부가 한 대북 지원을 '퍼주기'로 비판해왔던 한나라당이 놀랍게도 북한에 200만 섬의 쌀을 지원하자고 제안하고 나섰던 것이다. 그러자 한나라당의 일관성 없는 대북정책에 대한 비판이 적지 않았다. 그러나 한나라당이 그 같은 제안을 하게 된 것은 쌀 재고량이 많아 고통을 받는 농민들을 지원하기 위해서였던 것으로 알려졌다.

그러나 2001년 9월 15일 서울에서 5차 남북장관급회담이 개최되면서 이루어질 것으로 보였던 쌀 지원은, 북한이 11월 초 금강산에서 열린 6차 장관급회담에서 한국 정부가 9·11 뉴욕 및 워싱턴 테러 사태를 계기로 전군에 하달한 비상경계령을 트집잡아 결렬시키면서 끝내 무산되고 말았다.

6. 김대중, 월드컵 때 김정일 포함한 '2+4 정상회담' 제의

2002년 들어서자마자 김정일 답방 가능성은 미북 관계가 걷잡을 수 없이 악화하면서 사실상 사라졌다고 보는 관측이 지배적이었다. 그러나 이 해 3월 하순 들어 김대중 정부는 여전히 불리한 정세에도 불구하고 김정일 답방을 실현시키기 위한 마지막 카드를 빼들었다. 바로 5월 31일 월드컵 개막식 때 김정일을 미·일·중·러 등 주변 4강 정상과 함께 초청해 이른바 '2+4 정상회담'을 개최하기 위해 4월 3일 임동원 청와대 통일외교안보 담당 특보를 특사로 북한에 파견한 것이었다.

2001년 1월 중순 미국에 조지 W. 부시 공화당 행정부가 출범한 이후 한번도 편치 않았던 미북 관계가 2002년 1월 들어 더욱 긴장 국면으로 돌입하게 된 것은 부시의 대북 강경 발언들 때문이었다. 부시 대통령은 이 해 1월 29일 미 상·하원 합동회의에서 행한 연두 국정 연설을 통해 북한을 이라크, 이란과 함께 '악의 축(axis of evil)을 형성하고 있다'고 규정한 데 이어, 2월 20일엔 서울에서 김대중 대통령과 정상회담을 가진 직후 가진 기자 회견에서 '주민들의 굶주림을 방치한 채 대량살상무기를 개발하는 김정일 정권과 북한 주민을 분리해 다루겠다'고 선언했다. 부시 대통령은 이처럼 북한에 핵과 미사일 개발 및 수출을 중단하지 않을 경우 어떠한 관계 개선도 없다는 점을 분명히 밝히면서도 동시에 북한에 대화 재개를 요청했다.

북한이 부시 대통령의 발언들을 비난하고 나서는 데 걸린 시간은 이틀로 비교적 길었으나 비난하고자 하는 바는 명백했다. 북한은 2월 22일 외무성 대변인 담화를 통해 부시 대통령이 한국 방문 때 한 발언을 강력히 비난하면서 "우리 제도를 인정하려 하지 않으면서 침공의 구실만을 찾기 위해 제창하고 있는 그런 대화는 필요 없다"고 주장했다.

미북 관계가 이처럼 악화하자 당시 김대중 대통령은 남은 임기 1년의 최대 목표랄 수 있는 김정일 답방 가능성이 사실상 없어졌다고 체념하기 시작한 것으로 보인다. 김 대통령은 국가정보원으로부터 수시로 받아오던 '김정일 답방 가능성에 관한 보고'를 2월 들어 그만 올리라고 지시했다. 부시가 김정일에 충격을 주려고 했던 '악의 축' 발언에 김 대통령이 유탄을 맞은 셈이다.

그러나 그로부터 한 달 만에 김대중 대통령이 그의 숙원 사업인 김정일 답방을 포기하지 않았다는 것이 드러났다. 청와대는 같은 해 3월 25일 오전에 박선숙 대변인을 통해, 임동원 대통령 통일외교안보 담당 특보가 4월 3일 특사로 방북할 것이라고 발표했는데, 이에 대한 국내외 전문가들의 반응은 대체적으로 '햇볕정책의 전도사'로 불리는 임동원 특보를 북한에 보내 어떻게든 김정일의 서울 답방을 성사시켜 보려는 김 대통령의 마지막 승부수가 아니겠느냐는 것이었다. 박선숙 대변인은 정부가 정확히 언제쯤 북한에 특사 파견을 제안했는지는 밝히지 않았으나 북한으로부터 특사 방북을 수용하겠다는 통보가 전날 늦게 왔고 한국 정부의 대북 특사 파견 발표는 남북한이 4월 3일 같이 하기로 했다고 설명했다.

그러나 임동원 특보는 이날 청와대 기자단과 만나 방북 목적이 김정일의 서울 답방을 협의하는 데 있다기보다는 2003년에 발생할지도 모를 한반도 안보 위기를 예방하는 데 있다고 설명했다. 대북 경수로 건설이 완공 시한내인 2003년까지 이루어질 가능성이 없기 때문에 북한이 손해보상 요구를 하거나 2003년까지 유예하기로 한 미사일 시험발사를 재개하거나 할 경우 안보 위기가 발생할 가능성이 높은 만큼 이를 예방하기 위해 북한에 미북 관계의 진전이 필요하다는 것을 설득하려고 방북하는 것이라고 임 특보는 주장했다.

역대 어떤 정권도 대북 특사를 파견한다고 공개한 적이 없었을 뿐만 아니라 설령 공개했더라도 특사가 자신의 임무를 언론에 공개하는 것은 상대 국가에 결례를 범하는 것이라고 볼 수 있다. 이 점에서 임 특보의 설명을 곧이곧대로 받아들이긴 어려웠다.

그렇다면 임동원 특사의 실제 임무는 무엇이었을까?

대북 정보 당국의 소식통들에 의하면 김대중 정부가 임 특보를 통해 북한에 전달하고자 했던 메시지 중 가장 핵심적인 것은 김정일에게 5월 31일로 예정된 한국 월드컵 개막식에 참석하는 방식으로 답방할 것을 설득하는 것이었다고 한다. 임 특보는 특사 자격으로 방북중이던 2002년 4월 4일 저녁, 자신의 숙소인 평양 백화원초대소에 찾아온 김정일을 만나 김대중 대통령의 친서를 전달하면서 서울 답방을 권유한 것으로 알려졌다. 임 특보는 이날 김정일에게 월드컵 개막식 때 참석해 '2+4 정상회담'을 갖자는 방안을 제안한 것으로 확인되었다. 앞서 소식통 중의 한 명은 "임 특보는 김정일을 만나 월드컵 개막식 때 남북정상을 비롯한 주변 4강 정상이 참여하는 '2+4 정상회담' 개최안을 제안하고 설득했다"고 밝혔다.

이들 소식통에 의하면 김대중 정부는 임동원 특보팀을 중심으로 2001년 12월부터 김정일 답방을 실현시키기 위해 월드컵 개막식에 김정일과 함께 미국·일본·중국·러시아 정상들을 초청해 남북한 정상과 주변 4강 정상이 회담을 갖는 이른바 '2(남북한)+4(미·일·중·러) 정상회담'을 개최하는 방안을 추진하기 시작했다고 한다.

임 특보가 이 같은 방안을 선택하게 된 것은 김정일이 신변 안전을 걱정해 서울 답방을 꺼린다는 점을 주목했기 때문이라고 한 소식통은 지적했다. 즉, 임 특보로서는 어떻게 해서든지 김정일이 신변 안전 문제에 대한 우려를 갖지 않게 하는 것이 필요한데, 그렇게 하기 위해선 그를 월드컵 개막식을 계기로 주변 4강 정상들과 함께 초청하는 것만큼 효과적인 방안이 없다고 보았다는 것이 이 소식통의 설명이다. 임동원 특보팀은 김정일로서는 미·일·중·러 정상들과 함께 회담을 갖게 될 경우 신변 경호가 혼자 서울을 방문했을 때와는 비교가 안될 정도로 강화된다는 점에서 신변 안전 문제를 덜 걱정하고 답방할 가능성이 높지 않겠느냐고 판단하고 월드컵 개막식 때를 활용해 '2+4 정상회담'을 추진하게 되었다는 것이다.

국정원 등 대북 정보 당국에선 김정일이 2002년 4월 현재까지 답방 약속을 지키지 않는 이유 중 상당히 비중이 큰 것은 서울을 방문했을 때 신변 안전에 위협이 있을 수 있다는 불안 때문이라고 분석해왔다. 이 때문에 임 특보팀의 '2+4 정상회담' 방안은 효과가 있을 것이라는 내부 평가를 받았다고 한다.

대북 정보 당국의 한 관계자는 "정부로서는 북한이 2001년 말까지 김정일 답방과 관련해 신변 안전 문제 외에 요청해왔던 300만 명에 달하는 환영 인파 동원에 대해서 대책이 없었다"며 "그러나 김정일을 월드컵 개막식 때 주변 4강 정상들과 함께 초청할 경우 이런 문제는 일거에 해결될 수 있다고 판단했다"고 말했다.

문제는 '2+4 정상회담' 안에 대한 주변 4강의 반응이 긍정적으로 나왔느냐는 것이다. 만약 주변 4강이 부정적으로 생각한다면 김대중 정부가 제아무리 김정일을 설득한다고 해도 그 같은 회담이 성사될 리가 없기 때문이다.

이와 관련, 한 소식통은 "김대중 정부는 임 특보 방북 직전까지 '2+4 정상회담' 개최를 위해 주변 4강을 설득하는 데 전력을 다했다"고 말했다. 그는 "주변 4강의 동의도 구하지 않은 상태에서 임 특보를 방북시켜 그 같은 제안을 김정일에게 전달했을 리가 없다"며 우회적으로 이들 국가로부터 긍정적인 반응을 얻었기 때문에 임 특보의 방북이 가능했다는 것을 강조했다. 이 소식통에 의하면 임 특보가 특사로 방북한다고 발표하기 사흘 전인 3월 22일, 방한중이던 고이즈미 일본 총리가 김대중 대통령과 단독 회담을 갖고 난 후 "5월 31일 월드컵 개막식 때 참석하겠다. 일본과 북한은 일본인 납치 사건 등 어려운 문제를 안고 있으나 대화와 평화적 해결이 중요하다는 인식에서 북한과의 국교정상화 협상을 해나가겠다"고 말한 것도 김대중 정부가 일본 정부에 '2+4 정상회담'을 설득해 얻어낸 성과로 평가된다.

다른 소식통은 임 특보가 방북하기 한 달 전까지 상황은 중국과 일본은 동의했으나 러시아와 미국은 검토해보겠다는 입장이었다고 했다. 미국으로선 부시 대통령이 북한을 '악의 축'이라고 규정한 상황인데 곧바로 '2+4 정상회담'에 동의하고 나서기도 난감했던 것 같다는 것이 이 소식통의 설명이다. 청와대가 3월 25일 임동원 특보의 특사 방북을 발표할 수 있었던 것은 적어도 주변 4강으로부터 원칙적으로나마 '2+4 정상회담'에 대한 동의를 얻어냈기 때문에 가능했다고 그는 덧붙였다.

또 다른 소식통은 "미국은 '2+4 정상회담'에 대해 '일단 북한의 의사를 타진해보는 것이 좋겠다'는 의견을 전해왔었다"고 밝혔다.

그러나 임 특보가 4월 6일 평양으로부터 귀환했음에도 김정일이 '2+4 정상회담' 제안을 수용했는지 여부는 알려지지 않았다. 임 특보는 이날 귀환해 가진 기자회견에서 "방북기간 동안 김정일 위원장과 만나 서울 방문 문제를 협의한 결과 김 위원장으로부터 방문하고 싶다는 말이 있었으나 합의는 없었다"고 밝혔다. 임 특보가 북한 당국과 합의했다고 밝힌 것은 이달 28일 금강산에서의 이산가족 상봉과 5월 7일 서울에서 남북경협추진위 회담 개최였다. 그는 남북한이 경의선과 동해선 철도와 도로를 조속한 시일내에 연결하기로 했다고 덧붙였다.

임 특보의 이 같은 발표에도 불구하고 정부의 한 관계자는 김정일이 임 특보를 통해 '2+4 정상회담' 참석 제안을 받았다면 5월 31일 서울 월드컵 개막식 때 좌우로 김 대통령, 부시 대통령, 고이즈미 총리, 장쩌민 주석, 푸틴 대통령 등을 두고 가운데 앉아 전세계에 자신이 마치 세계의 중심인 듯 이미지를 연출할 수 있을 것이라고 보고 관심을 가졌을 가능성이 높다고 예상했다.

김정일은 과연 서울을 답방할 것인가

7장

김정일의 전략과 북한의 개혁·개방 가능성

1. 김정일의 대남 및 대미 전략
2. 북한은 중국식 개혁·개방 모델을 수용할 것인가
3. 북한이 '가족도급제' 도입 없이 식량난을 해결하기 어려운 까닭
4. 북한은 왜 IT를 국가발전전략 종목으로 정했는가

1. 김정일의 대남 및 대미 전략

 남북한이 2000년 4월 10일 정상회담 개최 합의 사실을 발표하기 전까지만 해도 국내 언론과 학계는 이를 예측하는 분위기가 결코 아니었다.
 물론 앞에서 살펴보았듯이 김대중 대통령과 당시 서영훈 민주당 대표(현 대한적십자사 총재) 등은 이런저런 계기를 이용해 남북정상회담이 개최될 수 있을 것이라는 얘기를 우회적으로 하긴 했다. 이 때문에 당시 이런 얘기들을 조금이라도 귀담아들은 사람이라면 능히 조만간 남북정상회담이 열릴 수 있을 것이라는 사실을 간파할 수 있었다.
 그러나 이는 어디까지나 결과론에 불과한 얘기다. 김대중 대통령이 당시 박지원 문화관광부 장관을 극비리에 특사로 파견, 중국 상하이와 베이징 등지에서 북한 송호경 조선아시아태평양평화위 부위원장과 남북정상회담 개최 문제를 협의하고 있다는 것을 아는 일부 정부 당국자들만이 김대중 대통령과 서영훈 대표 등이 한 말에 숨은 의미를 풀 수 있는 '암호 해독기(decorder)'를 갖고 있었다.
 반면 이런 해독기가 없는 언론계와 학계는 전반적으로 1999년 남북한 해군간에 서해 교전(交戰)이 발생하는 등 남북 관계가 극도로

얼어붙었다고 판단, 정상회담은커녕 당분간 남북한 당국자간의 대화조차 재개되기가 어렵지 않겠느냐는 분위기였다.

이런 분위기에서 공개적으로 남북정상회담이 열릴 가능성이 높다고 주장한 국내 대북 전문가는 서강대 이상우 교수 한 사람 정도였다. 그는 남북정상회담 개최 합의가 발표되기 약 한 달 전인 3월 중순 서울 삼청동 소재 경남대 부설 극동문제연구소에서 행한 강연에서 "최근의 정세를 미루어 판단해보면 북한이 조만간 들고나올 카드는 남북정상회담과 같은 정치행사일 것으로 본다"고 예측했던 것이다.

그렇다면 일부 당국자들 외엔 남북정상회담 개최 가능성을 전망하기 어려운 상황에서 이상우 교수는 무슨 근거로 그 가능성을 읽었을까? 이는 김정일 북한 국방위원장이 왜 남북정상회담 개최 제안을 수용했느냐와 직결되는 의문이다. 따라서 이 의문을 풀어야만 남북정상회담 이후 김정일의 대남전략이 어떻게 전개될지 가늠해 볼 수 있다.

첫 남북정상회담 개최 합의 발표 이후 국내외 상당수 북한 전문가들은 북한이 남북정상회담을 수용한 가장 큰 이유는 경제난을 겪고 있는 자국에 경제적으로 도와줄 수 있는 나라는 남한뿐이라는 것을 인식했기 때문일 것으로 분석했다. 이 분석의 전제는 북한이 1990년대 들어 심각해진 경제난을 극복하기 위해서 외국 기업들의 직접 투자가 필요하다고 인식했으나 남한 기업들은 체제에 위협이 될 것으로 우려, 미국·일본·유럽의 국가들만 상대하려 했는데 이들 나라의 기업들은 남한 기업들의 대북 진출이 없는 상황에선 대북 투자를 꺼려해왔고 이들 나라로부터 경제지원을 받는 것도 쉽지 않았다는 사실이다. 북한이 남북정상회담 제안을 수용하게 된 것은 이처럼 외부로부터의 경제지원뿐만 아니라 외자유치에도 어려움을 겪자 결국 경제지원을 해줄 수 있는 나라는 남한이고 남한 기업들과의 경협이 전제되어야 외국 기업들의 대북 진출도 가능하다고 판단했기 때문이라는 것이 이 분석의 결론이다. 한마디로 평양에서 개최된 첫 남북정상회담의 성사 배경은 경제 결정론적 관점에 기초한다고 볼 수 있다.

이 같은 분석이 국내외 상당수 대북 전문가들간에 횡행하게 된 데는, 김대중 대통령이 독일을 방문중이던 2000년 3월 9일 베를린 자유대학에서 발표한 '베를린선언'이 한몫을 했다. 김 대통령은 이 선언에서 북한의 사회간접자본 시설 확충과 농업구조조정을 위한 지원 용의를 밝히면서 남북 당국자간 회담과 함께 본격적인 남북경협을 촉구했다. 그러니까 이 선언이 발표된 지 꼭 한 달 만에 남북정상회담 개최 합의 발표가 나왔다는 것이 북한의 남북정상회담 수용 배경에 대한 경제 결정론적 관점을 부추겼다고 볼 수 있다.

문제는 정말 북한의 남북정상회담 수용 배경을 이런 경제 결정론에서 찾을 수밖에 없느냐는 것인데 그 답은 결코 그렇지 않다는 것이다.

만약 김정일이 남한으로부터의 경제지원을 원하고 경제난 극복을 위해선 남북경협을 하지 않을 수밖에 없다는 인식에 도달해 남북정상회담을 수용할 생각이 있었다면, 그 시기는 훨씬 전인 1997년 전후여야 맞다. 즉, 1997년 전후는 북한에게 최악의 식량난이 닥친 시기였을 뿐만 아니라 이때 이미 미국, 일본 그리고 유럽 기업들은 북한의 적극적인 투자 유치 노력에도 불구하고 남북경협이 본격화하지 않고 있다는 점에서 대북 진출을 꺼려 하는 분위기가 역력했다. 게다가 북한은 2000년 들어서면서 UN 등 국제원조기구들로부터의 식량지원으로 식량난이 한결 나아진 상황이었다. 경제 결정론적 관점의 설득력을 '결정적으로' 떨어뜨리게 만든 것은 1998년 11월 시작된 현대그룹의 금강산 관광사업이다. 그 까닭은 1990년대 들어서면서 경화(硬貨) 부족에 시달리던 북한이 금강산 관광 대가로 막대한 달러를 벌어들일 수 있었기 때문이다. 북한이 2000년까지 현대로부터 금강산 관광 대가로 받은 달러는 총 3억 4,200만 달러이다. 요컨대 김정일로선 1997년 전후보다 경제 사정이 훨씬 좋아진 2000년에 들어서 경제적인 이유 때문에 김 대통령의 정상회담 개최 제안을 수용했다고 보는 것은 뭔가 앞뒤가 맞지 않는 분석이다.

경제적인 이유에서가 아니라면 대체 김정일이 남북정상회담 개최 제안을 수용한 진짜 배경은 무엇일까? 먼저 이 의문의 해답을 찾기 전에 경제 결정론적 관점이 득세하게 된 근본적인 이유가 무엇인지 아는 것이 중요하다.

남북정상회담 이후 국내 언론계와 학계의 상당수가 '북한이 경제난을 극복하고자 남한 정부의 지원과 남한 기업들과의 경협을 위해 정상회담을 수용했다'는 관점으로 남북 관계를 조망한 것은 두 가지 믿음에 기초해 있다고 볼 수 있다. 하나는 북한이 노동당 규약에 '남조선을 해방하겠다'는 대남혁명을 규정하고 있으나 이는 내부 통합을 위한 것이고 북한에겐 실제 그럴 능력과 의사가 없다는 믿음에서다. 다른 하나는 설령 북한이 그동안 정말 대남혁명전략을 추진해왔다고 해도 1990년대 들어 경제난과 식량난이 심각해지면서 먹고살기에 급급해 대남혁명전략은 사실상 폐기되었다는 믿음이다.

그러나 이들 믿음은 근거를 찾을 수 없다. 만약 근거가 있다면 단지 관찰자가 출신 지역 차원에서건 다른 이해 차원에서건 김대중 정부의 햇볕정책을 지지하는 자신의 입장에서 북한이 그렇게 변했거나 변하고 있다고 믿고 싶어하는 마음뿐이다. 이런 마음이 국내 상당수 북한 연구자들에게 북한이 남북정상회담을 수용하게 된 진정한 배경을 인식하지 못하게 했거나 외면하게 만들었던 것이다.

그렇다면 김정일이 남북정상회담 개최 제안을 수용한 배경은 무엇일까?

북한이 대남 대화로서는 최고 형태인 남북정상회담에 나섰다는 것은 미국과의 문제를 어느 정도 해결했다는 것을 의미한다. 북한은 그동안 남한은 미제의 식민지로서 주한미군에 의해 강점당하고 있어 주한미군만 철수하면 자연스럽게 통일은 이루어진다고 주장하면서 대남문제는 곧 대미문제라고 인식해왔다. 북한에게 대미문제의 핵심은 이처럼 미국으로부터 주한미군을 철수시켜 대남혁명을 앞당기는 것이다. 하지만 북한이 주한미군을 철수시키기 전에 풀어야 할 대미문제는 미국의 경제제재 조치를 철폐시켜 자국의 체제를 전복시키려는 위협을 중단시킬 필요가 있다는 것이다. 북한이 남북정상회담에 임했다는 것을 대미문제를 어느 정도 해결했다는 것으로 볼 수 있는 것은 이 때문이다.

실제 북한은 남북정상회담 개최 제의를 수용하기 약 6개월 전쯤인 1999년 말 미국으로부터 경제제재 조치를 완화하겠다는 약속을 받아냄으로써 미국으로부터 체제유지를 보장받았다. 북한이 이 같은 보장을 받아내기 위해 미국에 양보한 것이라곤 고작 같은 해 10월 베를린에서 개최된 미북간 '미사일 회담'에서 이 회담이 개최되는 동안에 미사일 발사실험을 하지 않겠다고 약속한 것뿐이었다. 북한이 1998년 8월 말 실험 발사한 대륙간탄도미사일 '대포동(북한은 인공위성 광명성 1호로 주장)'이 알래스카 앞 바다까지 도달하자 러시아와 중국 등 몇 개국 정도만 대륙간 탄도탄으로 미 본토를 위협할 수 있다고 판단해온 미국으로선 북한까지 그 같은 위협 능력을 거의 갖춰가고 있다는 데 경악했다. 이에 따라 미국은 서둘러 미사일기술 수출통제체제(MTCR)를 유지하고자 북한과 미사일 협상에 나섰는데 이 협상에서 북한이 미사일 개발을 포기하겠다고 공약한 것도 아니고 단지 회담이 진행되는 동안에는 미사일 실험을 하지 않겠다는 최소한의 약속만 했는 데도 그 대가로 대북 경제제재 조치를 완화하겠다고 약속한 것이다. 미국은 2001년 5월 콸라룸푸르에서 미북 미사일 회담을 갖고 나서 이 약속을 지켰다.

그러나 북한이 비록 미국으로부터 경제제재 조치 완화를 이끌어냈다고 해서 당장의 경제적인 어려움을 해결할 수 있었던 것은 아니었던 만큼 실질적인 경제적 지원은 중국으로부터 받았다. 경제난과 식량난 극복에 필요한 원유(原油)와 쌀 옥수수 등 중국의 대북 지원은 1999년 6월 김영남 최고인민회의 상임위원회 위원장이 베이징 방문에서 약속받았다. 김영남 위원장은 북한 고위 인사로는 약 10년 만에 방중(訪中)해, 장쩌민 중국 국가주석과 만나 양국간 협력을 강화하기로 합의하고 경제지원 약속을 끌어낸 것이다.

이와 같이 김정일이 2000년 3월 남한과의 정상회담 개최 협상 제의를 수용한 가장 큰 이유는, 미국으로부터 경제제재 조치 완화를 이끌어내 체제 유지를 보장받음으로써 주한미군 철수를 통한 대남혁명을 실현시키기 위한 근거를 마련했기 때문이다. 여기에 중국의 경제적 지원이 북한이 남북정상회담을 수용하는 데 보다 큰 힘이 되었다.

2. 북한은 중국식 개혁·개방 모델을 수용할 것인가

'한반도의 봄'은 과연 '고도(Godot: 사무엘 베케트의 희곡 『고도를 기다리며』에서 주인공들이 끊임없이 기다리는 대상)'처럼 누구나 기다리지만 도무지 올 것 같지 않은 그 무엇인 것일까?

그러나 좌파와 우파에 따라, 아니 보다 정확하게 말해 친북세력이냐 그렇지 않느냐에 따라 기다리는 한반도의 봄의 정체는 다르다. 봄의 색깔이 이데올로기 프리즘에 따라 다를 수 있는 것이다. 그럼에도 북한이 대남 적화통일전략을 폐기하고 시장경제체제의 도입 등 경제개혁을 추진해 저급한 생산력을 높여, 1990년 중반에만 무려 500만여 명이나 발생한 것으로 보이는 아사자(餓死者)를 더 이상 양산하지 않음으로써, 진정으로 남한과 평화공존을 이루는 것이 가장 많은 사람들이 기다리는 한반도의 봄이라는 데는 이견이 없다.

군사적으로 치열하게 대치하고 있는, 체제가 서로 다른 국가들간의 통일이란 어느 일방이 자연적으로 해체되거나 붕괴할 때, 또는 어느 일방이 타방을 제압할 때나 가능하다. 이 때문에 지금 당장 통일을 이야기한다는 것은 전쟁 또는 그에 준하는 비극을 피할 수 없다는 것을 전제로 한다고 볼 수 있다. 동서고금을 통해 체제가 다른 두 국가가 합의로 궁극적인 통일을 이룬 사례가 없다는 점에서 한반도에 요청되는 봄의 정체는 평화공존이라는 데 이론의 여지가 없다. 그래서 남북 평화공존이란 이름의 '한반도의 봄'을 앞당기기 위한 전제조건은 남한이 흡수통일전략을 폐기한 만큼 북한도 대남혁명전략을 폐기하고 서로의 체제를 인정하고 군사적 긴장을 없애는 것이다.

문제는 남북한이 서로의 체제를 인정하기로 하고 서로에 대한 붕괴 전략을 폐기하더라도 경제력 차이가 심각할 경우 경제력이 뒤지는 어느 일방은 늘 흡수통일에 대한 두려움을 갖고 타방을 경계하게 마련이라는 데 있다. 따라서 남북 평화공존을 위해선 북한이 대남혁명전략을 폐기하는 것과 동시에 시장경제체제를 도입해 경제적으로 자신감을 가질 정도로 생산력을 높이는 것이 필요하다.

그렇다면 김정일 북한 국방위원장이 2001년 1월 15일 중국 상하이 푸동지구를 방문, 이곳의 첨단산업과 증시를 견학하고 돌아간 뒤 국내외에서 제기된, 북한이 중국식 개혁·개방 모델을 수용할지도 모른다는 전망은 과연 타당한가?

2000년 6월 13일 평양에서 열린 남북정상회담 이후 '북한은 변하지 않았는데 정부는 왜 변했다고 보느냐'는 국내 여론에 마땅한 근거를 제시하지 못하던 김대중 정부와 친여(親與) 학자들로서는 김정일의 상하이 방문을 북한이 변화하고 있는 증좌(證左)라며 이를 '신화'처럼 부풀렸다. 그럼에도 북한은 완전한 시장경제체제는 아니더라도 중국처럼 적어도 자본과 임노동관계를 인정하는 선까지 개방할 경우 수령유일지배 체제에 위협이 될까 우려, 중국식 모델을 수용하지 않을 것이란 전망이 많다.

이 같은 부정적인 전망을 더욱 정치하게 다듬기 위해선 1979년의 중국과 오늘날의 북한을 비교하는 것이 필수적이다. 다시 말해서 덩 샤오핑이 오늘날의 중국을 있게 한 개혁·개방 정책을 펴기 시작한 1979년 당시의 중국과 김정일 위원장이 그 같은 개혁·개방의 필요성을 고민하는 오늘날의 북한은 국내외 조건에서 어떤 점이 다르고 같은지를 살펴보는 것이 중요한 것이다. 그래야만 북한이 과연 중국식 개혁·개방 모델을 수용할 가능성이 있는지의 여부가 좀더 구체적으로 분석될 수 있기 때문이다.

우선 들 수 있는 중국과 북한의 차이는 중국의 개혁·개방이 치열한 노선투쟁의 산물이었던 반면, 북한에선 개혁·개방을 둘러싸고 그 같은 투쟁이 없다는 점이다. 1979년 중국에선 시장경제적 요소를 도입하는 경제개혁을 오랫동안 열망해왔던 덩샤오핑 세력과 문화혁명을 통해 극좌적 이데올로기를 고집해온 마오쩌둥(毛澤東)의 후계자인 화궈펑(華國鋒) 세력이 치열한 노선투쟁을 벌였고 그 결과 덩샤오핑 세력이 승리해 시장경제로의 개혁을 추진할 수 있었다. 반면 2001년 현재 북한에선 문화혁명 때 숙청당했다가 복권된 덩샤오핑과 같은 개혁세력이 존재하지 않는 상황이다.

그 다음으로는 정책결정과정이 다르다는 것을 꼽을 수 있다. 1979년 중국의 경우는 집단지도체제였다. 물론 덩샤오핑이 최고 권력자이긴 했지만 그는 군사위 주임직 등만 맡고(국가주석직, 공산당 총서기직은 맡지 않음) 개혁세력의 균형자 역할을 수행하는 등 당시 중국의 정책결정과정은 1인지배체제가 아니라 집단지도체제였다는 것이다.

반면 오늘날의 북한은 김정일 1인지배체제이다. 물론 김정일은 노동당 총비서직과 국방위원장직만 맡고 내각 총리와 대외적인 국가

수반격인 최고인민회의 상임위원장직은 각각 홍성남과 김영남이 맡는 등 형식적으로는 집단지도체제인 양 보인다. 그러나 북한은 당 중심체제이고 당은 수령의 영도를 받는다는 점에서 명실상부한 김정일 1인지배체제이다. 이 때문에 북한 내부에서 개혁·개방의 필요성을 인식하는 세력이 있다고 해도 감히 김정일의 권위에 도전할 수 없는 구조적 한계를 지니고 있다고 볼 수 있다.

세번째로 들 수 있는 차이는 지도이념과 정책노선 결정에 있어서 매우 중요한 이데올로기 해석권과 관련해, 덩샤오핑은 상대적 자율성(relative autonomy)만 가지고 있었던 반면 김정일은 절대적 자율성(absolute autonomy)을 장악하고 있다는 것이다. 덩샤오핑이 당시까지만 해도 절대적 권위를 지니고 있던 마오쩌둥의 극좌적 사상을 우회적으로 비판하면서 경제개혁을 위한 이론적 틀인 '사회주의 초급단계론'에 이어 '사회주의경제론'을 만들어내야 했던 것도 국가 이데올로기에 대한 해석권이 없었기 때문이다. 즉, 절대권력이 없던 덩샤오핑 등 개혁세력으로선 우회적인 방법으로 지도이념과 정책노선을 수정해야 했던 것이다. 그러나 김정일로서는 덩 샤오핑처럼 구차하게 그럴 필요가 없다. 절대권력자이기 때문에 주체사상이란 국가 이데올로기에 대한 해석을 마음대로 할 수 있다는 것이다. 물론 이 같은 차이는 역설적으로 김정일이 마음만 먹으면 중국처럼 우회적인 방법을 쓰지 않고 곧장 시장경제로의 개혁을 할 가능성도 있다는 것을 배제하지 않는다.

네번째 차이는 종심(縱心: 국경부터 내륙까지의 세로 길이)이 중국은 길고 북한은 짧다는 것이다. 중국이 1979년 개혁·개방 정책 채택 이후 1980년대 중반 심천 지역을 경제특구로 삼았던 것은 홍

콩이란 선진 자본주의 시장이 가까워 인접 효과를 내려는 데 그 목적이 있기도 했지만 무엇보다도 특구 실험이 실패했을 경우 그 영향이 중국 내부 지역으로 파급되기 힘들 정도로 멀리 떨어져 있기 때문이었다. 그러나 북한은 종심이 짧아 심천 같은 지역을 찾기 힘든 상황이다. 그래서 북한이 중국처럼 비교적 안심하고 본격적인 특구 개방정책을 펴기 어렵다는 것이다.

마지막으로 꼽을 수 있는 것은 국제환경적 차이다. 1979년 당시 중국은 이미 경제개혁의 성공에 더없이 중요한 미국과의 관계 개선이 이루어진 상황이었던 반면, 현재 북한은 그렇지 못하다는 것이다. 또한 당시 고도 성장중이던 대만이 선진국들과 무역 마찰을 빚고 있었던 것도 중국에 유리한 조건으로 작용했다. 즉 대만 자본을 비롯한 화교 자본이 대거 중국으로 이동할 수 있는 환경이 되었던 것이다. 그러나 북한의 경우 화교 자본처럼 대규모 투자는 아니더라도 어느 정도의 자본을 투자할 수 있는 능력을 가졌던 남한 기업들이 1997년 IMF 사태로 인해 그 같은 능력을 상당히 훼손당하는 등 불운한 상황이다.

북한과 중국의 이 같은 '1979년과 2001년의 5가지 차이'는 북한의 시장경제로의 개혁·개방을 가능하게 만든다기보다는 어렵게 만든다고 볼 수 있다. 잔설(殘雪)을 넘어 봄이 남북 관계에 찾아오기란 쉽지 않은 것이다. 물론 북한의 대남전략을 규정하고 있는 노동당 당규약에 대남혁명전략이 여전히 살아 있다는 점에서 어쩌면 그 봄은 진정 '고도(godot)'인지도 모르는 일이다.

그러나 북한은 2001년 1월 21일 김정일 국방위원장이 중국 상하이 방문을 마치고 돌아온 뒤 신의주를 경제특구로 개방하는 조치를 준비했다가 유보한 것으로 알려졌다.

　대북 정보 소식통들에 의하면 김정일 위원장은 2001년 1월 21일 중국 상하이 방문을 마치고 귀국해 4월 초로 예정된 최고인민회의 제10기 4차 회의에서 통과시킬 목적으로 신의주를 경제특구로 개방하는 법령 준비에 착수했다고 한다.

　그러나 김일성 전 주석과 함께 항일(抗日) 투쟁을 했던 원로들이 이 같은 사실을 알고 간곡하게 반대 의견을 피력하는 바람에 김정일 위원장이 그 같은 법령 준비를 유보했다고 이 소식통은 전했다. 당시 혁명 원로들은 김 위원장에게 "장군님! 수령님의 뜻에 맞지 않으니 (신의주 개방을) 그만두셔야 합니다"라며 중국식 개혁·개방 모델은 김일성 유훈에 어긋나고 북한 실정에도 맞지 않는다는 입장을 고수했던 것으로 전해졌다.

　김정일 위원장이 상하이 방문을 마치고 돌아오는 길에 신의주에 이례적으로 사흘씩이나 체류하면서 각종 공장과 기업소 등에 대한 현지 지도에 나섰던 것은 상하이 방문을 통해 더욱 필요성을 느끼게 된 신의주 개방 문제를 최종적으로 검토하기 위해서였던 것으로 파악되었다고 이 소식통은 말했다. 북한 당국은 지난 1997년 중반부터 이미 신의주를 중·장기적으로 경제특구로 개방하기로 한 내부 방침에 따라 신의주와 그 주변의 의주군, 룡천군, 피현군, 염주군, 선천군 등의 주민들을 '사상성(思想性)'을 기준으로 교체해왔기 때문에 신의주 개방은 언제든 가능한 상황이다.

　2000년 5월 31일 방중(訪中)해 장쩌민 중국 국가주석의 답방이 먼저 이루어지지 않은 상황에서 재방중을 하는 것은 외교적으로 파격인데도 김정일 위원장이 이런 관례를 무시하고 2001년 1월 15일 상하이 방문을 결행한 것이나, 돌아와 신의주 개방을 추진하게 된 데는 장남인 김정남(金正男)의 권유가 결정적으로 작용했던 것으로 전해졌다. 한 소식통은 "김정남은 평소 김정일에게 '인민들이 배불리 먹고 살게 해주자'며 중국식 개혁·개방을 건의할 정도로 두 사람 관계는 매우 좋은 것으로 알고 있다"고 말했다.

문제는 김정일이 신의주 개방을 시도한 것이 사실이라면 이는 과연 그가 중국식 개혁·개방 모델을 수용할 가능성이 있다는 것을 보여주는 것인가 하는 데 있다.

신의주 개방 문제는 원래 중국이 제안하면서 북한이 고민해오던 것이다. 중국은 지난 1990년대 중반부터 경공업 기업과 공장들이 밀집해 있는 신의주가 중국 단둥과 접하고 있어서 신의주를 경제특구로 개방할 경우 시너지 효과를 얻을 수 있다고 보고 신의주를 개방할 것을 북한에 권유해왔다.

당시 북한이 신의주 개방 방침을 정하게 된 데는 중국의 권유와 함께 1991년 12월 말 개설한 나진 선봉경제무역지대가 외자유치 부진으로 사실상 실패했다는 판단이 크게 작용한 것으로 전해졌다. 신의주가 나진 선봉지대에 이은 개방 후보지로 선택된 데는 이 지역이 북한의 1차 소비제품 대부분을 생산하는 경공업 지대이고 압록강을 두고 중국 단둥과 마주하고 있어 중국과의 무역이 활발한 국경도시라는 점이 크게 고려되었다고 한다. 이 때문에 나진 선봉지대에 상주하던 대외경제위 소속 경제관료들이 1990년대 말부터 신의주로 옮겨 일하고 있는 것으로 알려졌다.

북한이 신의주와 그 주변 지역에서 가장 먼저 교체하기 시작한 인력은 시당, 군당, 국가안전보위부, 인민보안성, 검찰소, 재판소의 간부들인 것으로 전해졌다. 개방했을 경우 주민들이 자본주의에 물들지 않게 하기 위해선 간부들부터 사상적으로 무장되어 있어야 한다고 인식했기 때문이라는 것이다. 이곳으로 새로 투입되고 있는 간부들은 주로 인민군 보위사령부(현 인민무력부 보위국) 소속 장령(장성)과 좌급(영관급)으로 제대한 군인들이다. '불순' 판정을 받은 주민들 대신 이 지역에 투입되고 있는 사람들도 주로 인민군에서 오래 근무한 제대 군인들이라고 한다

그러나 신의주 개방이 이루어지더라도 두 가지 점에서 중국의 경제특구와 다르다. 하나는 중국은 심천 등을 특구로 개방할 때 북한처럼 주민 구성을 새롭게 하지 않았다는 것이고, 다른 하나는 유치한 외국 기업들이 생산성을 높일 수 있게끔 중국은 근로자들을 고용했을 때 임금을 근로자에게 직접 지불하는 자본과 임금노동관계를 허용한 반면 북한은 전혀 그와 같은 조치를 준비하거나 그렇게 할 의지가 없다는 것이다.

그 까닭은 김정일 국방위원장과 당·정·군 소속 파워 엘리트들이 외국 자본이 들어와 북한 근로자들에게 직접 임금을 지불해 근로자들이 이 임금으로 저축하거나 농민 시장 등에서 소비를 하는 삶을 영위하게 되면, 자연히 정치적으로 다원적인 욕구를 느낄 수밖에 없고 그렇게 되면 김정일 유일지배체제와 노동당 1당지배체제가 위협을 받게 될 것으로 인식하기 때문이다. 따라서 김정일이 신의주 개방을 시도했던 것은 중국처럼 경제특구를 도입, 점진적으로 시장경제로 나아가기 위한 것이 아니다.

바로 이 점에서, 김정일이 상하이 방문 직후 신의주 개방을 시도하려고 나섰던 것은 단둥을 비롯한 중국 동북 3성과 경제협력을 강

화, 시너지 효과를 노리려는 기능주의적인 입장에서 비롯되었을 개연성이 적지 않은 것이다. 김정일이 신의주 개방을 통해 기도하려 했을 개연성이 높은 또 다른 효과는 미국에 자신이 북한을 개혁·개방으로 이끌어 나아가고 있는 듯한 이미지를 각인시켜 조지 W. 부시 대통령의 미국 공화당 행정부가 보다 덜 강력한 대북정책을 취하게끔 한 것이라는 것도 배제하기 어렵다.

3. 북한이 '가족도급제' 도입 없이 식량난을 해결하기 어려운 까닭

덩샤오핑은 지난 1978년 마오쩌둥의 후계자인 화궈펑과의 권력투쟁에서 승리한 뒤 농업생산방식을 집단농(集團農)체제에서 개인농(個人農)체제로 바꿨다. 농지(農地)를 각 농가가 경작하도록 해 수확물을 일정 부분만 국가에 내게 하고 나머지는 경작한 농가가 가지게 하는 호별청부제(戶別請負制)를 도입한 것이다. 이 정책은 농민들에게 '열심히 일하면 내 것이 생긴다'는 동기를 부여, 중국의 농업생산 향상에 결정적인 기여를 했다는 점에서 중국식 개혁·개방 정책 중 가장 중요한 요소로 평가받는다.

현재 북한의 처지에서 가장 먼저 도입되어야 하는 중국식 개혁·개방 정책으로 꼽히는 것은 이 호별청부제다. 그 까닭은 1980년대 후반부터 북한에서 식량난이 심화하고 있는 근본적인 원인이 집단농장이라는 집단주의적 농업생산체제에 있기 때문이다.

탈북자들이 전하는 바에 의하면 북한 농민들은 아무리 열심히 일해 봐야 모든 생산물을 국가에 바쳐야 하는 집단농장체제하에서 형식적으로 일한다고 한다. 지난 1958년 마오쩌둥이 대약진(大躍進)운동을 전개하면서 인민공사에 의한 집단농장체제를 채택한 뒤 약 3년 동안 2,700만 명이 아사(餓死)한 것처럼 지난 1990년대 북한에서 수백만 명에 달하는 아사자가 발생한 것은 전적으로 집단농장체제에 그 원인이 있는 것이다. 한 대북 소식통에 따르면 지난 1999년 북한의 국가안전보위부 종합국이 식량난으로 사망한 주민의 수를 조사한 결과 500만 명에 달하는 것으로 밝혀졌다는 보고서를 작성했다.

김정일 국방위원장도 식량난의 근본 원인이 집단농장체제라는 생산방식에 있다는 것을 인식하고 있는 것으로 알려졌다. 이는 그가 지난 1998년 당·정·군의 각 농업 관련 부서에 식량난을 해결할 수 있는 방안이라면 무엇이든 건의하라고 지시한 데서 알 수 있다는 것이 이 소식통의 지적이다. 그후 노동당 농업부, 내각 농업성, 군 협동농장경영위원회 등에서는 '농민들에게 열심히 일하면 자기 이익이 생긴다는 동기를 부여해야 생산성을 향상시켜 식량난을 해결할 수 있다'며 농지를 가족단위로 경작하게 하는 이른바 가족도급제, 즉 중국식으로 치면 호별청부제의 도입을 건의해오고 있다고 한다.

그러나 김정일은 정작 이 같은 건의가 올라오자 '무슨 방안이든 농업 생산성을 향상시켜 식량난을 해결할 수만 있다면 채택하겠다'는 당초 입장을 바꿔 유보시켜오고 있다고 이 소식통은 전했다.

그렇다면 김정일은 무엇 때문에 중국식 경제 개혁·개방 모델의 핵심인 호별청부제의 북한판인 가족도급제의 도입을 유보하고 있을까?

이와 관련해 반드시 주목해야만 하는, 밝혀지지 않은 중요한 역사적 사실이 하나 있다. 바로 북한이 지난 1985년에 사실상 전국적으로 가족도급제를 도입해 실시했다가 그 다음해 중국에서 '천안문 사태'가 발발하자 다시금 가족도급제를 폐지하고 집단농장체제로 복귀했다는 사실이다.

북한에서 농업과학원 연구사로 일하다가 지난 1995년에 귀순한 이민복 씨에 따르면 지난 1985년 과학원의 박철이라는 지질학자가 지질 조사를 위해 북한 전역을 돌아다니면서 각지의 실정을 목도한 뒤 농업생산성을 올리기 위해선 개인농, 즉 가족도급제를 채택하는 것이 좋겠다는 의견을 당시 김환 과학담당 비서와 서관희 농업담당 비서를 통해 올리자, 이를 김일성이 '좋다'며 승인해 그해 북한 전역에 가족도급제가 확산되었다고 한다. 그러나 1년도 안돼 중국에서 후야오방(胡耀邦) 총서기의 실각에 반발해 천안문 사태가 발발하자 김일성은 천안문 사태의 원인은 개인농의 허용으로 인한 정치적 다원주의에 있다고 판단, 즉각 전국적으로 실시중인 가족도급제를 폐지하고 다시금 농업생산방식을 집단농장체제로 전환시켰다는 것이 이민복 씨의 증언이다. 한마디로 당시 김일성은 가족도급제를 유지해 북한 주민들이 경제적으로 안정을 이루어 정치적으로 다양한 욕구를 가지게 되면 중국처럼 천안문 사태가 발발해 자신의 유일사상 지배체제가 위협받을 것이 틀림없다고 판단하고 서둘러 가족도급제를 폐지했다는 것이다.

이 점에서 김정일이 가족도급제를 도입하자는 당·정·군의 농업 관련 부서들의 건의를 계속 거부하고 있는 이유는 김일성이 지난 1986년에 가족도급제를 폐지한 이유와 같다. 김정일이 식량난을 해결하기 위해서는 가족도급제를 도입해야만 한다고 인식하면서도 그랬다가는 자신의 권력이 위태로울까 우려하고 있는 것이다. 이는 이민복 씨가 귀순하기 전인 지난 1990년대 초 '공화국의 식량문제는 개인농을 해야 해결된다'는 제의서를 중앙당 제1호 편지(김정일 위원장 앞으로 보내는 편지)로 보내자 노동당이 "당신 말이 과학적으로는 옳다. 그러나 이 문제는 정치다. 당신은 이 문제에 상관 말고 과학자로서 연구 사업만 하라"고 답변한 데서 알 수 있다. 즉 '가족도급제 도입 문제는 정치적인 문제'라는 답변은 곧 가족도급제는 자칫 김정일의 유일사상 지배체제를 위협할 수 있는 정치적으로 매우 민감한 것임을 의미한다.

문제는 북한이 가족도급제, 즉 개인농을 도입하지 않으면 절대 식량난을 구조적으로 해결할 수 없다는 데 있다.

이민복 씨는 "북한에 있을 때 과학자로서 개인농을 했는데, 집단농보다 알곡이 300~500%나 더 난다는 것을 시험과 경험을 통해 확인했다"며 "내가 남으로 온 이유도 개인농을 하면 공화국의 식량난은 해결된다고 마음껏 소리치고 싶었기 때문"이라고 털어놓았다.

그는 "10년 전 북한의 농업 생산 효과성은 30% 정도였는데 현재는 10% 이하인 것으로 알고 있다"며 "여기에 와보니 농업 생산 효과성은 95% 이상"이라고 말했다. 그러나 이 같은 차이는 농업 생산의 3대 조건인 종자·경지·기후에서 비롯되는 것이 결코 아니라는 것이 그의 지적이다.

종자와 관련, 이민복 씨는 "북한에서 가장 많이 심는 강냉이는 남한보다 상당히 앞서 있고 벼 종자는 남과 북이 대등한 수준"이라며 "그런데도 남쪽 과학자가 '북한 옥수수심기 운동'을 벌이고 있는데 옥수수심기 운동은 60만 정보 이상 심고 있는 북한에서가 아니라 2만 정보밖에 심지 않는 남한에서 벌여야 한다"고 지적했다. 남쪽에서 자랑하는 '수원19호'와 같은 옥수수 종자 수준은 북한에서는 30년 전에 '은천5호', '평남6호' 종자로 벌써 만들어냈다고 그는 말했다. 슈퍼 옥수수는 남한에 있는 것이 아니라 북한에 있다는 것이다. 이와 관련, 그는 "한 정보당 16톤이나 생산되는 '키 낮은 옥수수'가 지난 1980년대 중반에 생산, 도입되고 있는 것을 직접 목격했던 과학자의 양심으로 증언한다"고 했다.

북한의 1인당 경지면적은 남쪽의 두 배라고 이민복 씨는 지적했다. 남한의 총 경지면적 200만 정보에 비해 북한은 논 대신 밭이 많아 총 219만 정보이며, 인구는 북이 남의 절반도 안된다는 것이다.

기상기후도 남과 북이 같은 기후대로서 별 차이가 없다는 것이 이민복 씨의 생각이다. 그는 "자연재해는 북한만이 아니라 남한에도, 중국과 일본에도 있다"며 "그런데 왜 북한에만 식량난이 발생할까? 종자도 좋고, 경지면적도 많고, 기후조건도 별 차이가 없는데 왜 그럴까?"라고 의문을 제기하며 개인농의 허용만이 해결책이라고 주장했다.

실제 북한 농민들은 매일 협동농장에 출근하지만 대부분 작업시간에 당세포 비서와 김일성청년동맹 소속 선동원 등의 감시를 피해 적당히 때우다가, 점심시간을 이용하거나 퇴근해 떼기밭인 '소토지'를 돌보는 데 더 열심이라고 한다.

귀순하기 전 북한의 협동농장에서 일했던 탈북자들에 의하면 북한 농민은 누구나 협동농장에 소속되어 있고 여름엔 오전 7시, 겨울엔 8시 30분까지 출근해야 한다고 한다. 출근 확인은 부락마다 있는 선전실에 모여 작업반장의 호명에 대답하면 된다. 모든 협동농장은 작업반과 분조(分組)로 이루어지고, 한 작업반엔 20명 규모의 분조가 6~7개씩 있다고 한다. 분조장이 작업 할당을 끝내면 분조원들은 포전(圃田, 논밭)에 나가 일하며 점심은 집에 가서 먹는다. 멀리 나가서 일하는 날은 전날 도시락을 싸오라고 통보한다.

분조원들은 할당된 작업량을 시간내에 끝내라고 독촉하는 작업반장과 분조장에게 시달린다. 게다가 당세포 비서와 함께 분조마다 있는 청년동맹 소속 선동원으로부터 감시를 당한다. 이 때문에 퇴근(여름엔 오후 7시, 겨울엔 6시) 때까지 한눈팔기가 쉽지 않다.

여기에 근로의욕 고취 목적으로 지난 1997년, 생산계획을 초과하면 그 분조가 초과분을 갖게 하는 '신(新)분조관리제'가 도입되었다. 남남끼리 분조를 구성하는 기존 분조제와 달리 신분조제는 네댓 가족들로 분조를 구성한다. 가족들이 한 분조에서 일하면 생산성이 나아질 것이라는 판단에서다.

그러나 신분조제의 인센티브 제도와 엄격한 작업감시에도 불구하고 대부분의 농민들은 종일 어영부영 보내는 게 현실이다. 그러다가 퇴근하면 곧장 뙈기밭으로 부르는 '소토지' 경작에 골몰한다. 함경도 협동농장에서 일하다 탈북한 김철호(가명) 씨는 "대다수 농장원들은 출근한 뒤 당세포 비서와 선동원을 피해 시간을 때우다가 퇴근해 야산 등에 몰래 개간한 소토지를 경작한다"고 말했다.

농장원들은 대개 출근 전인 새벽이나 퇴근 후 밤에 소토지를 경작하지만 작업시간중에도 짬을 내 소토지로 달려가는 농장원도 적지 않다고 한다. 농장에서 비료가 나오면 이마저도 땅 밑에 숨겼다가 퇴근할 때 가져가 소토지에 뿌리기도 한다. 이 때문에 소토지는 농장에 비해 경사지고 일조량이 적은 데도 곡식이 더 잘 자란다. 김씨는 "농장의 옥수수는 쭉정인 데 반해 소토지엔 팔뚝만한 옥수수가 영근다"고 말했다.

'초과생산량 자유 처분'이라는 인센티브마저 외면당하는 이유는 두 가지다. 하나는 열심히 일해서 초과생산을 하더라도 그 초과분을 별로 열심히 일하지 않은 다른 가족과 나누어 갖는 것이 싫고, 다른 하나는 신분조관리제 도입 첫 해인 1997년 말에 초과생산한 분조가 나왔으나 당에서 그 분조에게 초과분을 생산목표에 미달한 다른 분조들과 나누어 가지도록 지시하면서 당초의 약속을 어겼기 때문이라는 것이다.

협동농장 출신의 박종만(가명) 씨는 "당에서 하달하는 생산계획이 최근 농사가 가장 잘된 3년의 평균이라서 초과생산 자체가 어렵다"고 말했다.

소토지 바람으로 인해 마을 주변 산에서는 땔감 구하기도 힘들어졌다. 산마다 산림 보호원이 있지만 주민들이 소토지 개간을 막으면 죽을 수밖에 없다고 막무가내로 버티기 때문에 제지하지 못한다는 것이다. 봄날 야산의 풍경은 마치 '돌성'이 즐비한 듯 보인다고 한다. 주민들이 서로 경쟁적으로 산비탈을 개간하면서 골라낸 돌로 소토지 경계에 담을 쌓다 보니 그것이 멀리서 보면 돌성처럼 보인다는 것이다.

북한에서 가족단위로 농사를 짓는 '개인농'이 허용되지 않고는 생산성 향상을 기대하기 어렵다는 것이 탈북 농민들의 한결같은 지적이다.

4. 북한은 왜 IT를 국가발전전략 종목으로 정했는가

"국가정보원이나 통일부가 문제삼지 못하게끔 모든 것을 도와 줄 테니 말만 하라."

2001년 3월 말 방북하고 돌아온 초고속통신망 장비 생산업체인 '기가링크' 김철환 사장이 북한측 관계자들로부터 들은 말이다. 김 사장은 북한측의 적극적인 자세로 불과 두번째 방북에서 평양정보센터와 전화선만으로 초고속통신을 가능하게 하는 '티렌(T-LAN)'이란 네트워크 장비의 시범설치사업에 합의했다.

2001년 들어서면서부터 국내 IT(정보기술)업체 대표들의 방북이 봇물 터지듯 이루어지기 시작했다. 이 해 2월 초 하나비즈닷컴, 기가링크, 우암닷컴, 허브메디닷컴, 한국인터넷정보센터 대표들이 방북한 데 이어 4월 들어선 하나비즈닷컴, 다음, 윈스코퍼레이션 등 13개 벤처기업 대표들이 방북 길에 올랐다.

당시만 해도 3월 13일로 예정되었던 5차 남북장관급회담이 무기연기되는 등 각종 남북 당국간 회담이 결렬되고 제조업 부문의 경협이 지지부진한 상황이었다. 그런 상황에서 IT업계 대표들만 비교적 자유롭게 방북하는 등 남북경협의 중심축이 IT로 이행하고 있는 듯한 현상이 나타나자 일각에선 "김대중 대통령이 추진해온 '햇볕정책'의 햇볕이 IT쪽에만 비추고 있는 형국"이라는 평가가 나오기까지 했다.

굴뚝산업조차 낙후된 북한이 최첨단산업인 IT부문에서 남한과의 협력을 위해 첫번째로 초청한 인사는 국내 IT벤처 사업가 1호로 알려진 비트컴퓨터 조현정 사장이다. 조 사장은 북한 전자공업성으로부터 비행기 티켓을 제공받고 2001년 1월 말에 평양을 방문, IT전문가 500여 명을 상대로 '디지털 기술이 사회를 어떻게 변화시키는가'란 주제로 특강을 하고 돌아왔다. 그동안 거의 모든 국내 기업들이 뒷돈을 주면서까지 방북해왔던 실정에 비춰 북한이 조 사장을 비행기 왕복 비용까지 대면서 초청했다는 것은 북한이 IT를 대하는 자세가 어느 정도인가를 반증한다.

당초 조 사장은 북한의 IT정책과 개발 총사령부 격인 평양 조선컴퓨터센터(KCC)에서 이곳 전문가 60여 명을 대상으로 조촐한 강연을 가질 예정이었다. 그러나 막판에 김정일 국방위원장의 지시로 인민대 학습당에서 김일성대, 김책공대, 평양정보센터 과학원 등 7개 기관 대학 소속 500여 명을 대상으로 하는 것으로 바뀌었다.

북한 당국이 이처럼 남북 IT협력을 강화하고 있는 것은 IT를 국가 발전의 핵심 전략업종으로 선택했기 때문이라는 분석이 지배적이다. 김정일 위원장은 "우리가 강조하는 과학기술은 매단계를 밟아가는 것이 아니라 단숨에 높은 수준으로 비약하기 위한 것"이라고 강조했다. 노승준 애틀러스그룹 대표는 북한에서 '디지털 지도층(digital leadership)'이 출현했다고 표현했다. 그러나 김정일이 IT 육성을 통한 '단번 도약 전략'을 채택한 것은, 중국이 생산력을 높이기 위해 자본과 임금노동관계를 인정하고 개인농을 인정하는 개혁·개방 정책을 채택해 공산당 1당독재체제가 위험해졌다고 판단하고 그 같은 개혁·개방 정책을 펴지 않고도 생산력을 높이기 위한 것이다.

실제 2001년 들어 불기 시작한 북한의 IT 바람은 김정일로부터 나오고 있다는 것이 방북하고 돌아온 IT전문가들의 한결같은 지적이다. 한 전문가는 북한 당국자로부터 김정일이 "컴퓨터가 반입되면 성능을 살펴본 뒤 어느 연구소와 대학에 보낼지까지 결정한다"는 얘기를 들었다고 한다.

김정일은 북한 IT전략의 전초기지들인 평양 소재 조선컴퓨터센터(KCC)와 평양정보센터(PIC)를 자주 방문, 연구자들을 격려하고 있다. 조현정 비트컴퓨터 사장은 조선컴퓨터센터를 가보니 김정일의 방문이 얼마나 잦은지 센터 입구에 방문 일시가 빼곡히 적힌 현황판이 한 벽면을 전부 차지하고 있더라고 전했다.

IT전문가들의 대우도 좋다고 한다. 조선컴퓨터센터와 평양정보센터엔 사우나, 당구장, 매점, 바(bar), 식당 등이 두루 갖춰져 있고, 네덜란드산 하이네켄 맥주가 팔리고 있다.

그러나 북한의 IT개발 환경은 열악하다. 무엇보다도 소프트웨어 개발에 필수적인 펜티엄급 컴퓨터가 절대 부족한 것으로 전해졌다. 조선컴퓨터센터의 연구 인력이 550명인 데 반해 펜티엄Ⅲ를 포함한 펜티엄급 컴퓨터는 80대에 불과한 실정이다. 이곳 컴퓨터는 주로 IBM이나 매킨토시인 것으로 알려졌다. 게다가 각국에서 개발되어 사용중인 기본 공통 프로그램들의 코드가 담긴 책들이 절대 부족한 것도 문제다. 조현정 사장은 "조선컴퓨터센터에서조차 이런 책들이 없는 탓에 연구원들이 하나에서 열까지 기본 공통 프로그램을 일일이 외워서 입력해 프로그램을 짜다 보니 생산성이 매우 낮은 실정"이라고 전했다.

그러나 전문가들은 가장 큰 문제로 역시 시장의 부재와 인터넷 접속 금지를 꼽는다. 시장이 없기 때문에 어떤 프로그램을 어떻게 만들어야 '돈이 되는' 줄 모르고, 이 같은 한계는 세계 IT 흐름을 살펴볼 수 있고 소프트웨어 개발에 필요한 자료 헌팅에 절대적으로 도움이 되는 인터넷 '항해'가 금지되어 있기 때문에 더욱 깊어지고 있다는 것이다.

북한이 정치체제에 위협이 될 수 있는 시장경제를 도입하지 않고 생산력을 향상시킬 수 있는 방안으로 IT를 선택했을지 모르지만, 국내 시장을 조성하지 않고는 해외 시장을 겨냥한 고부가가치 프로그램을 개발하기란 요원한 것이다. 인터넷을 막아놓고 IT 육성이 가능할 것이라고 생각했다면 그 또한 환상이다.

그러나 북한은 2001년 9월쯤 인터넷 접속을 위한 준비를 거의 마쳤다는 것이 대북 소식통들의 전언이다. 북한은 인터넷으로 접근할 수 없는 세계 유일의 국가이다.

2000년에 나온 북한의 과학잡지 ≪과학의 세계≫ 5호엔 평범하게 보이지만 의미심장한 한 그림이 실렸다. 이 잡지 60쪽에 실린 '인트라넷(intranet, 내부망)'이란 제목의 그림은 '방화장벽(fire wall)'이 '인터넷(internet)'과 인트라넷 사이 중간에 설치되어 인터넷 정보를 거르는 체계를 담고 있다. 북한이 인터넷 개방에 앞서 정보를 검열 단속할 수 있는 체계를 구축하고 있는 신호로 여겨진다.

국내의 한 전문가는 "이 도표가 북한이 이미 방화벽 연구를 어느 정도 마치고 인터넷 접속을 준비중임을 뒷받침한다고 볼 수 있다"고 했다. 실제 북한은 올해 안에 인터넷 접속을 허용할 가능성이 적지 않은 것으로 알려졌다. 북한 IT 사정에 밝은 한 소식통에 의하면 북한은 2001년 일부 IT관련 기관을 중심으로 인터넷 개통이 가능하다고 보고 준비에 박차를 가하기도 했다고 한다. 그동안 인터넷 도메인 국가명인 'kp(한국은 kr)'를 사용하지 않아온 북한이 같은 해 6월쯤부터 내부적으로 kp가 들어간 도메인을 만들어 시험 사용하고 있는 것으로 전해졌다.

2001년 3월 평양정보센터(PIC)에 전화선을 이용한 초고속 통신장비 'T-랜'을 설치한 기가링크 김철환 사장은 "방화벽이 이미 다 구축됐다"고 말했다. 포항공대 박찬모 교수(전자 공학)도 "북한에선 몇 년 전부터 일본 학자들도 참여한 가운데 방화벽 연구가 진행되어왔다"며 "이는 인터넷 접속을 위한 사전작업으로 볼 수 있다"고 말했다.

북한은 또, 내각의 각 성(省)과 조선컴퓨터센터(KCC)와 평양정보센터(PIC) 등을 컴퓨터로 연결한 인트라넷에서 유통되는 정보의 암호화 작업도 서두르고 있는 것으로 전해졌다. 이는 북한에 인터넷이 연결될 경우 외부의 해킹을 방지하기 위한 것이다.

북한 당국은 인터넷 접속 허용에 대비해 컴퓨터 업무 종사자들의 사상 검증 작업도 벌이고 있는 것으로 전해졌다. 북한이 인터넷을 허용할 경우 접속 범위를 어느 정도로 할 것인지는 가늠하기 어렵다. 북한은 현재 중국 차이나텔레콤(China Telecom)으로부터 광통신을 할당받아 김정일 국방위원장과 국가안전보위부 등 특수 기관에서만 인터넷을 이용하고 있는 것으로 파악되고 있다. 북한 체제 선전을 위한 인터넷 사이트들도 중국이나 일본 등지에 설치되어 있다. 북한이 독자적으로 인터넷을 연결할 경우 인공위성 방식을 이용할 것으로 보인다. 국내 비트컴퓨터 조현정 사장은 2001년 6월 방북, 조선컴퓨터센터와 인공위성을 이용한 인터넷 접속 사업에 합의했다.

북한이 기술적으로 인터넷 접속 준비를 마치더라도 실제로 인터넷을 대중화하기는 요원해 보인다. 북한 내부에서 인터넷을 이용할 수 있는 사람은 컴퓨터 소프트웨어 개발 종사자들과 인터넷을 통해 해외 정보를 수집하는 정보 요원 등 일부에 불과하기 때문이다.

더군다나 북한이 IT발전전략을 추진하는 데 있어 가장 큰 장애물은 미국이다. 미국은 지난 1990년대 들어 냉전이 해체되면서 대(對)공산권 전략물자 수출통제체제였던 '코콤'을 바세나르 협정으로 대체하여 여전히 공산국들에 대해 민수용과 군수용으로 모두 쓰일 수 있는 이른바 '전략물자'의 수출을 통제해오고 있다. 북한이 IT를 발전시키기 위해선 한국이나 일본 등지에서 486급 이상의 컴퓨터나 중요 컴퓨터 부품을 들여와야 하는데 이들 품목의 핵심 부품 대부분 미국산인데다가 미국에 의해 대(對)공산권 수출이 통제된 전략물자들이기 때문에 어려움이 많을 수밖에 없는 것이다.

실제 2001년 10월 북한에 인터넷 접속 장비를 제공하려던 한 국내 업체는 이 장비의 핵심 부품이 미국산인 탓에 미국으로부터 이 장비의 대북 반출을 불허당했다.

IT를 집중 육성해 단숨에 선진국 수준의 생산력을 이루겠다는 김정일의 전략은 이처럼 실현되기에는 너무 많은 장애를 극복해야만 하는 운명이다.

8장

또 다른 변수 '김정남', 한국에도 왔다

1. 김정남은 김정일의 후계자인가
2. 북한의 IT정책을 주도하고 있는 김정남의 야망
3. 김정남이 김정일의 상하이 방문을 주선한 내막
4. 김정남의 일본 불법 입국 사건과 남북한간 함수 관계
5. 김정남, 동대문 상가에서 쇼핑을 즐기다

1. 김정남은 김정일의 후계자인가

　김정일 국방위원장(1942년생)이 김일성의 공식 후계자로 내정된 것은 1974년 노동당 중앙위원회 전원회의에서였다. 그러나 후계자로 거론된 것은 그보다 2년 전인 1972년 김일성 주석의 환갑 즈음이었던 것으로 알려져 있다. 당시 김정일은 만 30세였다.
　2002년 2월 16일로 환갑을 지낸 김정일 위원장이 자신의 경우를 감안해 후계 문제를 생각하고 있지 않을까 하는 추측이 제기되는 것은 이 때문이다. 그래서 1971년생인 김정남의 동정에 눈길이 가는 것도 피할 수 없는 것이다.
　실제로 2000년 후반 들어서면서부터 김정남에 관한 예사롭지 않은 동향들이 포착되기 시작했다. 우리 정보 당국도 이 부분에 신경을 바짝 쓰고 있는 것으로 전해진다.
　2000년 8월 15일 1차 이산가족상봉을 위해 남한측 대표단이 평양을 방문했을 때였다. 남한측 이산가족들이 탄 버스가 주체사상탑 앞을 지날 때 북한 안내원이 탑 앞의 한 건물을 가리키며 김정남 동지가 설계한 것이라고 소개했다고 한다. 그동안 김정남이라는 이름이 공개적으로 언급된 적이 거의 없었던 점을 생각하면 주목할 만한 일이다.

2000년 하반기부터 평양 시내에서 김정남이 부쩍 눈에 띈다는 정보도 들어오고 있다. 한 소식통은 "평소 모습을 잘 드러내지 않던 김정남이 고려호텔 등 시내 호텔을 비롯한 공공장소에 나타나는 빈도가 높아졌다"고 전했다.

북한 당국이 탈북을 시도했다가 잡힌 주민들에 대한 처벌을 완화하면서 이를 김정남 때문이라고 설명하고 있다는 얘기도 들린다. 일본에서 북한의 인권운동을 전개하고 있는 한 인사는 "북한 당국이 탈북했다가 잡힌 사람들을 풀어주면서 이게 다 김정남 동지의 은덕이라고 설명하고 있는 것으로 전해들었다"고 전했다.

김정남은 이미 1997년 무렵부터 사실상 후계 수업을 받아온 것으로 알려지기도 했다. 한 소식통에 따르면 그는 당시 노동당 경공업 부장이자 고모인 김경희로부터 경제 수업을 받기 시작했다고 한다. 온 나라가 경제난으로 허덕이고 있어 김정일이 그에게 고모 밑으로 가서 경제를 배우라고 했다는 것이다. 김정일이 김정남을 만날 때 김경희만 배석할 수 있다는 증언도 한 핵심 분야 출신인 탈북자로부터 나왔다.

또 다른 소식통에 따르면 김정남이 인민군 보위사령부의 핵심 직책을 맡고 있는 것으로 전해졌다. 김정일은 1990년대 들어서 인민군 중심의 통치, 이른바 '선군 정치'를 해오면서 국가안전보위부보다 인민군 보위사령부를 체제 유지의 핵심 수단으로 중시하고 있다. 이 때문에 김정남이 인민군 보위사령부에 관여하고 있다는 것은 후계 문제와 관련해 유의해볼 대목이라는 게 이 소식통의 분석이다.

김정남은 김정일이, 김일성종합대학 동창이자 월북 작가 이기영의 아들 이종혁의 형수인 영화배우 성혜림을 이혼시킨 뒤 그녀와의 사이에서 낳은 아들이다.

김정남은 외할머니의 손에 이끌려 1980년 모스크바로 유학 갔으나 모스크바 국제학교의 지저분한 화장실을 감당 못해 하루도 다니지 못하고 제네바 국제학교로 전학했다. 그러나 당시 주 제네바 북한대사인 이철이 남한의 공작 가능성을 집요하게 제기해 모스크바 프랑스학교로 다시 전학했는데, 1985년 당시 고르바초프의 페레스트로이카로 '모든 것을 달러에 팔아먹는' 소련보다는 스위스가 낫다는 '어른'들 판단에 따라 다시 제네바로 돌아와 국제학교에 편입했다.

김정남은 국제학교를 졸업한 뒤 제네바대학에 진학해 정치학을 전공했으나 졸업하지는 못했다.

그러나 한 소식통에 의하면 1988년 스위스 제네바 소재 제네바종합대학 정치외교학과를 중퇴한 것으로만 알려졌던 김정남은 그 해 귀국, 김일성종합대학에 편입해 졸업했다. 이 같은 사실은 지난 1980년대 말 김일성종합대학에서 수학하고 있던 김정남을 목격한 이 대학 출신의 귀순자들로부터 확인되었다고 한다.

1990년대 초반부터 사실상 후계과정을 밟아온 것으로 알려진 김정남의 전공학과는 정치경제학과인 것으로 알려졌다. 그러나 아직 졸업 여부는 확인되지 않았다. 만약 김정남이 김일성종합대학 정치경제학과를 졸업한 것이 맞다면 김정일·김정남 부자는 대학 동문이 된다.

그러나 김정남은 김일성종합대학 재학시절 다른 재학생들과 함께 수업을 듣지 않고 각 과목별로 박사급 강좌장들에게 개인 수업을 받은 것으로 전해졌다.

김정남은 1988년 김일성종합대학에 다니면서 동시에 김정일 위원장의 지시로 국가안전보위부의 업무를 배우면서 후계과정을 밟기 시작했다고 정부의 한 관계자는 말했다. 당시 김정남은 김정일의 지시를 받은 국가안전보위부 부부장 김용산 상장(三星)으로부터 국가안전보위부 업무 전반에 걸쳐 수업을 받았다는 것이다.

실제 김정일 북한 국방위원장은 1990년대 중반에 이미 장남 김정남을 후계자로 내정한 뒤 자신의 김일성종합대학 동기들에게 부탁해 김정남이 북한의 정보와 조직 부문을 장악할 수 있도록 곁에서 돕도록 해온 것으로 파악되고 있다.

대북 정보 소식통들에 의하면 김정남이 김정일의 배려로 가장 먼저 장악한 국가기관은 국가안전보위부(남한의 국가정보원에 해당 이하 보위부로 약칭)였다고 한다. 한 소식통은 "김정남이 보위부를 장악하기 시작한 것은 1996년"이라며 "당시 김정일이 자신이 직접 관할해왔던 보위부를 김정남에 맡긴 것은 권력이 예전과 달리 정보로부터 나온다는 것을 깨달았기 때문인 것으로 파악되고 있다"고 전했다. 현재 김정남이 보위부에서 맡고 있는 직위는 부부장인 것으로 알려졌다.

당시 김정남의 보위부 '입성'을 도와준 인물은 보위부 부부장으로서 김정일의 김일성종합대학 동기인 김용산 상장(三星)이었던 것으로 파악되고 있다. 김용산은 김일성대 정치경제학부 출신인 김정일과 달리 물리학부를 나왔다. 김정일이 이처럼 김정남을 후계자로 만드는 과정에서 김일성대 동기생들의 힘을 동원하고 있는 것은, 김일성이 항일 빨치산 출신 혁명 1세대들을 김정일이 후계자가 되도록 돕게 한 것과 마찬가지인 것으로 분석된다.

김정남은 또 북한 권력의 핵(核)인 노동당 중앙위 조직지도부 부부장직도 맡고 있는 것으로 알려졌다. 한 대북 정보 소식통은 "김정일은 김정남이 북한을 실제로 움직이는 노동당 조직도 장악해야 후계자로서 기반을 다질 수 있다고 판단, 조직지도부 부부장직을 맡겼다는 징후들이 포착되고 있고 그 가능성이 높다"고 했다.

김정남이 정보와 조직 부문에서 후계자로서의 기반을 다져오고 있다는 사실은 북한 주민들에겐 아직 비밀에 부쳐져왔으나, 보위부와 김정일 경호실인 '호위부' 등 권력 핵심기관 요원들 사이에선 꽤 알려져 있는 것으로 파악된다. 김정일 경호원 출신의 탈북자 이영국(40) 씨는 김정일이 지난 1990년대 말에 장남 김정남을 후계자로 생각하고 있다는 의사를 밝혔다는 말을 보위부 요원들로부터 들었다고 증언했다.

김정일의 밀착 경호를 맡고 있는 호위부 6처에서 10년간 근무했던 이씨는, 김정일은 지난 1999년 김정남에게 "네가 (나를) 계승하려면 '주민 탈출' 문제를 끄집어내지(해결하지) 않고는 힘들 것"이라고 말해 탈북자 문제가 김정남이 후계자가 되기 위해 해결해야만 하는 최대 현안이라는 점을 분명히 했다고 전했다. 그후 김정남은 중국 베이징에 비밀 거점을 마련해놓고 수시로 이곳을 오가며 중국 등지의 탈북자들을 강제 송환시키는 작업을 총괄해왔다고 이씨는 덧붙였다.

김정남을 곁에서 겪기도 했다는 이씨도 "김정남은 현재 보위부 부부장직을 맡고 있으며 이 직책으로 탈북자 문제를 다루고 있다"고 말했다.

이씨는 또, "김정일이 자신의 특각(별장)에 자유롭게 출입하도록 허용한 사람은 여동생으로서 당 경공업부장인 김경희와 김정남뿐이고 김경희가 늘 김정남을 데리고 다녔다"고 증언했다. 이는 김정일이 자신과 부모가 같은 김경희와 자신의 소생인 김정남을 본대로 여기고 있다는 것을 보여준다고 그는 설명했다. 이 점에서 김정남이 김정일의 본처가 아닌 성혜림(成惠琳, 64세)에게서 태어나 '곁가지'로 분류되기 때문에, 김정일의 후계자는 본처인 고영희와의 사이에서 출생한 김정철(21)이나 김정운(19)이 될 가능성이 높다는 일각의 분석은 맞지 않다고 그는 덧붙였다.

한편 김정남이 좋아하는 운동은 골프와 볼링이라고 한다. 그는 평소 평양시 만경대구역 청춘거리 대동강변에 위치한 양강호텔 인근 골프연습장을 자주 이용하고 볼링은 동대원구역에 있는 볼링장에서 즐긴다는 것이 정부 관계자들의 전언이다.

2. 북한의 IT정책을 주도하고 있는 김정남의 야망

김정남이 김정일의 후계자로 거론되는 가장 큰 이유는 장남이라는 사실 때문이 아니라, 그가 김정일 북한 국방위원장의 '단번 도약 전략'에 따라 채택된 IT(정보 기술)발전전략을 주도하고 있기 때문이다. 김정남이 맡고 있는 공식 직책은 북한의 IT정책과 개발을 총괄하는 조선컴퓨터센터(KCC)의 최고 책임자다.

김정남이 IT와 관련을 맺게 된 것은 1980년대 말에 국가안전보위부가 당시 수행하고 있던 컴퓨터 해킹 등을 통한 각종 해외 정보 수집 부문을 맡으면서부터다. 그러다가 그는 이 업무를 첨단 시설을 갖춰 보다 본격적으로 추진해야 한다는 판단이 들어 동시에 컴퓨터 프로그램 개발 부문의 육성이 필요하다고 보고 김정일 위원장에게 건의, 1990년에 조선컴퓨터센터(KCC) 설립을 주도했다고 한다.

그동안 대외적으로 순수한 IT개발 기관으로만 알려졌던 조선컴퓨터센터는 이처럼 '국가안전보위부 해외정보수집사령부'로서뿐만 아니라 'IT정책 개발사령부'로 설립된 것이다. 조선컴퓨터센터는 과학원·평양정보센터(PIC)·약전연구소·김일성종합대학 및 김책공대 컴퓨터프로그램개발센터 등을 통제하는 IT부문 최고 기관이다. 이와 관련, 비트컴퓨터 조현정 사장은 "2001년 6월 방북했을 때 북한이 인공위성을 이용한 인터넷 접속 사업의 북한측 카운터파트로 조선컴퓨터센터를 지정하길래 정부와 하고 싶다는 의사를 전달했다"고 했다. 그러자 북한측 관계자는 "북한에서 IT분야는 조선컴퓨터센터가 모든 것을 책임지고 한다. 북한에서 기관 이름 앞에 함부로 '조선'이란 이름을 붙이지 않는다"고 말했다고 조 사장은 전했다. 이 때문에 북한의 지배 엘리트 사이에선 김정남은 '컴퓨터위원회 위원장' 또는 '조선민주주의인민공화국 컴퓨터위원회 위원장'으로 불려왔다. 최고 지도자의 아들이자 사실상 후계자의 위상을 갖고 있는 그를 조선컴퓨터센터를 책임지고 있다고 말하는 것은 결례라서 '존칭'상 이같이 호칭하고 있는 것으로 확인되었다. 1998년 말 북한 나진 선봉자유무역지대를 방문했던 한 국내 인사도 "당시 국가안전보위부 관계자에게 김정남이 뭐 하냐고 묻자 '컴퓨터위원회 위원장'이라고 했다"고 전했다.

김정남은 25세 되던 해인 1995년에 생일(5월 10일)을 맞아 김정일 위원장으로부터 인민군 대장 계급장과 군복을 받았다. 김정일 위원장이 그에게 대장 직위를 준 데는 김일성 전 주석이 생전에 김정남을 '장군감'이라고 추켜세운 것이 큰 영향을 미쳤다고 한 대북 소식통은 말했다. 김일성은 1990년대 초 김정일 부자와 함께 백두산을 갔다가 거기서 승마에 능한 김정남이 말 타는 모습을 보고 "우리 집안에 또 하나의 장군이 태어났다"면서 김정일과 함께 좋아했다는 것이다. 김정남이 '대장 동지'로 불리기 시작한 것은 인민군 대장 직위를 받으면서부터이다.

이에 따라 그는 1990년대 후반 들어 인민군 보위사령부(현 인민무력부 보위국)을 장악하고 있다. 김정남은 또 1990년대 후반부터

1980년대 말까지 국가안전보위부 해외정보 수집 부문에 관여한 것을 시작해 현재는 이 기관도 총괄하고 있는 것으로 알려졌다. 김정남은 평소 당과 내각보다는 인민군 보위사령부와 국가안전보위부 청사를 자주 드나들면서 이들 기관의 핵심 간부들에게 상당한 금액의 '하사금(下賜金)'을 제공하며 세력 확장에 주력해오고 있다고 앞서의 대북 소식통은 전했다.

김정남은 1994년 말~1995년 초에 노동당 중앙위원회 선전선동부에 들어간 것으로 전해졌다. 당시 선전선동부 지도원 직책으로 출발한 그는 얼마 뒤 조직지도부의 직책까지 겸하기 시작했고 그뒤 책임지도원 과장 등을 거쳐 현재 부부장 직책까지 오른 것으로 파악되고 있다.

김정일 위원장은 1995년 초, 조직지도부 간부과 부과장에게 김정남을 지원하도록 해 김정남은 그때부터 이미 당·정의 웬만한 간부 인사에 개입해온 것으로 전해졌다. 그러나 김정남은 인민군 보위사령부와 국가안전부 청사엔 자주 드나들었지만 평양시 창광 거리에 위치한 조직지도부 청사나 내각 청사 등엔 거의 모습을 나타내지 않고 있는 것으로 알려졌다.

김정남이 IT정책을 개발 주도하는 등 경제분야에서 '크게' 된 것은 다분히 김일성 전 주석의 배려 때문인 것으로 전해졌다. 김일성은 생전에 식량난 등 경제난이 심각한 상황에서 자신의 후계자인 김정일이 경제분야의 전문성이 부족한 것을 안타깝게 여겨 "정남이는 경제를 배워야 한다. 그래야 민족을 이끌어나갈 수 있다"고 말하면서 김정일에게 김정남이 경제분야를 공부하고 경험을 쌓을 수 있도록 하라고 강조한 것으로 전해졌다. 김정남은 1997년 당 경공업부장을 맡고 있는 고모 김경희에게서 경제 관련 공부도 한 것으로 알려졌다.

김정남은 1990년대 후반 들어 김정일 위원장의 각지 현지 지도와 군부대 시찰을 수행하면서 김 위원장의 정치과정을 '현장학습' 해오고 있다. 김정남은 또 2001년 1월 15일 중국 상하이 방문 때도 수행, 김 위원장의 외교과정도 배우고 있다.

김정남이 이처럼 김 위원장의 각종 시찰 때마다 수행해왔는 데도 공개되지 않은 것은, 북한 당국이 김 위원장의 시찰과정을 촬영한 것을 기록영화로 제작할 때 김정남 부분을 빼기 때문이다.

그러나 북한 당국은 김정일 위원장과 김정남 부부가 참석하고 있는 행사를 기록영화로 만들 때 김정남의 부인 모습을 빼지 않는 실수도 하는 것으로 전해졌다.

김정남이 당·정(IT 등 경제)·군에서 고속 성장하면서, 김정일 위원장의 최측근들도 자연스럽게 김정남에게 '잘하고' 있는 것으로 전해졌다. 특히 조명록 인민군 총정치국장, 최태복 최고인민회의 의장, 현철해 총정치국 부국장, 강석주 외교부 제1부 부장 등은 김정일 위원장에 이어 김정남의 측근들로도 알려져 있다.

김정일 위원장의 지시로 호위총국에서 2명을 차출해 김정남의 경호를 담당해오고 있는 것으로 알려졌다.

이처럼 김정남은 아버지 김정일 국방위원장이 김일성의 후계자로 부상할 때와 비슷한 과정을 밟아오고 있다는 평가를 받는다.

특히 김정남이 김정일과 마찬가지로 당 중앙위원회 양대 핵심요직인 조직지도부와 선전선동부의 지도원으로 당료 생활을 시작했다는 것은 눈여겨볼 대목이다. 김정일이 일찍부터 김일성의 각종 현지지도에 동행하며 정치적 안목을 쌓았듯 김정남이 김정일의 각종 현지지도에 수행하고 있다는 것도 닮았다. 김 위원장이 김일성의 현지지도에 따라다니기 시작한 것은 20세 때인 1962년 6월부터로 알려져 있다. 김정남도 20세 안팎인 1990년대 초부터 이미 김정일의 공식활동에 꾸준히 동행해온 것으로 전해졌다. 김정일이 김일성의 해외방문에 동행한 것처럼, 김정남도 2001년 5월 말과 2001년 1월 중순 김정일의 중국 방문 때 수행했던 것으로 밝혀졌다.

두 사람이 20대 중반의 나이에 정치적으로 급격히 부상한 것도 닮았다. 김 위원장은 25세 때인 1967년 5월 당 중앙위원회 제4기 15차 전원회의에서 갑산파 제거를 주도하면서 권력의 핵심 실세로 도약했다. 김정남도 24세 때인 1995년 5월 일약 인민군 대장의 군사칭호를 부여받고 군 내에 일정한 지위를 확보한 것으로 전해졌다.

김정일과 김정남은 권력 핵심으로의 진입방법도 비슷하다. 김정일은 지난 60년대 후반 문화·예술 분야에서 '문예혁명'을 일으켜 북한에 수령제가 뿌리내리는 데 기여함으로써 후계자로서의 위치를 굳건히 했다. 김정남은 오늘날 북한이 당면한 최대의 과제인 경제 발전을 위해 추진하고 있는 과학기술혁명의 핵심인 IT정책 개발의 최고 책임자로서 북한 경제 살리기에 앞장서고 있다. 비록 분야는 다르지만 당대 최대의 정책 현안을 맡아 권력 기반 확충의 발판으로 활용한 점에서 닮았다.

김정남은 김정일 위원장이 31세 때인 1973년 9월에 노동당 비서(조직-선전 담당)가 된 것처럼 현재 노동당 부부장 직책을 맡고 있는 것으로 파악되고 있다. 그는 아버지의 전례로 미루어볼 때 조만간 비서로 승진할 가능성이 높다.

김정일 위원장이 세상 사람들 앞에 공개적으로 모습을 드러낸 것은 그의 나이 38세 때인 1980년 10월 제6차 당 대회에서다. 그간의 맥락으로 본다면 김정남의 공식 데뷔는 6~7년 뒤라는 계산이 나온다. 하지만 그는 2001년 5월 1일 일본 불법 입국 시도로 국제무대의 집중 조명을 먼저 받게 되었다.

3. 김정남이 김정일의 상하이 방문을 주선한 내막

김정일 북한 국방위원장이 2001년 1월 15일 중국 상하이를 방문한 것은 외교 관례상 파격이었다. 그로선 8개월 전인 2000년 5월 말 베이징을 다녀왔기 때문에 장쩌민 중국 국가주석이 답방할 차례였다.

그렇다면 김정일 위원장은 왜 이 같은 파격적인 상하이 방문을 감행했을까?

한 대북 소식통에 의하면 김정일 위원장의 상하이 방문은 양국 공식 외교 채널이 아닌 그의 장남인 김정남(1971년생)이 장쩌민 중국 국가주석의 장남인 장멘헝(1953년생) 중국과학원 부원장을 통해 성사시켰다고 한다.

북한과 중국 간 주요 외교 사안들은 북한 노동당 국제부(부장 김양건)와 중국 공산당 대외연락부(부장 다이빙궈) 간 채널, 북한 인민무력부(부장 김일철)와 중국 국방부(부장 츠하오텐) 간 채널 등 양대 공식 채널을 통해 해결해왔는데, 김정일의 상하이 방문은 이 채널들이 아닌 김정남과 장멘헝 간 채널이 가동되어 성사되었다는 것이다.

김정남이 평소 친분이 있는 장멘헝을 만나 김정일 위원장이 상하이를 방문, 푸동지구의 발전상을 돌아보는 문제를 상의한 것은 2000

년 말이었다고 한다. 그뒤 장멘형이 이 문제를 아버지인 장쩌민 주석을 비롯한 중국 지도부에 건의, 김정일 위원장의 상하이 방문이 지난 1월 15일 이루어졌다고 앞서 소식통은 증언했다.

김정남과 장멘형이 친분관계를 갖게 된 것은 양국 최고 지도자의 장남이라는 공통점 외에 두 사람 모두 정보기술(IT)에 전문가만큼 관심이 깊기 때문인 것으로 전해졌다. 조선컴퓨터센터(KCC) 최고책임자로서 '컴퓨터위원회 위원장'으로 불리는 김정남이 북한의 IT정책을 주도하는 과정에서 자연스럽게 중국의 'IT 강자'로 떠오르고 있는 장멘형과 친분을 쌓게 되었다는 것이다. 지난 1992년 미국의 명문 스탠퍼드(Stanford)대학에서 물리학 박사학위를 받은 장멘형은 상하이 지역의 IT업계 최강자로서 공개용 컴퓨터 운영시스템 '리눅스(Linux)'를 중국에 도입하는 데 관여하는 등 중국의 IT산업을 주도해오고 있다.

김정남은 김 위원장을 수행해 지난 1월 15일 상하이를 방문했을 때, 장멘형이 이사장으로 있는 렌화(聯和)투자주식회사를 방문한 것으로 전해졌다. 이 회사는 상하이 지역 광역케이블 업계와 최상급 인터넷 업체들을 장악하고 있다고 한다. 당시 이 두 사람이 회동했다는 얘기가 나온 것은 이 때문이다.

이와 관련, 한 대북 소식통은 "김정일의 상하이 방문 직후 김정남과 장멘형이 회동할 때 배석해 중국어 통역을 맡았던 인물을 확인했다는 정보를 입수했다"고 밝혔다.

비록 김정남-장멘형 라인에 의해 추진되긴 했지만 중국 지도부가 적극 나서 김정일 위원장의 상하이 방문을 성사시킨 것은 북한을 개혁·개방으로 유도하기 위해서였다. 실제 주룽지 중국 총리는 김정일이 상하이를 방문했을 때 단독 회담을 갖고 중국식 개혁·개방 모델의 수용을 권유했다고 한 소식통은 밝혔다. 그러나 당시 김정일은 주룽지 총리의 권유에 대해 아무런 답변을 하지 않았다고 이 소식통은 덧붙였다.

그러나 김정일의 파격적인 상하이 방문이, 김정남-장멘헝 라인의 건의를 받은 중국 지도부가 김정일에게 상하이의 발전상을 보여줌으로써 북한을 개혁·개방으로 유도하기 위해 적극적으로 팔을 걷어붙임으로써 성사되었다고만은 보기 어렵다.

또 다른 대북 소식통은 "누가 처음 기획했든 간에 김정일의 상하이 방문은, 당시 중국과 북한이 클린턴 전임 대통령에 비해 중국과 북한에 대해 보다 강경한 정책을 천명하고 나선 조지 W. 부시 신임 미국 대통령의 취임(2001년 1월 19일)에 앞서 양국의 대미전략을 논의할 필요가 있었기 때문에 이루어졌다"고 말했다.

이 소식통은 "실제로 중국 공산당 관계자들로부터 들은 바에 의하면 김정일이 상하이 방문을 마치고 바로 북한으로 돌아가지 않고 베이징에 들러 장쩌민 주석과 가진 회담에서는 양국간 대미전략 공조방안이 논의됐다"고 밝혔다.

이와 관련, 김정일의 상하이 방문 자체가 부시 행정부가 강경한 대북정책을 취하지 못하게끔 하려는 전략에서 나왔다는 지적도 있다. 즉, 김정일로서는 상하이에 있는 서방 기업들의 첨단분야 공장들과 증권시장 등을 견학함으로써 미국을 비롯한 세계를 상대로 북한이 뭔가 변화하고 있다는 인상을 줌으로써 부시 행정부의 대북 강경노선을 누그러뜨리게 하려고 했을 가능성이 있다는 것이다.

4. 김정남의 일본 불법 입국 사건과 남북한간 함수 관계

김정일 북한 국방위원장이 후계자로 키워온 김정남의 일본 불법 입국 사건이 한창 화제가 되던 2001년 5월 9일, 리처드 아미티지 (Richard Armitage) 미국 국무부 부장관은 미국의 MD(미사일방어) 추진 계획에 대한 조지 W. 부시 대통령의 단호한 입장과 계획을 설명하기 위해 방한했다.

당시 아미티지 부장관은 방한 기간 동안에 당시 임동원 통일부 장관(현재 대통령 통일외교안보 특보)과 회동을 가졌는데, 여기서 임씨는 김정남 사건에 대한 '독특한' 시각을 내비쳤다. 이 사건을 어떻게 보느냐는 아미티지 부장관의 질문에 임씨는 "사회주의 국가 사람이 자본주의 국가에 들어가는 것이 얼마나 어려운지 보여준다"고 말했다는 것이다.

임씨의 말대로 '사회주의 국가 출신으로 자본주의 국가들을 여행하려고 도미니카 위조 여권을 소지한' 김정남이 부인 신정희, 아들 김솔 그리고 신정희의 먼 친척으로 알려진 이경희와 함께 나리타 공항을 통해 일본에 입국하려다 체포된 것은 5월 1일이었다. 미리 대기하고 있던 일본 공안요원들에 의해 여권 검색과정에서 연행되었던 것이다. 그후 일본 정부는 북한을 자극하지 않기 위해 사흘 뒤인 5월 4일 그들을 중국으로 추방했다. 이렇게 함으로써 일본 정부는 김정남을 북한에 납치된 일본인들을 송환시키기 위한 지렛대로 활용할 수도 있었는데 그렇게 하지 않은 것은 명백한 실수라는 비판 여론에 직면하기도 했다.

그러나 김정남 사건이 당일 바로 공개된 것은 아니다. 이틀 뒤인 5월 3일 일본 민영방송 '니혼 텔레비전'에 보도가 나오면서 알려지기 시작했다. 당시 이 방송은 "김정일 국방위원장의 장남 김정남(30)으로 추정되는 인물이 가족 3명을 동반하고 1일 오후 도미니카공화국의 위조 여권을 소지하고 싱가포르에서 일본으로 불법 입국하려다 일본 당국에 체포되어 조사를 받고 있다"고 보도했다.

니혼 텔레비전의 보도를 계기로 이 사건은 한국과 일본 언론은 물론 미국과 유럽계 미디어에까지 조명을 받기 시작했다. 문제의 인물이 늘 베일에 싸여 있던 북한의 로열 패밀리 일원인데다, 그것도 김정일 국방위원장의 장남으로서 현재 북한이 경제발전을 위해 중점 육성해오고 있는 IT정책과 개발을 총괄하면서 사실상 후계자 지위에 올라섰다는 평가를 받아온 김정남이라는 사실에, 전세계 미디어로서는 관심을 가지지 않을 수 없었던 것이다. 여기에 2000년 6월 13일 평양에서 개최된 첫 남북정상회담을 계기로 김정일 위원장이 동북아 정세와 관련 세계적인 뉴스 메이커로 급부상한 것도 일조했다. 전세계 미디어는 '아버지는 국제정치의 주요 행위자인데 어떻게 그의 후계자가 될 가능성이 높은 것으로 알려진 아들은 남의 나라에 불법 입국하려다 체포될 수 있느냐'는 식의 관점에서 사건의 행방에 촉각을 곤두세웠던 것이다.

당시 김정남 사건과 관련된 의혹은 두 가지로 압축된다.

첫번째 의혹은 김정남이 입국한다는 사실을 일본 정부에 사전에 알려준 곳이 어디냐는 것이다. 이것이 문제가 되는 까닭은 일본 공안 당국이 김정남을 나리타공항에서 체포한 뒤 그가 소지하고 있던 여권을 조사한 결과 그전에도 여러 차례 일본을 드나든 사실이 드러났기 때문이다. 즉, 일본 공안 당국이 예전과 달리 김정남의 입국 정보를 사전에 입수하고 공항에서 그를 체포할 수 있었던 것은, 독자적인 정보 수집에 의한 것이 아니라 필시 외국 정보기관이 도와줬기 때문일 개연성이 높다는 것을 보여준다는 것이다. 당시 영국 해외 첩보기관 MI6과 미국 중앙정보국(CIA)이 김정남의 입국 정보를 일본 정부에 통보했다는 미확인 보도들이 나온 것도 이 때문이다.

두번째 의혹은 김정남이 일본에 입국하려고 했던 목적이 무엇이었느냐는 것이다. 김정남이 조사과정에서 디즈니랜드에 가려고 입국했다고 말했다는 보도에서부터 김일성이 생전에 도와주던 일본 정치인을 만나러 왔다는 보도 등을 쏟아내면서 김정남의 방일 목적이 무엇인지 추적하는 데 가장 적극적이었던 것은 일본 언론매체들이었다. 이밖에 김정남이 김정일 답방과 관련해 남한 정치인을 만나기 위해 왔다는 보도까지 나오기도 했다.

그러나 이들 두 가지 의혹 모두 끝내 그 정체를 드러내지 않고 묻히고 말았다. 일본 정부가 북한과의 관계를 의식, 김정남을 서둘러 중국으로 추방하는 형식으로 사건을 마무리지었기 때문이다.

그렇다면 김정남은 무슨 목적으로 일본 입국을 시도한 것이며, 이 같은 사실을 미리 파악하고 일본 정부에 제공한 곳은 어디인가?

한국 정부의 정보 당국 관계자들에 의하면 그곳은 서유럽과 일본 언론매체들이 보도했던 영국의 MI6도 미국의 CIA도 아니라 국가정보원(국정원 원장 신건)이었다. 이와 관련, 정보 당국의 한 관계자는 "국정원은 김정남이 북한을 떠나 중국·베트남 등을 거쳐 싱가포르에 머물 때 그가 일본에 입국할 계획이라는 것을 파악하고 이 정보를 일본 정부에 통보했다"고 증언했다.

문제는 국정원이 왜 그랬느냐는 것이다. 만약에 나중에 김정남이 체포된 것이 국정원이 제공한 정보 때문이라는 사실이 밝혀질 경우 북한이 가만있지 않을 테고 그렇게 되면 김대중 대통령의 햇볕정책뿐만 아니라 남북 관계 자체가 타격받을 것이라는 것을 잘 알 텐데도 일본 정부에 김정남의 입국 사실을 통보했다는 것은 쉽게 납득하기 힘든 문제일 수밖에 없다. 이 점에서 유추해본다면 국정원이 김정남에 관한 정보를 일본 정부에 제공하기에 앞서 김 대통령의 재가를 받지 않았을 가능성이 낮다고 할 수 있다.

앞서의 정보 관계자는 "우리는 김정남이 일본을 방문하려는 목적이 북한 경제를 회생시키기 위해 일본 기업들의 대북 진출을 타진하려는 데 있다는 것을 확인하고 이를 추적할 필요가 있었다"고 밝혔다. 당시 국정원은 김대중 정부가 경제협력을 고리로 북한에 접근하고 있는 상황에서 김정남의 계획대로 북한이 일본 기업들과 경협을 강화할 경우, 김대중 정부로서는 북한을 남북대화에 나서게 할 주요 수단을 잃게 된다고 판단했다고 정보 관계자들은 말했다. 이 때문에 국정원이 일본 정부에 김정남의 입국 예정 정보를 건네고 김정남의 일본 내 활동을 함께 감시하자고 제안했다는 것이다.

그러나 국정원의 이 같은 계획은 일본 정부가 김정남을 공항에서 체포하는 바람에 무산되고 말았다. 김정남 사건이 니혼 텔레비전

8장
또 다른 변수 '김정남', 한국에도 왔다

보도를 계기로 공개되자 국정원으로선 자칫 김정남의 일본 방문 예정 정보를 일본 정부에 제공한 곳이 국정원이라는 사실이 밝혀질까 봐 대외적으로 이 사건과 관련해 일체의 언급과 정보 수집을 자제하는 모습을 보였다.

한 가지 미스터리는 일본 정부가 왜 국정원의 제안을 묵살하고 김정남을 나리타공항에서 말 그대로 전격 체포했느냐는 것이다.

이와 관련, 최악의 경우 일본 정부가 2000년 6월 평양에서의 남북정상회담 이후 북한이 주도적으로 남북 관계를 끌고 간다고 우려해 왔던 만큼 김정남을 전격 체포, 세계적으로 망신을 준 뒤 이에 대한 책임을 정보를 제공한 한국으로 넘겨 남북 관계의 급속한 변화에 제동을 걸려 했을 개연성을 배제할 수 없다는 지적도 나오고 있다.

5. 김정남, 동대문 상가에서 쇼핑을 즐기다

김정일 북한 국방위원장의 장남으로서 2001년 5월 초 일본 불법 입국 사건으로 희극적으로 세계 무대에 데뷔한 김정남은 서울에도 2000년 중반부터 그 다음해 초반까지 여러 차례 극비리에 다녀간 것으로 파악되었다.

국가정보원 등 한국의 대북 정보 당국의 소식통들에 의하면 김정남은 2000년 6월 남북정상회담을 전후로 서울에서 열린 평양교예단 공연(5.29~6.11), 조선국립교향악단 공연(8.18~24), 김용순 비서의 특사 자격 방한(9.11~14), 장관급회담(1차 7.29~31, 3차 9.27~30), 이산가족상봉 행사(1차 8.15~18, 2차 11.30~12.2) 중 일부 행사 때 북한 대표단의 수행원 신분으로 다녀갔다.

김정남은 또, 2001년엔 1월 말 김정일 답방 논의를 위해 극비 방한하여 북한측 밀사와 동행해 서울에 왔다간 것으로 파악되었다고 한 정보 소식통은 전했다.

김정남의 서울 방문 시점은 일본 밀입국 시기와 거의 겹치지 않는다. 일본 정부가 2000년 5월 초 김정남의 불법 입국 사건 직후 발표한 그의 2000년도 방일 시기는 10월과 12월이었다. 같은 해 6월엔 김정남이 미국을 방문했다고 일본 ≪아사히신문(朝日新聞)≫

은 보도했다.

　김정남이 높은 위험을 감수하고 이처럼 한국·일본·미국을 극비리에 방문해왔다는 것은, 김정일 국방위원장이 그를 후계자로 내정했다는 것을 뜻한다는 것이 김대중 정부의 대북 정보 당국 관계자들의 한결같은 판단이다. 한 관계자는 "특히 김정남의 서울 방문은 김정일의 승인 없이는 불가능하다"면서 "이는 김정일이 그를 후계자로 내정한 뒤 북한의 주적(主敵)인 미·일에 이어 한국의 현실도 직접 보게 했다는 것을 의미한다"고 했다.

　김정남의 서울 방문 목적은 IT를 비롯한 각 분야의 남북경협 가능성을 타진하는 데 있었던 것으로 알려졌다. 이 같은 사실은 김정남이 북한 IT정책을 주도하는 조선컴퓨터센터(KCC)의 최고 책임자로서 '조선컴퓨터위원회 위원장'으로 불리며 경제분야를 중심으로 후계자 과정을 밟아오고 있다는 그동안의 분석을 뒷받침한다는 것이 대북 정보 당국의 관계자들의 분석이다. 한 관계자는 "김정남은 IT벤처기업들이 밀집해 있는 강남의 테헤란밸리 등을 둘러본 뒤 IT기업인들과도 접촉했을 가능성이 높은 것으로 파악되었다"고 했다. 조선컴퓨터센터는 삼성전자와 소프트웨어 공동 개발 등 협력 사업을 해오고 있다.

　김정남은 또, 서울에 왔을 때 동대문상가 등에서 쇼핑도 즐긴 것으로 전해졌다. 이 때문에 김정남이 2001년 5월 초 일본에서 체포되었을 때 그의 부인과 동행한 여성 등이 착용한 액세서리가 동대문에서 구입한 것일 수 있다는 가능성이 제기도 했으나 확인되지는 않았다.

　문제는 김정남이 서울에 올 때마다 김대중 정부가 확인했느냐는 것이다. 국가정보원 등 대북 정보 당국은 김정남이 처음 가명으로 위장해 북한 대표단의 일원으로 서울에 왔을 때 그 즉시 그를 확인하지는 못했던 것으로 알려졌다. 북한이 김정남에 관해 대외적으로 비밀로 해와서 사진 등의 정보가 없었기 때문이다.

그러나 대북 정보 당국의 한 관계자에 의하면 김포공항으로 입국할 때 폐쇄 회로로 촬영해둔 북한 대표단 구성원들을 면밀하게 분석하는 과정에서 김정남으로 추정되는 인물이 가명으로 입국했다는 것이 파악되었고, 그후 김정남이 같은 방법으로 올 때마다 서울에서 어디를 가고 무엇에 관심이 있는지를 그가 눈치채지 못하는 선에서 면밀히 관찰했다고 한다.

한국 정부는 여러 차례에 걸친 김정남의 서울 방문을 통해 확보한 정보들을 바탕으로 그가 지난 5월 1일 일본에 입국한다는 것을 가장 먼저 인지했던 것으로 확인되었다. 그가 중국·이란·베트남을 거쳐 2001년 4월 21일 싱가포르에 입국한 뒤 일본을 방문하려 한다는 계획까지 파악하고 주시해왔다는 것이다. 한 정부 관계자는 "김정남의 도쿄 방문 정보를 일본 정부에 제공한 정보기관은 그동안 알려진 바와 달리 미국 중앙정보국(CIA)과 영국 대외첩보국 MI6가 아니라 우리 국가정보원"이라고 했다.

당시 우리 정부가 확인한 김정남의 일본 방문 목적은 그동안 알려진 것과 달리 일본 기업인들과 회동, IT를 비롯한 각 분야에 걸친 일본 기업들의 대북 투자 유치였던 것으로 전해졌다. 이 때문에 우리 정부는 김정남의 방일 목적이 성사될 경우 북한이 앞으로 한국과의 경협보다는 일본과의 경협에 중점을 둘까 우려했다는 것이 정부 관계자들의 증언이다. 그럼에도 불구하고 한국 정부는 일본 정부가 설마 김정남을 체포하리라고는 전혀 생각하지 못했던 것으로 전해졌다.

한국 정부는 김정남이 일본에서 전격 체포되자 자칫 그가 서울에도 다녀갔다는 사실이 드러날지도 모른다고 판단, 2001년 중반 이후 서울에서 열린 남북한 공동 문화 행사와 남북회담에 참가한 북한 대표단과 수행원들의 김포공항 입국과정을 담은 필름과 사진 자료를 극비로 처리하기 시작했다고 대북 정보 당국의 관계자들은 밝혔다.

대북 정보 당국의 한 관계자에 의하면 이 과정에서 정부가 특히 신경 쓴 것은 올해 초 김정일 답방 문제를 논의하기 위해 극비 방한했던 북한 대표단과 수행원의 모습을 담은 필름과 사진이었다고 한다. 그 까닭은 당시 김용순 대남 비서로 확실시되는 노동당 비서급 인사가 김정일 답방 시기와 의제 등을 협의하기 위해 극비 방한했을 때도 김정남이 그 일행에 포함되어 다녀갔기 때문인 것으로 알려졌다.

실제 국정원은 김정남이 일본에서 불법 입국 혐의로 체포되었을 때 김정남이 서울에도 극비리에 다녀갔다는 사실이 행여나 국내 언론에 의해 밝혀질까 봐 노심초사했다. 그 같은 사실이 공개될 경우 마치 한국 정부가 김정남이 신분을 위장해 방한할 수 있도록 허용하거나 묵인한 것처럼 인식될까 우려했던 것이다. 한 관계자에 의하면, 당시 국정원이 이 같은 걱정을 하지 않을 수 없었던 것은 2000년 6월 평양에서 열린 남북정상회담 이후 국민들 사이에 김대중 정부의 대북 경제지원을 '퍼주기'로 비판하면서 김대중 정부와 김정일 정권 간 관계를 오해하는 분위기가 적지 않았기 때문이었다고 한다.

　김정남이 2001년 5월 일본에 입국하려 했던 배경이 일본과의 경협 가능성 타진이었다는 대북 정보 당국 관계자들의 증언은 그가 서울 방문을 통해 알아봤던 남북한 경협에 그다지 매력을 느끼지 못했을 수 있다는 것을 시사했다.

　그러나 김정남이 남북한 경협 문제까지 관여했다는 것은 그가 2000년 이후 북한의 대남 부문도 관할하기 시작한 것이 아니냐는 분석을 낳았다.

　대북 정보 당국의 한 관계자에 의하면 김정남이 이때를 전후로 김정일의 후계자로서 대남 부문뿐만 아니라 대외 부문까지 깊숙이 관여해오고 있다는 징후가 여러 경로를 통해 포착되었다고 한다. 바로 이 점에서 김정남이 서울을 다녀간 것은 단지 남북경협의 확대 가능성을 타진하기 위해서가 아니라 대남 부문을 접수하기 위해 미리 '현지 체험'한 것일 수 있다는 분석이 대북 정보 관계자들로부터 나오기도 했다.

　일본의 한 언론도 김정남이 2001년 5월 초 일본에 불법 입국하려다 체포되었을 당시 그의 일본 입국 목적은 도쿄에서 한국 정부의 고위 관계자와 접촉해 김정일의 서울 답방을 논의하려는 데 있었다고 보도했다. 이와 관련, 김정남 사건 직후 방북하고 돌아온 한 대북 소식통은 "북한 당국자로부터 김정남이 일본에 간 것은 (김정일의 서울) 답방과 관련해 남측 관계자를 만나기 위해서였다는 말을 들었다"고 전했다. 만약 이 같은 보도와 증언이 사실일 경우 김정남이 2001년 초 북한의 밀사 일행과 함께 서울을 다녀간 것은 그가 김정일 답방 문제에 관여하고 있었기 때문일 가능성이 높다는

또 다른 변수 '김정남', 한국에도 왔다

것을 의미한다.

  그러나 한국의 대북 정보 당국 관계자들은 이 같은 보도와 증언을 부인했다. 김정남의 일본 입국 목적은 김정일 답방과 관련된 것이 아니라 IT 등의 분야에서 일본 기업들과 경협 가능성을 타진하는 데 있었고, 한국 정부로서는 이 같은 목적이 실현되면 경제적 지원을 미끼로 추진하고 있는 김정일 답방 등 남북 관계의 개선과정이 훼손될 것으로 보고 김정남의 일본 입국 사실을 일본 정부에 통보했다는 것이다.

  김정남이 한국을 극비리에 여러 차례 다녀가면서 경험한 것이 그가 훗날 김정일의 뒤를 이어 북한을 통치하게 될 때 긍정적으로 작용할지, 부정적으로 작용할지 주목된다.

부록

「4·8 남북정상회담 개최 합의서」
「6·15 남북공동선언」

「4·8 남북정상회담 개최 합의서」

남과 북은 역사적인 7·4 남북공동성명에서 천명된 조국통일 3대 원칙을 재확인하면서 민족의 화해와 단합, 교류와 협력, 평화와 통일을 앞당기기 위하여 다음과 같이 합의하였다.

김정일 국방위원장의 초청에 따라 김대중 대통령이 금년 2000년 6월 12일부터 14일까지 평양을 방문한다.
평양 방문에서는 김대중 대통령과 김정일 국방위원장 사이에 역사적인 상봉이 있게 되며 남북 정상회담이 개최된다.
쌍방은 가까운 4월 중에 절차 문제 협의를 위한 준비 접촉을 갖기로 하였다.

2000년 4월 8일

상부의 뜻을 받들어
남측
문화관광부
장관 박지원

상부의 뜻을 받들어
북측
조선아시아태평양평화위원회
부위원장 송호경

「6·15 남북공동선언」

조국의 평화적 통일을 염원하는 온 겨레의 숭고한 뜻에 따라 대한민국 김대중 대통령과 조선민주주의인민공화국 김정일 국방위원장은 2000년 6월 13일부터 6월 15일까지 평양에서 역사적인 상봉을 하였으며 정상회담을 가졌다.

남북정상들은 분단 역사상 처음으로 열린 이번 상봉과 회담이 서로 이해를 증진시키고 남북 관계를 발전시키며 평화 통일을 실현하는 데 중대한 의의를 가진다고 평가하고 다음과 같이 선언한다.

1. 남과 북은 나라의 통일 문제를 그 주인인 우리 민족끼리 서로 힘을 합쳐 자주적으로 해결해 나가기로 하였다.

2. 남과 북은 나라의 통일을 위한 남측의 연합제 안과 북측의 낮은 단계의 연방제 안이 서로 공통성이 있다고 인정하고 앞으로 이 방향에서 통일을 지향시켜 나가기로 하였다.

3. 남과 북은 올해 8·15에 즈음하여 흩어진 가족, 친척 방문단을 교환하며, 비전향 장기수 문제를 해결하는 등 인도적 문제를 조속히 풀어 나가기로 하였다.

4. 남과 북은 경제협력을 통하여 민족경제를 균형적으로 발전시

키고, 사회·문화·체육·보건·환경 등 제반분야의 협력과 교류를 활성화하여 서로의 신뢰를 다져 나가기로 하였다.

5. 남과 북은 이상과 같은 합의사항을 조속히 실천에 옮기기 위하여 빠른 시일 안에 당국 사이의 대화를 개최하기로 하였다.

김대중 대통령은 김정일 국방위원장이 서울을 방문하도록 정중히 초청하였으며, 김정일 국방위원장은 앞으로 적절한 시기에 서울을 방문하기로 하였다.

2000년 6월 15일

대 한 민 국	조선민주주의인민공화국
대 통 령	국방위원장
김대중	김정일

지은이 | 이교관

강원도 양양군 인구에서 태어나 강릉고와 한국 외국어대 독어과를 나왔다. 코리아 헤럴드와 시사저널, 주간조선을 거쳐 현재는 조선일보 기자이며, 경제와 한반도문제에 천착해왔다.
저서로 『누가 한국 경제를 파탄으로 몰았는가?』(동녘, 1998)가 있다.

김대중 정부의
위험한 거래
남북정상회담 이후 한반도에는 무슨 일이 일어나고 있는가

ⓒ 이교관, 2002

지은이 | 이교관
펴낸이 | 김종수
펴낸곳 | 도서출판 한송

초판 1쇄 발행 | 2000년 7월 30일
초판 2쇄 발행 | 2009년 8월 30일

주소 | 413-832 파주시 교하읍 문발리 507-2(본사)
　　　121-801 서울시 마포구 공덕동 105-90 서울빌딩 3층(서울 사무소)
전화 | 영업 02-326-0095, 편집 02-336-6183
팩스 | 02-333-7543
홈페이지 | www.hanulbooks.co.kr
등록 | 1980년 3월 13일, 제406-2003-051호

Printed in Korea.
ISBN 978-89-86320-56-5　03340

* 책값은 겉표지에 있습니다.